U0516261

成果系湖南省社会科学院（湖南省人民政府发展研究中心）
哲学社会科学创新工程重大项目"湘村调查研究"（编号：24ZD11）
阶段性成果。

邝奕轩　周静　等——著

HUNAN
VILLAGE
SURVEY（2025）

湘村调查（2025）

社会科学文献出版社
SOCIAL SCIENCES ACADEMIC PRESS (CHINA)

序　言

  乡村振兴是中华民族伟大复兴的战略根基。习近平总书记指出："中国要强农业必须强，中国要美农村必须美，中国要富农民必须富。"湖南省委、省政府深入贯彻落实党中央决策部署，省委书记沈晓明在省委农村工作会议中强调要围绕"藏粮于地、藏粮于技""农民持续增收""城乡融合发展"等主题深化改革攻坚，建设农业强省，推动农业基础稳固、农村繁荣兴旺、农民生活红火。湖南作为农业大省，素有"九州粮仓"之美誉，肩负着守护粮食安全、探索中部乡村振兴路径的时代使命。近年来，湖南以"三高四新"美好蓝图为战略引领，全面推进乡村振兴，奋力书写新时代"山乡巨变"的壮丽篇章。然而，面对农业生产环境约束、农村"空心化"隐忧、农民增收动能不足等现实挑战，亟须以科学调查摸清省情农情、破解发展瓶颈。在此背景下，《湘村调查（2025）》应运而生。本书以数据为脉络，以问题为导向，立足湖南乡土实践，系统解构乡村振兴的深层逻辑，力求为政策制定与学术研究提供扎实的"湖南样本"。

  当前乡村振兴研究面临省域精细化数据支撑不足的瓶颈，全国性宏观调查难以精准回应湖南特色化发展需求。为此，《湘村调查（2025）》依托中国社会科学院农村发展研究所"中国乡村振兴综合调查"（CRRS）数据库和方法论框架，立足湖南实践深化设计，成为全国首个省级乡村振兴追踪调查子项目。本调查以"数据精准化、问题在地化"为原则，覆盖洞庭湖平原（粮食主产区）、湘西（少数民族与生态敏感区）、湘南山区（脱贫巩固区）、长株潭都市圈（城乡融合先行区）四大典型板块，样本设计兼顾地理多样性、发展阶段梯度性、民族与文化特殊性三大维度，致力于构建

"省—县—村—户"四级联动的湖南乡村数据库，为破解区域性难题提供靶向性数据支撑。

我们在调查中严格遵循习近平总书记所言"调查研究是获得真知灼见的源头活水，是做好工作的基本功"这一方法论指引，内容紧扣"三农"核心议题，分为农业提质、农村善治、农民共富三大板块，下设 15 个专题，聚焦四大创新点。一是问题导向精准化，聚焦湖南农业"水患与干旱并存"的结构性矛盾。围绕洞庭湖生态保护与粮食生产协同发展、丘陵地区土地规模经营瓶颈等核心问题，系统分析矛盾成因与破解路径。二是对策挖掘在地化，提炼本土实践经验。深入总结湖南在新型农村集体经济模式、城乡融合消费升级等领域的探索，凸显政策设计与地方禀赋的适配性。三是技术应用赋能化，破解资源与信息碎片化难题。通过数字化手段整合土地、生产、市场等要素，推动农业经营效率提升与乡村治理现代化。四是视角追踪动态化，关注"人的振兴"进程。重点研究农村劳动力结构变迁、新型职业农民培育等议题，揭示乡村振兴中人力资本升级的内在逻辑。

调查发现，湖南乡村振兴既呈现鲜明地域特色，又面临深层结构矛盾。在农业生产领域，水资源利用效率与生态保护的协同难题亟待破解，节水技术推广与新型经营模式探索成为破局关键——部分区域通过复合种养模式实现了粮食稳产与效益提升，而地形制约下的土地规模经营仍需探索适配路径；在农村治理层面，集体经济整体发展水平有待提高，但部分地区通过特色资源转化实现有效突破，数字化治理覆盖不足则成为提升基层效能的现实瓶颈；在农民发展维度，收入增长呈现传统动能放缓与新业态带动的分化趋势，人居环境整治中主体参与度不足的问题仍需制度创新激活。

本书分为总报告、农业篇、农村篇、农民篇四部分。总报告立足全省视野，解析乡村人口变迁、产业转型与治理效能，提炼"稳粮、强村、富民"的湖南逻辑；农业篇从生产环境保育、土地规模经营到节水技术应用，探寻"藏粮于地、藏粮于技"的实践方案；农村篇以新型集体经济、数字治理、乡风文明为切入点，勾勒"既有活力、更有秩序"的和美乡村图景；农民篇围绕收入增长、消费升级、人才振兴，绘制"人的全面发展"路线图。

各篇章既独立成章，又相互呼应，力求以简洁文字剖析复杂问题。

　　《湘村调查（2025）》的完成凝聚了多方智慧。感谢省直相关部门的悉心指导、中国社会科学院农村发展研究所的鼎力支持，以及相关县市基层干部"头顶烈日、脚踏泥泞"的实地协作，同时也特别致敬湖南省社会科学院（湖南省人民政府发展研究中心）农村发展研究所研究团队深入大湘西，在苗家吊脚楼里记录乡土中国的时代脉动。展望未来，我们将持续扩大全域样本追踪，研发"湖南乡村振兴指数"，不断建设完善省级乡村数据库，为"三高四新"美好蓝图注入更强"三农"动能。

　　因水平所限，书中难免疏漏，恳请广大读者批评指正。期待本书能成为照亮湖湘乡村振兴之路的微光，与所有关心乡村命运的同仁共勉前行。

目　录

总报告

湘村调查：范式、内容及发现

邝奕轩　周　静[*]

2024 年中央农村工作会议于 2024 年 12 月 17～18 日在北京召开。习近平总书记指出，做好 2025 年"三农"工作，要以新时代中国特色社会主义思想为指导，全面贯彻落实党的二十大和二十届二中、三中全会精神，坚持城乡融合发展，进一步深化农村改革，完善强农惠农富农支持制度，全面推进乡村振兴。[①] 深入开展农村调查，全面、客观、准确掌握农村基本情况和关键数据，科学把握当前农业农村发展变化趋势和面临的主要困境，并在此基础上提出可操作性强的对策建议，对于实现乡村全面振兴和农业农村现代化具有重要意义。近年来，中国社会科学院农村发展研究所承担了中国社会科学院重大经济社会调查项目"乡村振兴综合调查及中国农村调查数据库建设"（2024ZDDC001），在全国陆续开展了大规模村庄和农户调查。第一轮调查于 2020 年正式启动，在广东、浙江、山东、安徽、河南、黑龙江、贵州、四川、陕西和宁夏共 10 个省区完成了 300 个行政村 3700 余户 1.5 万余人的基线调查。第二轮调查于 2022 年启动，在第一轮调查的基础上开展追踪调查，追踪率达 80.81%。第三轮调查于 2024 年开展，新增湖南、山西、内蒙古和辽宁 4 个省区，形成 14 个省区 79 个县（市、区）472 个行政村 5800 余户的第三期数据库。本报告主要介绍湖南省的调查情况。

＊　邝奕轩，管理学博士，湖南省社会科学院（湖南省人民政府发展研究中心）农村发展研究所研究员，研究方向为农业经济；周静，管理学博士，湖南省社会科学院（湖南省人民政府发展研究中心）农村发展研究所（湖南省人才资源研究中心）副研究员，研究方向为农业经济理论与政策。

① 《中央农村工作会议在京召开　习近平对做好"三农"工作作出重要示》，新华社，2024 年 12 月 18 日。

一　调查方案

课题组主要根据经济发展水平、空间布局、农业生产等因素采取等距随机抽样方法，省份、县（市、区）、乡（镇）、村以及农户的抽样依据详细介绍如下。

（一）抽样方案

调查按照多阶段分层随机抽样原则，分别选取样本省份、样本县（市、区）、样本乡（镇）、样本村和样本农户。

1. 样本省份

样本省份主要根据不同地区的经济发展水平、区域位置以及农业发展情况进行抽样。在综合考虑这些因素后，分别从东部、中部、西部和东北地区（以下简称"四大区域"）随机抽取所有省份数量的1/3，东部地区抽取了广东、浙江、山东3个省份，中部地区抽取了安徽、河南、山西和湖南4个省份，西部地区抽取了贵州、四川、陕西、宁夏4个省区，东北地区抽取了黑龙江、辽宁和内蒙古3个省区，共抽取14个调查省区，湖南省为2024年新增样本省份。

2. 样本县（市、区）

样本县（市、区）主要根据人均GDP等距随机抽样。根据2023年各省份的统计年鉴，将每个省份所有县（市、区）按照人均GDP排序，平均分为高水平、中高水平、中水平、中低水平和低水平5组，从每个组内随机抽取1个县（市、区）。同时，考虑样本县（市、区）尽量在空间上能够覆盖整个省份，如果抽取的样本县（市、区）处于同一地级市，则选取与该县（市、区）人均GDP最接近的县（市、区）且和抽取的样本县（市、区）不在同一地级市的县（市、区）替代。因此，每个省份随机抽取5个县（市、区），2024年共调查79个样本县（市、区）。根据抽样规则，湖南的样本县（市、区）为5个，分别是永州零陵区、邵阳市新宁县、怀化市洪江市、常德市安乡县、长沙市长沙县。

3. 样本乡 (镇)

乡（镇）的抽样原则和样本县（市、区）相似，将每个县（市、区）内所有的乡（镇）按照人均 GDP 排序，然后平均分为高、中、低 3 组，从每组内随机抽取 1 个乡（镇），在抽取时同时考虑区位、产业布局等相关指标。因此，每个县（市、区）随机抽取 3 个乡（镇），湖南共抽取了 15 个乡（镇）。

4. 样本村

样本村同样按照经济发展水平随机抽取，但是由于村级层面难以获得人均 GDP 的数据，因此，在乡（镇）政府的配合下，根据经济发展情况将当地所有村分为经济发展较好的和经济发展较差的两组，从每组中随机抽取 1 个村，在抽取时同时考虑区位、产业布局等相关指标。每个乡（镇）随机抽取 2 个村，湖南省共抽取 30 个村。

5. 样本农户

根据村委会提供的花名册，筛选出在家居住 6 个月以上的典型农户，根据随机原则抽取样本户。其中，2 户作为备选。样本农户同样采取等距随机取样的方法。先将所有在家居住的农户标记编码，平均分为 12 组，然后计算样本组距（组距＝在家居住总样本数/12），从第一组的农户中随机抽取 1 个编码为第一户，然后在抽取的编码上依次增加组距，直至抽取到合适的样本户数。例如，A 村在家居住的农户共有 240 户，则组距为 240/12＝20。首先从 1~20 户中随机抽取 1 户，假设为第 6 户，则抽取的其他样本农户依次是第 26 户、第 46 户、第 66 户、第 86 户、第 106 户、第 126 户、第 146 户、第 166 户、第 186 户、第 206 户、第 226 户。

（二）调研形式

1. 调研员选择

为高质量完成调查，中国乡村振兴综合调查湖南省队面向全国招募调研员，先后收到来自全国各地 119 人报名信息，项目组通过面试、培训辅导及现场测评等环节，最终筛选出 35 人，组成调研小分队。调查队员主要来自不同高校的在读硕士生或博士生。本次调研由中国社会科学院农村发展研究所余家林、湖南省社会科学院（湖南省人民政府发展研究中心）邝奕轩和周静带队，湖南省社会科学院（湖南省人民政府发展研究中心）农村发展研究所何友、郑晓园、张其贵、范东君、陈芙蓉，湖南农业大学经济学院刘洋、中南林业科技大学杨培涛等 9 位老师，以及来自中国社会科学院大学、中国人民大学、中国农业科学院、中南大学、吉林大学、湖南师范大学、湖南农业大学、中南林业科技大学、湖南人文科技学院等高校的 26 名硕士生、博士生参与。在招募调查队员时，课题组对报名人员进行了严格的筛选，要求调查队员熟悉农村情况或者所学专业接近，并且在预备调查时也进行了初步筛选，保证每个调查队员能够胜任调查任务。

2.调查形式

在实际调查时，各省份负责人在村干部的配合下，将样本农户集中在村委会。调查队员采取"一对一"的形式对受访农户进行调查，村庄调查一般由带队的老师负责完成。每份农户问卷访谈时间在 1.5 小时左右。在正式调查前，课题组对每个调查队员进行室内培训和室外培训。室内培训以调查问卷讲解为主，让调查队员熟悉问卷的内容和逻辑结构。室外培训主要是选取一个村进行预调查。在预调查过程中，带队老师会对调查队员遇到的问题或难点作出解答。为保证数据质量，课题组严格控制调查数量和问卷审核。每位调查队员当天最多只做 4 份问卷，且当天调查结束后，调查队员首先要对自己的调查问卷进行检查，然后由小组长、督导逐级审核提交，最后交由北京质控组人员进行第三轮检查，主要对同一村内的异常值进行回访以确保数据的真实性、准确性。

二　调查内容

本次调查内容主要包括农村人口与劳动力、农村产业结构、农民收支与社会福祉、农村居民消费、乡村治理和农村综合改革六大模块。

（一）农村人口与劳动力模块

该模块主要包括如下方面。①农村居民（家庭）、农业劳动力的社会统计学特征。②农村劳动力就业结构、就业歧视、户籍与劳动力流动概况。③农业劳动力的兼业化状况。④农民工市民化过程中的社会融入与制度障碍。⑤留守儿童与留守老人概况。⑥农村居民的宗教信仰概况。⑦新生代农民与农民工的专业技术培训、就业结构与就业意愿。⑧农村居民生养观念、育龄妇女的（多胎）生育意愿。

（二）农村产业结构模块

该模块主要包括如下方面。①主要农作物（稻米、小麦、玉米、大豆）的种植结构与成本收益（包括主要生产资料的投入）、农户种植意愿。②生猪养殖的成本收益。③农户生产经营规模与农业社会化服务的发展状况。④农业合作社及新型农业经营主体的运行状况。⑤农户绿色生产行为与意愿。⑥农户对气候变化影响农业生产的认知。⑦农业保险的发展状况与农户参与状况。⑧农村第二、三产业的发展状况及其与第一产业的融合情况。⑨电商与"互联网+"在农村产业发展中的应用状况。⑩农业补贴政策实施概况，农户对不同类型补贴政策的评价。

（三）农民收支与社会福祉模块

该模块主要包括如下方面。①家庭收入来源，包括经营净收入（农业经营和非农经营）、工资性收入、财产净收入、转移净收入（公共转移和私人转移）等。②家庭支出，包括生活支出、医疗支出、教育支出、人情支出等。③生活居住条件，包括住房、饮水、道路、电网等。④家庭财产情况，包括耐用消费品、金融资产等。⑤主观幸福感和生活满意度。⑥低收入群体生活，防范化解规模性返贫风险。⑦农村留守老人、儿童和妇女等特殊群体的相关生活保障。

（四）农村居民消费模块

该模块主要包括如下方面。①农村居民在主要商品类别中的消费结构与支出水平。②农村居民及返乡农民工的食物消费结构与营养摄入结构、恩格尔系数。③农村食品安全概况及农村居民对食品安全的认知。④农村居民成人与儿童的肥胖状况，农村居民可持续食品消费行为与意愿。⑤移动互联网技术与农村消费模式变迁。⑥农村居民对文娱产品及村庄公共服务的消费行为与意愿。⑦农村居民的金融认知与理财产品消费状况。

（五）乡村治理模块

该模块主要包括如下方面。①自治、德治、法治"三治"结合情况。②村党组织书记、村委会主任"一肩挑"的新治理机制。③基层政权建设和乡村法治建设。④多元主体参与。⑤村规民约。⑥乡镇政府与村民委员会关系问题。⑦村级基础设施和基本公共服务。⑧村级公共文化服务。⑨农村人居环境和美丽乡村建设。⑩集体经济组织状况。

（六）农村综合改革模块

该模块主要包括如下方面。①农户耕地经营和调整情况，包括经营土地的类型，土地征用、没收、增加的情况。②土地确权和纠纷，包括土地确权时间、完成程度、是否办证和土地纠纷等。③土地流转调查，包括农户间以及农户与中介组织之间土地流转的年份、地块大小、租赁期限、租赁方式、租金等；土地细碎化调查，包括农户经营地块的数量、大小、质量和距离等。④农村土地调查，包括宅基地确权、颁证等。农村集体产权制度改革，集体成员资格认定、经营性资产股份量化改革等其他调查。⑤村级集体经济发展情况。需要说明的是，除了居民意愿、消费类问题需要调查当年的情况外，其他大多数内容是调查受访者（村）上一年的情况，具体在调查问卷中进行了明确标识。

三 调查基本情况

中国乡村振兴综合调查湖南省调查共完成 5 个县（市、区）15 个乡（镇）31 个村的调查。本次抽选的样本均为 18 岁以上劳动人口，其中，男性占比 91.41%，女性占比 8.59%。分区域来看，零陵区在全样本年龄和务农人口样本年龄上均位居第一，全样本年龄为 62.3 岁，务农人口样本年龄为 63.6 岁，这表明零陵区的样本人口老龄化现象相对较为严重，无论是整体人口还是从事农业的人口，年龄都偏高。长沙县的全样本年龄最低，为 53.9 岁，远低于湖南省平均的 58.7 岁，这反映出长沙县的人口结构相对年轻。新宁县的全样本年龄虽然高于长沙县但低于湖南省平均，而务农人口样本年龄则低于湖南省平均，为 60.7 岁。这表明新宁县虽然整体年龄结构并不十分年轻，但其务农人口的年龄并不高，可能与其农业发展特点或政策导向有关，如鼓励年轻人从事农业生产等。安乡县和洪江市的全样本年龄略高于湖南省平均水平，但务农人口样本年龄则与总样本平均数据相近。这可能反映出这两个地区的农业发展相对稳定，但整体人口结构略显老龄化。

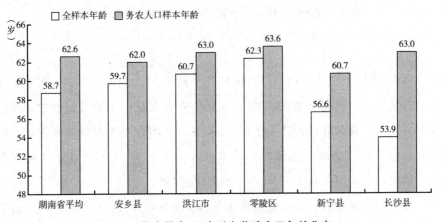

图 1　调查样本 18 岁以上劳动人口年龄分布

　　从样本受教育程度平均水平来看，初中学历人数最多，占 52.90%，其次是小学学历（26.04%）和高中学历（16.34%）（见图 2）。然而，仍有文盲人口存在，显示出教育普及工作仍需加强。在具体地区中，长沙县的教育水平最高，其文盲人数为 0，且初中、高中和大学及以上学历人数占比均高于湖南省平均水平，显示出该县丰富的教育资源和较高的教育水平。相比之下，零陵区和洪江市的教育水平相对较低，文盲、小学和初中学历人数占比较高，而高中和大学及以上学历人数占比较低。安乡县和新宁县则位于中间水平，虽然文盲人数相对较少，但高中和大学及以上学历人数占比也不算太高。

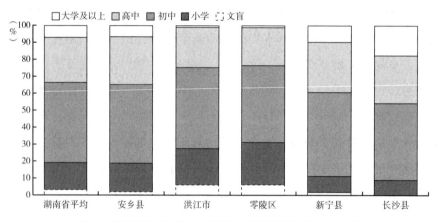

图 2　调查样本 18 岁以上劳动人口受教育程度平均水平

注：由于四舍五入的原因，百分比相加有可能不完全等于 100%；下同。

　　从 18 岁以上劳动人口工作情况来看（见图 3），湖南省样本地区全职务农的人数最多，占比高达 43.21%，显示出农业在我国劳动力就业中的重要地位。同时，兼职务农人员占比达 28.80%，表明许多人在保持农业生产的同时，也寻求其他收入来源。全职非农人员占比为 14.68%，虽然相对较少，但反映了我国劳动力向非农产业转移的趋势。

　　从地区差异来看，安乡县和洪江市的全职务农人员占比相对较高，分别为 52.05% 和 53.42%，这可能与这些地区的农业资源丰富、农业产业发达有关。同时，这两个地区的兼职务农人数也较多，显示出农民在农业和非农产业之间有一定的流动性。然而，全职非农人数较少，可能意味着这些地区的非农产业发展相对滞后，或者农民更倾向于将农业生产作为主业。

零陵区的全职务农和兼职务农人员占比分别为 54.17% 和 22.22%，全职非农人员占比为 4.17%，这可能反映了该地区农业和非农产业的均衡发展，但也可能存在劳动力资源分配不均衡问题，需要进一步优化产业结构、促进劳动力合理流动。

新宁县的全职务农人员占比为 36.98%，虽然不如安乡县和洪江市多，但兼职务农和全职非农人数相对均衡，人员占比分别为 26.03% 和 17.81%。这可能表明该地区农民在就业选择上更加灵活多样，同时也可能受到产业结构调整和经济发展的影响。

长沙县则呈现明显的全职非农化趋势，全职非农人员占比为 36.98%，是全职务农人数的近两倍。同时，兼职务农人员占比相对较高，为17.81%。这可能与长沙县作为城市化进程较快的地区经济发展水平较高、产业结构以非农产业为主有关。农民在保持一定农业生产的同时，更倾向于从事非农产业，以获取更高的收入和更好的生活条件。

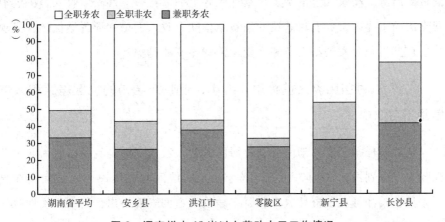

图3　调查样本 18 岁以上劳动人口工作情况

注：通过询问受访者目前就业状况得到，剔除了"因病因残无法就业""无业/待业""离退休"等未参与就业的样本。

四　主要发现

本书从乡村振兴视角，全面详细地分析了湖南省样本地区"三农"的基本状况。整体来看，乡村振兴建设稳步推进，农民收入、消费和各类福祉稳定向好，农业基础持续稳固，农村改革向纵深推进，同时在调查过程中也发现了一些问题。下面结合乡村振兴战略实施中的重点内容，系统梳理了 7 个方面的调查发现，对于其他相关内容可以参阅具体章节。

（一）农村居民生活质量显著提高，呈现从生存型消费向发展型消费和享受型消费转变的趋势

农村居民的支出状况与消费结构，是反映农村经济发展水平与居民生活质量的重要指标。调查发现，湖南省样本地区的农村户均总支出达到50504.32 元，反映了湖南省农村居民在追求更高层次生活品质上的显著投入。农村居民消费升级明显。在农村户均支出中，非食物消费支出达 54%，占总支出的半壁江山。在非食物消费支出中，文教娱乐及服务支出较多。从消费支出看，高收入组消费支出是低收入组的 2 倍多，反映出收入是决定消费支出的重要因素。农村居民的消费结构随着收入的增加而逐渐优化，呈现从生存型消费向发展型消费和享受型消费转变的趋势。

（二）农村居民收入差距总体缩小，但收入结构的地区差距和人群差距不容忽视

从调研样本来看，湖南省农村居民的两大收入来源是经营净收入和工资性收入，分别占比 34.1% 和 30.0%。但不同地区农村居民收入结构存在显著差异，长沙县在工资性收入和财产净收入方面表现突出，其中工资性收入占比高达 41.1%，安乡县和新宁县的家庭经营净收入占比均超过 39.0%，反映出家庭经营活动在当地经济中的核心地位，而洪江市和零陵区则以转移净收入为主导，这可能与受访者年龄结构有一定关系。农村居民之间存在显

著的收入差异，数据显示，高收入组是低收入组的7.6倍，因此，需要关注收入分配问题。受教育程度对农村居民的收入有显著影响，数据分析显示，高受教育程度组人均纯收入是低受教育程度组的2.5倍左右、中等受教育程度组的1.8倍左右，影响其差距的主要原因是工资性收入的差异。

（三）农村居民对"居家养老"和"互助养老"的期待需提前谋划

湖南省人口老龄化程度较高，农村60岁及以上老年人占比比城镇高出2.4个百分点。调查显示，仅有44.78%的样本农户对农村养老服务设施满意，主要原因有：农村缺乏专用的老年人活动中心，原有健身娱乐设施长期处于损坏状态，且缺少必要的康复器材、适老化医疗设备，老年人难以及时得到诊治。老年助餐服务滞后，70%的样本村没有老年食堂，提供老年食堂的样本村中，仅有21.54%的样本农户完全认同"老年食堂能够解决老人吃饭问题"。养老专业服务人员较少，湖南省现有1225家农村敬老院，护理人员与入住老人配比仅为1∶7，且大多数护理人员为附近年龄较大的农村居民或下岗工人，文化程度普遍不高，专业护理技能水平低，难以提供有针对性的服务，一些接受培训并获得护理资格证的人员流失严重。从样本来看，95.27%的样本农户希望在自家养老。充分尊重农民的意愿，做好"居家养老"和"互助养老"将是提升农村养老服务水平的关键。需尽快完善乡村养老设施，创新优化农村养老服务供给模式，有效降低居家养老服务供给成本。

（四）农村居民对亲环境行为的认知程度较高，但对农业保险满意度评价较低

湖南省近八成的农户种植了有秸秆农作物，主要采取"粉碎还田作肥料"的方式利用农作物秸秆。农户亲环境行为基本养成，92.13%的农户认为农药包装物"污染了环境"，85%左右的农户主要通过"回收至固定点"的方式来处理农药包装物。超过六成的农户认为回收农药包装物没有阻力。湖南省耕地地力保护补贴和农机购置补贴的受益农户占比较高，对其满意度

也较高，农户愿意采取耕地保护行为，但对农业保险的满意度相对较低。在抽样样本中，只有21.45%的农户购买了农业保险。近两成的农户认为当前农业保险定损标准过高，理赔标准过高，对其参保激励不足。为此，应加快农业投入品减量增效技术的普及与应用，建立健全农业废弃物资源化利用市场机制，并提升农户对农业废弃物收集与处置的认知，同时，需提高农业保险的精准性。

（五）农村居民乡村治理参与意愿较高，但需关注"留守老人"和"外出务工"等群体的信息获取问题

湖南省最近一次的选举集中在2020年和2021年，高达95.26%的村民参与了此次村委会选举投票，在参与投票的村民中，98.54%的村民亲自填写选票。在所调查地区，2023年，所有村庄均召开了村民大会，村民参与村民大会以2~5次居多，占比为56.26%，但仍有18.94%的村民未曾参加过村民大会。这显示村民在选举投票上的积极性高于参与村民大会。在信息发布渠道方面，湖南省的村级公共事务信息主要通过公告栏、微信群、电话短信和广播进行传播，占比分别为96.67%、86.67%、73.33%和60.00%。而村民更倾向于通过微信等网络手段、广播、电话短信和公告栏来接收重要信息，占比分别为52.09%、23.12%、20.89%和2.23%。这一趋势表明，微信已成为乡村治理中信息沟通的主要媒介，而传统公告栏在村民偏好中的地位较低，可能与居家老人活动不便或者外出务工村民无法及时获取信息有关，需关注外出务工群体的参与治理渠道。

（六）湖南省粮食作物有效灌溉率高于全国平均水平，但节水灌溉技术与智慧农业技术的应用不够

湖南省粮食作物有效灌溉率达60.71%，高于全国平均水平，且口粮作物的灌溉用水量普遍高于饲料粮，特别是水稻作物灌溉率达90%以上。但湖南省92.42%的水浇地以地表水为主要灌溉水源，存在节水灌溉技术采纳不理想的情况，仅约5%的农户采用了喷灌、管道等现代节水灌溉技术，经

济作物采用现代节水技术的比例高于粮食作物，经营规模越大的农户，采用节水灌溉技术的比例越高。建议进一步加强农田水利设施建设、完善灌溉收费和水价政策、积极推广节水灌溉技术与智慧农业技术的发展和应用。

（七）乡村人才培养规模扩大，但"出龙门"和"入农门"不平衡

从2004年开始全面实施"一村一名大学生计划"之后，截至2023年，湖南培养出大学生的行政村占比攀升至93.3%。但从累计回村工作或发展的大学生人数来看，出现"大学生回村创新创业"现象的行政村已有2/3，主要还是集中在相对发达地区的城郊乡村，平均每个村累计有34名大学生回村工作发展。另外，还出现非本村大学生来村工作发展的现象，人数占回村大学生总量的36.9%，这主要出现在就业条件和发展机会相对较优的城郊乡村。从调查情况来看，农业产业人才还是最紧缺的，特别是水稻、茶叶、油茶、蔬菜等方面产业人才，占比最高，为31.1%。其次是农业农村科技方面人才，主要是指种植、养殖、农副产品加工、智慧农业等方面的技术人才，占比为29.5%。再次紧缺的就是农村电商、工匠、营销等方面的乡村二、三产业人才，占比为16.4%。建议用活用足现有培训政策，统筹各类培训资金，加强农村各类人才培训。

农业篇

农业生产环境现状及农业补贴效果分析

陈芙蓉*

摘　要： 本报告重点分析2024年调查农业废弃物资源化利用、农业废弃物收集与处置认知现状及农业补贴实施和满意度情况。结果如下。①总体来看，湖南省接近八成的农户种植了有秸秆农作物。农户主要采取"粉碎还田作肥料"的方式利用农作物秸秆。②85%左右的农户认为农业生产中产生了农药包装物，主要通过"回收至固定点"来处理。高达92.13%的农户认为农药包装物"污染了环境"，其中，2/3的农户认为农药包装物存在多种危害性。③超六成的农户认为回收农药包装物没有阻力。认为有阻力的农户视"不知道回收给谁"和"回收与否无所谓"为主要阻力。④湖南省耕地地力保护补贴和农机购置补贴的受益农户占比较高，农户对其满意度也较高。但农业保险补贴的满意度相对较低。近两成的农户认为当前补贴标准太低，对其激励不足。为此，应加速农业投入品减量增效技术的普及与应用，建立健全农业废弃物资源化利用市场机制，并提升农户对农业废弃物收集与处置的认知。适当提高农业保险补贴标准。

关键词： 农作物秸秆　农药包装物　农业补贴

---

* 陈芙蓉，管理学博士，湖南省社会科学院（湖南省人民政府发展研究中心）农村发展研究所（湖南省人才资源研究中心）助理研究员，研究方向为农业经济理论与政策。

党的二十大报告提出，推动绿色发展，促进人与自然和谐共生，要加快发展方式绿色转变。2023 年中央一号文件明确指出要推进农业绿色发展。为积极响应中央号召，当前亟须加速农业投入品减量增效技术的普及与应用，通过科技创新减少化学物质依赖，提高资源利用效率。同时，要建立健全一套完善的农业废弃物资源化利用市场机制，特别是针对秸秆、农膜、农药包装废弃物及畜禽粪污等，探索并实施多元化的循环利用模式，促进这些废弃物转化为有价值的资源，从而显著改善农业生产环境质量，为构建绿色、生态、可持续的现代农业体系奠定坚实基础。这一系列举措不仅有助于缓解资源环境压力，更是实现农业高质量发展、满足人民群众对优质农产品和优美生态环境双重需求的重要举措。

本报告基于 2024 年农户问卷调查数据及农村问卷调查数据，围绕农业废弃物资源化利用、农业废弃物收集与处置的认知、农业补贴政策等相关问题进行分析，从中判断农业生产环境的现状，并提出改善农业生产环境的路径。

一　农业废弃物资源化利用现状

农业废弃物是造成农业面源污染的重要原因。党中央、国务院高度重视农业废弃物资源化利用工作，并出台了一系列政策措施。2023 年中央一号文件指出，要建立健全秸秆、农膜、农药包装废弃物、畜禽粪污等农业废弃物收集利用处理体系。本部分重点分析农作物秸秆、农药包装物处理的相关情况。

（一）农作物秸秆利用及方式选择

严格来讲，农作物秸秆是一种资源，但如果得不到有效利用，可能成为污染源。近年来，国家出台了一系列政策性措施，有力地推动了农作物秸秆的资源化利用。

1. 农作物秸秆利用现状

农作物秸秆的产生量与种植品种、种植结构紧密相关。为此，问卷设置了"是否种植了有秸秆农作物"问题。总体来看，2023年湖南省78.38%的农户种植了有秸秆农作物，21.62%的农户没有种植有秸秆农作物。

从区域层面来看，湖南省不同地区种植有秸秆农作物的农户比例存在显著差异。安乡县和新宁县种植有秸秆农作物的农户比例较高，分别达到了90.16%和86.21%，显示出这两个县（市、区）的农户更倾向于种植有秸秆农作物。相比之下，洪江市种植有秸秆农作物的农户比例较低，为67.61%，而长沙县和零陵区则分别为74.47%和74.58%，处于中等水平（见图1）。总体来看，湖南省大部分县（市、区）种植有秸秆农作物的比例较高，但不同县（市、区）之间存在一定差异。这种差异可能与当地的种植习惯、土壤条件、市场需求等多种因素有关。

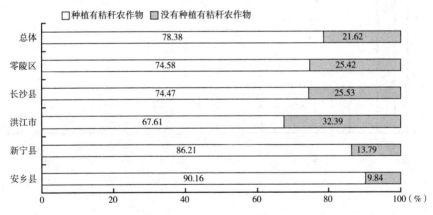

图1　湖南省总体及样本地区农户种植农作物的情况

2. 农作物秸秆利用方式

针对"采用何种方式处理农作物秸秆"问题，问卷设置了"丢弃在路边或沟渠""就地焚烧""粉碎还田作肥料""处理后作饲料""作栽培基料""拉回家作燃料""回收给加工企业或秸秆经纪人""其他方式"8个备选项，对此问题可以多选。

　　总体来看，2023 年，在种植有秸秆农作物的农户中，选择"粉碎还田作肥料"的农户占比最高，达 56.90%；其次为选择"就地焚烧"的农户比例，为 14.22%；"处理后作饲料""拉回家作燃料"的农户比例相当，均为 13.79%；选择"丢弃在路边或沟渠""回收给加工企业或秸秆经纪人"的农户比例分别为 4.31% 和 2.59%；选择"作栽培基料"的农户比例最低，仅为 0.86%。有一部分农户选择"多种方式并存"，比例为 14.22%；还有一部分农户选择"其他方式"，如等待统一回收、送人养殖或作燃料等（在此不展开分析），占比为 9.48%（见图 2）。总体来看，湖南省农作物秸秆处理方式多样，以"粉碎还田作肥料"为主，但丢弃、焚烧等现象仍然存在。

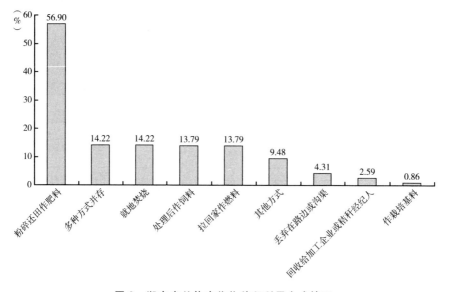

图 2　湖南省总体农作物秸秆利用方式情况

　　从区域层面来看，安乡县和长沙县选择"粉碎还田作肥料"的农户较多，所占比例分别为 87.27%、71.43%；新宁县选择"粉碎还田作肥料"的农户占比为 48%，选择"处理后作饲料"的农户占比为 30%，这两种方式是新宁县农户利用农作物秸秆的主要方式；洪江市选择"粉碎还田作肥料""就地焚烧"这两种方式的比例相当，均为 38.58%，是洪江市两种主要的农作物秸秆利用方式；零陵区以"粉碎还田作肥料"为主要的农作物秸秆利用方式，占比达 36.36%，但相较于其他 4 个县（市、区）的该比例仍为最低。从"丢弃在路边或沟渠"这种方式的选择来看，零陵区和洪江市相较于其他县（市、区）较高，占比分别为 9.09% 和 8.33%。从"拉回家作燃料"这种方式来看，新宁县和零陵区相对较高，分别为 22.00% 和 22.73%，远高于安乡县（仅为 1.82%）（见图 3）。

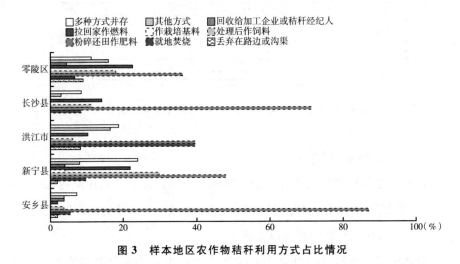

图 3 样本地区农作物秸秆利用方式占比情况

（二）农药包装物的产生及处理情况

1.农药包装物的产生情况

总体来看，2023 年，认为农业生产中产生农药包装物的农户占 85.81%，意味着 14.19% 的农户认为不产生农药包装物。这些数据表明，绝大多数农户都认为，在农业生产中会产生农药包装物。

从区域层面来看，认为农业生产中产生农药包装物的农户比例存在一定的地区差异。2023 年，长沙县认为农业生产过程中会产生农药包装物的农户比例最低，为 65.96%；零陵区、新宁县次之，认为农业生产过程中会产生农药包装物的农户比例分别为 83.05% 和 87.93%；而安乡县和洪江市认为会产生农药包装物的农户比例均超过九成，占比分别为 91.80% 和 94.37%（见图 4）。

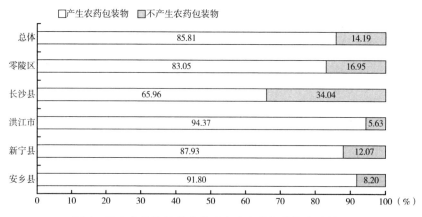

图4　湖南省总体及样本地区产生农药包装物占比情况

2. 农药包装物处理方式

针对"您如何处置农药包装物"问题，问卷设置了"就地掩埋""集中填埋""焚烧""回收至固定点""回收至农资市场""随地丢弃""其他方式"7个备选项，对此问题可以多选。

总体来看，2023年，在认为农业生产中产生农药包装物的农户里，选择"回收至固定点"进行处理的农户比例最高，为 67.32%；选择"就地掩埋""焚烧""随地丢弃"等比较省事的处理方式的农户比例分别为 3.54%、5.51%、5.12%；选择"集中填埋"和"回收至农资市场"等比较复杂的处理方式的农户占比仍然较低，分别为 5.51% 和 0.79%；选择"其他方式"的农户比例为 16.54%；一些农户选择"多种方式并存"的处理方式，占比为 4.33%（见图 5）。

从区域层面来看，5个县（市、区）表现出一个共性，即选择将农药包装物"回收至固定点"的农户比例最高。其中，安乡县将农药包装物"回收至固定点"的农户比例高达 89.29%。其次为长沙县与新宁县，该比例均在七成以上。而零陵区占比相对较低，为 40.82%。另外，零陵区选择将农药包装

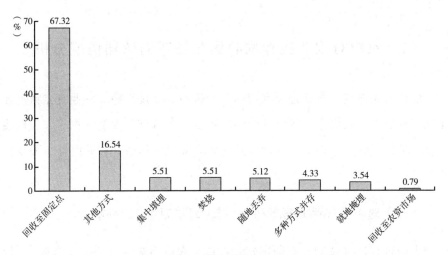

图 5　湖南省总体农药包装物处理方式占比情况

物"集中填埋"和"随地丢弃"的农户比例较高，分别为 10.2% 和 12.24%。其他地区选择这两种处理方式的农户比例均不超过一成，占比较低。从选择"焚烧"这种处理方式的农户比例来看，洪江市在 5 个县（市、区）中最高，达 10.45%，其次为长沙县和零陵区，均在 6% 左右（见图 6）。值得一提的是，除新宁县外，其他 4 个县（市、区）均没有农户选择将农药包装物"回收至农资市场"，说明该处理方式目前在湖南尚未普及。

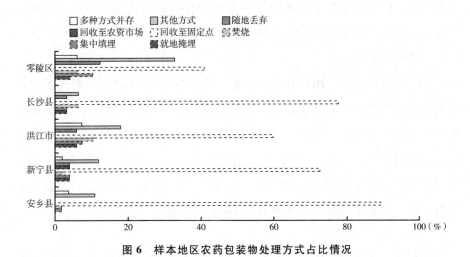

图 6　样本地区农药包装物处理方式占比情况

二 农户对农业废弃物收集与处置的认知情况分析

农户对农业废弃物处理及利用问题的认知，直接影响着农业废弃物资源化利用程度，以及农业面源污染的治理程度。本节重点围绕农户对农药包装物危害性、回收阻力的认知问题以及随地丢弃农作物秸秆的原因等相关数据进行分析。

（一）对农药包装物危害性的认知及回收阻力的判断

农药包装物（特别是农药瓶）日益成为农业面源污染的重要来源[①]。特别是随着包装规格（容量）的减少，农药包装物使用量快速增加。农药包装物中的残留农药未经稀释，浓度极高，严重威胁生态安全和人体健康。

1. 围绕对农药包装物危害性认知的分析

总体来看，2023 年，认为农药包装物"污染了环境"的农户比例最高，达 92.13%。其次为认为农药包装物存在"多种危害"的农户比例，达 66.93%。主要表现在同时"破坏了土壤""影响了农作物产量""污染了环境"；认为农药包装物危害性只是"污染了环境"的农户比例为 25.98%，认为只是"破坏了土壤"的农户比例为 2.36%；认为只是"影响了农作物产量"的农户比例为 1.18%；此外，还有 6.3% 的农户认为农药包装物还产生了"其他危害"。

从区域层面来看，2023 年，5 个县（市、区）均有超过半数的农户认为农药包装物存在"多种危害"，表现为同时选择"破坏了土壤""影响了农作物产量""污染了环境"。其中，安乡县对农药包装物危害性进行多选的农户比例最高，为 80.36%；其次是长沙县，为 70.97%；新宁县、洪江市和零陵区分别为 68.63%、55.22% 和 63.27%。此外，安乡县农户认为农药包装物"污染了环境"的比例高达 100%（见图 7）。

---

① 于法稳：《新时代农业绿色发展动因、核心及对策研究》，《中国农村经济》2018 年第 5 期。

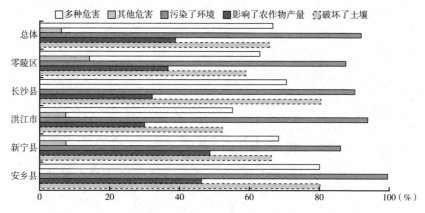

图7 湖南省总体及样本地区对农药包装物危害性认知占比情况

2.围绕农药包装物回收阻力的分析

针对"回收农药包装物存在的阻力"问题，设置了"没有阻力""没有补贴，没有回收动力""不知道回收给谁""回收与否无所谓""离回收地远""邻居不回收""不回收也不会受处罚""其他阻力"备选答案。总体来看，选择"没有阻力"的农户比例较高，为64.17%。其次为选择"不知道回收给谁"，占比为18.11%。选择"回收与否无所谓"的农户比例为13.78%；选择"离回收地远"的农户比例为9.45%；选择"不回收也不会受处罚""没有补贴，没有回收动力"的农户比例均为7.09%。选择"邻居不回收"的农户比例最低，为3.54%。还有一部分农户选择了"其他阻力"，如选择"个人认知不到位""素质觉悟不高"等的农户比例为3.54%，认为回收农药包装物存在"多种阻力"的农户比例为11.02%（见图8）。

从区域层面来看，5个县（市、区）农户对导致农药包装物回收受阻原因的认知存在一定的差异。具体而言，5个县（市、区）认为"没有阻力"的农户比例均较高，其中安乡县占比最高，达85.71%（见图9）。长沙县、新宁县、洪江市次之，占比分别为70.97%、66.67%和56.72%。零陵区认为农药包装物回收没有阻力的农户比例最小，仅占样本量的四

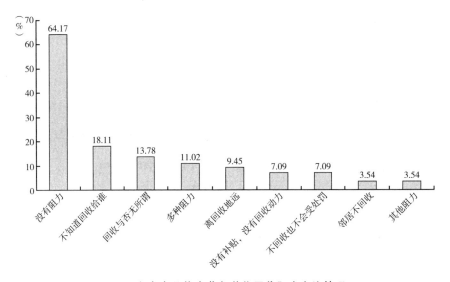

图 8　湖南省总体农药包装物回收阻力占比情况

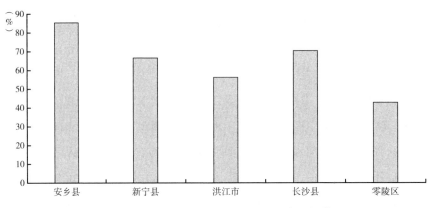

图 9　样本地区选择"没有阻力"的农户比例情况

成，说明零陵区农户认为回收农药包装物的阻力较大。从各阻力来看，零陵区农户认为"不知道回收给谁""回收与否无所谓""离回收地远"是阻碍农药包装物回收的 3 个主要因素，占比分别为 36.73%、24.49% 和 20.41%；同时，零陵区认为回收农药包装物存在"多种阻力"的农户比例最高，达 22.45%。新宁县和长沙县的农户均认为"没有补贴，没有回收动力""不知道回收给谁""回收与否无所谓"是造成农药包装物回收阻力的三大主要诱因。而洪江市农户认为"不知道回收给谁""回收与否无所谓"是农药包装物回收的两大主要原因，占比分别达 23.88% 和 13.43%（见图 10）。

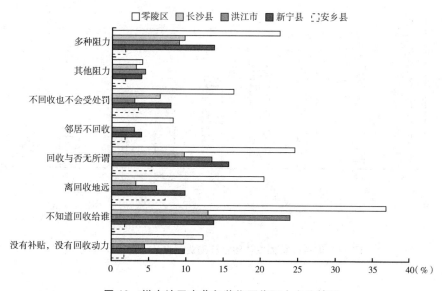

图 10　样本地区农药包装物回收阻力占比情况

（二）农作物秸秆随意丢弃的原因

农户对农作物秸秆随意丢弃的原因是多方面的，对此设置了 8 个备选答案："粉碎的成本太高""没有人回收""粉碎还田弊大于利""秸秆没有利用价值""运输麻烦且成本高""没有时间和精力""堆积场地受限""其他原因"。

总体来看，调查数据中共有 41 个有关农作物秸秆随意丢弃原因的样本数据。其中，选择"粉碎的成本太高"的农户占 7.32%；选择"没有人回收"的农户占 31.71%；选择"粉碎还田弊大于利"的农户占 4.88%；选择"秸秆没有利用价值"的农户占 24.39%；选择"运输麻烦且成本高"的农户占 9.67%；选择"没有时间和精力"的农户占 21.95%；选择"堆积场地受限"的农户占 17.07%；选择"其他原因"的农户占 26.83%；认为农作物秸秆随意丢弃存在"多种原因"的农户占 19.51%（见图 11）。

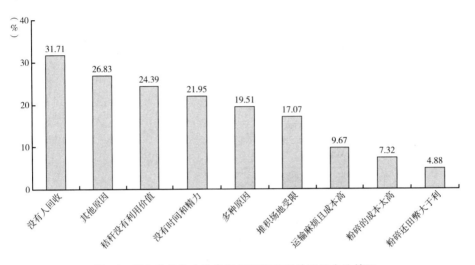

图 11 湖南省总体农作物秸秆随意丢弃的原因占比情况

从区域层面来看，新宁县农户农作物秸秆随意丢弃存在"其他原因"的占比最高，达 66.67%。根据前文对不同区域农作物秸秆利用方式的分析，新宁县主要通过"粉碎还田作肥料""处理后作饲料""拉回家作燃料"来处理农作物秸秆，随意丢弃的比例比较低。长沙县农户选择随意丢弃秸秆主要是因为"没有人回收"和"堆积场地受限"。零陵区农户选择随意丢弃秸秆的主要原因包括"秸秆没有利用价值""没有时间和精力""堆积场地受限"。安乡县农户农作物秸秆随意丢弃的原因分布较为均衡，集中在"没有人回收""秸秆没有利用价值""没有时间和精力""堆积场地受限""其他原因"，均各占 25%。洪江市则主要是因为"没有人回收"及"其他原因"，占比分别为 33.33% 和 23.81%。

三　农业补贴实施情况及满意度调查

农业补贴作为政策工具，是保障粮食安全生产、促进农民增收、发展农村经济的重要抓手。在财政资金有限的条件下，进一步优化农业补贴政策，稳定粮食种植比较效益，确保粮食生产能力和提升种粮农民积极性具有重要意义。本报告主要考察了七类重要农业补贴项目的实施情况，具体包括：农机购置补贴，旨在通过减轻农民购置现代化农业机械的经济负担，加速农业机械化进程，提高农业生产效率；实际生产者补贴，直接惠及从事粮食生产的个人或组织，以补偿其生产成本，保障种粮收益；农业保险补贴，通过政府补贴降低农户参保门槛，增强农业抵御自然灾害风险的能力；耕地深松补贴，鼓励采用深松技术改善土壤结构，提升土壤肥力；耕地轮作补贴，引导农民实施科学合理的轮作制度，维持地力平衡，促进农业可持续发展；耕地地力保护补贴，直接补贴给保护耕地地力、采取环保耕作措施的农民，激励其保持和提升耕地质量；高标准农田建设补贴，支持建设高标准农田基础设施，增强农田防灾减灾能力和粮食综合生产能力。同时，考察了农户对以上七类农业补贴项目的满意度及其不满意的原因，以期为进一步优化农业补贴政策、促进农业高质量发展提供有力的数据支撑和决策参考。

（一）农业补贴的实施情况

总体来看，2023 年，享受了以上七类国家农业补贴政策的农户占比达81.1%，说明湖南省在 2023 年对国家农业补贴政策的执行力度较大，且补贴政策在农户中的普及率较高。大部分农户都能享受到至少一项农业补贴，这对于促进农业发展和保障农民利益具有积极意义。从补贴类型来看，获得耕地地力保护补贴的农户占比 95.54%，获得农机购置补贴的农户占比为18.94%，获得实际生产者补贴和农业保险补贴的农户占比分别为 13.65%和11.42%。获得耕地深松补贴、高标准农田建设补贴和耕地轮作补贴的农户占比较少，分别为 2.51%、1.67%和 1.39%（见图 12）。除此之外，调研过程中有农户反映并不了解、不清楚农业补贴情况。这可能意味着有些补贴项目的实施难度相对较大，或者农民对这些补贴政策的认知度和参与度有待提高。

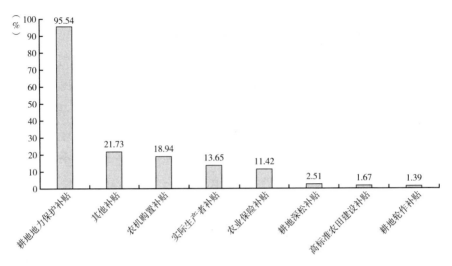

图 12　湖南省农业补贴实施情况

（二）农户对农业补贴政策的满意度情况

为了调查农户对当前农业补贴政策的满意度情况，问卷设置了"请您对选取的补贴政策按照满意度排序"问题。由于有些补贴样本有限，本报告选取样本较多的补贴进行分析，具体为农机购置补贴、实际生产者补贴、农业保险补贴、耕地地力保护补贴四种。总体来看，耕地地力保护补贴排名第一的比例最高，达 62.71%，说明农户对耕地地力保护补贴的满意度最高。选择耕地地力保护补贴排名第二的农户比例也较高，为 26.27%。其次，农户满意度较高的为农机购置补贴，选择其排名第一和排名第二的农户比例总和为 84.85%。农户对实际生产者补贴的满意度也较高，仅 17% 左右的农户将其排在第三或第四。最后为农业保险补贴，15.38% 的农户将其满意度排在第一，41.03% 的农户将其满意度排在第二，38.46% 的农户将其满意度排在第三（见图 13）。可见，农户对于农业保险补贴的满意度较低，可能的原因在于保险补贴的金额可能不足以覆盖农民因自然灾害等风险所遭受的全部损失，导致他们在遭受损失后仍面临较大的经济压力。此外，补贴的覆盖范围也可能有限，未能涵盖所有类型的农作物或所有风险，从而限制了农民对保险补贴的受益程度。

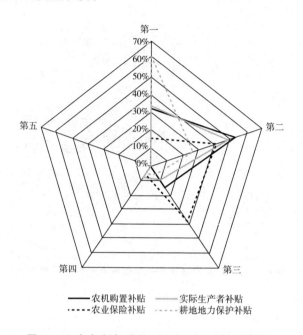

图 13   湖南省农户对农业补贴政策的满意度情况

为分析农户对农业补贴政策不满意的原因，问卷设置了"您选择最不满意的补贴政策原因是什么?"问题，答案设置了"补贴标准太低，激励不足""拿到补贴的时间太晚""补贴手续麻烦""不能拿到全额补贴""其他"5 个选项。其中较多农户表示"无""没有不满意""很满意"等类似表述，本报告将其归纳为"满意"。

分析农户对补贴政策较不满意的原因发现，不到六成的农户对农业补贴满意，说明农业补贴政策让农民获得了实实在在的利益。还有 21.73% 的农户选择了"补贴标准太低，激励不足"的选项，这表明尽管有补贴政策，但部分农户认为补贴的金额不足以有效激励他们增加农业投入或提高生产积极性。均有 2.79% 的农户选择了"拿到补贴的时间太晚""补贴手续麻烦"两个选项（见图 14）。极少部分农户认为"不能拿到全额补贴"是其不满意的原因。这反映了补贴政策在执行效率和流程简便性方面存在的问题，可能会影响农户对政策的满意度和信任度。

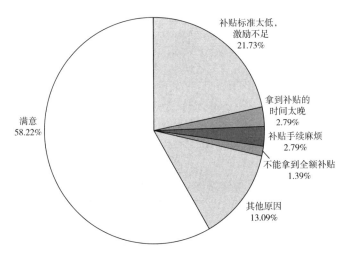

图 14　湖南省农户对农业补贴政策不满意的原因分析

四　小　结

根据上述不同层面农户数据分析的结果，结合调研过程中对农户的访谈，本报告有一些新的发现，这些发现也给予了一些启示，以更好地改善农业生产环境，为实现农业绿色发展提供支撑。

（一）主要发现

通过对 2024 年农户问卷调查数据分析发现农业生产环境有如下几个特点。

第一，目前，湖南省接近八成的农户种植了有秸秆农作物。农户主要采取"粉碎还田作肥料"的方式利用农作物秸秆。其中，长沙县和安乡县选择"粉碎还田作肥料"的比例较高，但选择"丢弃在路边或沟渠""就地焚烧"的农户比例也占将近两成，洪江市"就地焚烧"比例也较高。

第二，总体上85%左右的农户认为农业生产中产生了农药包装物，主要通过"回收至固定点"来处理农药包装物。从区域层面来看，5个县（市、区）选择该项的农户比例皆较高，其中安乡县该比例接近九成。对于农药包装物危害性认知方面，总体上认为农药包装物"污染了环境"的农户比例最高，其次为认为存在多种危害性的农户比例。从区域层面来看，5个县（市、区）均有超过半数的农户认为农药包装物存在多种危害，其中安乡县选择该项的农户比例最高。

第三，从农药包装物回收存在阻力的情况来看，总体上超六成的农户认为回收农药包装物没有阻力。认为有阻力的农户主要选择了"不知道回收给谁""回收与否无所谓"两个选项。从区域层面来看，零陵区认为农药包装物回收没有阻力的农户比例最小，仅占样本量的四成，其中"不知道回收给谁""回收与否无所谓""离回收地远"是阻碍农药包装物回收的3个主要因素。从秸秆随意丢弃的原因来看，各原因分布较为均匀，认为"没有人回收"的农户比例略高。从不同地区来看，零陵区农户随意丢弃秸秆的主要原因在于其认为"秸秆没有利用价值"。

第四，湖南省"耕地地力保护补贴"和"农机购置补贴"的受益农户占比最高，而其他如"耕地深松补贴"、"耕地轮作补贴"和"高标准农田建设补贴"的受益农户占比较少。农户对"耕地地力保护补贴"和"农机购置补贴"的满意度较高，而对"农业保险补贴"的满意度相对较低。近两成的农户认为当前补贴标准太低，对其激励不足。

（二）对策建议

上述主要发现，对于农业废弃物资源化利用等实践方面具有一定的启示，为农业生产环境的改善提供了方向。

第一，平衡好农作物秸秆还田与生产环境改善之间的关系。为保护大气质量，国家出台了一系列严格的秸秆禁烧政策，显著减少了焚烧带来的空气污染。农业生产实践揭示了秸秆直接还田也存在潜在问题。特别是，未经妥善处理的秸秆还田可能加剧杂草和病虫害的滋生，迫使农户增加农药等化学投入品的使用，这可能引发土壤和水体的面源污染，对农业生产环境的持续改善构成挑战。因此，应探索更加环保、高效的秸秆处理与利用途径。系统研究秸秆还田与生产环境改善之间的关系，结合地区实际，制定差异化的秸秆管理政策，是实现农业绿色发展、促进生产环境和谐共生的关键所在。

第二，协调好农药包装物资源化利用中各利益主体的关系。为减少农药包装物导致的二次污染，需构建有效的资源化利用机制，涵盖生产者、销售者、使用者及回收者等多元主体。明确各主体在资源化利用中的角色与责任，探索并建立长效机制至关重要。

第三，优化农药包装物回收机制需克服农户认知与实际操作障碍。要提升回收效率，需解决农户不知回收途径、回收意识薄弱及回收距离远等关键问题，通过增强信息透明度、提高公众意识、优化回收点布局及提供便捷回收服务，有效激发农户参与回收的积极性，从而减少农药包装物对农业生产环境的影响。

第四，针对农户对农业保险补贴满意度较低的问题，建议政府提高保险补贴标准，确保补贴金额能够覆盖农民因自然灾害等风险所遭受的大部分损失。同时，扩大保险补贴的覆盖范围，涵盖更多类型的农作物和所有主要风险，提高农民对保险补贴的受益程度。此外，政府还应加强农业保险的宣传和推广，提高农民的参保意识和积极性。

土地规模经营与生产性服务主体

范东君[*]

摘　要： 抽样调查数据显示，随着耕地流转市场的快速发展，虽然耕地经营规模 30 亩以上农户所占比例不到 4%，但其耕地经营面积却占全部经营面积的一半以上；耕地经营规模 50 亩以上农户所占比例不到 3%，其耕地经营面积已占到全部经营面积的近 50%，说明当前湖南农村地区农业规模经营已获得较大发展，适度规模经营已成为湖南农业生产的重要经营方式。在当前湖南农地流转市场上，超过 70% 的新型农业经营主体为耕地流入方；超过一半的耕地流转行为签订有书面协议，50% 的约定了明确租期，契约关系具有一定的规范性和稳定性。规模经营户特别是 200 亩以上规模经营户在主要粮食作物的生产上也具有一定优势，其平均单产水平大多高于小规模农户。全省样本村农业生产性服务主体有村集体经济组织、专业合作社、农户等，各服务主体能够通过社会化服务联结小农户，提升了小农户市场竞争力。

关键词： 土地规模经营　土地流转　生产性服务主体

---

* 范东君，管理学博士，湖南省社会科学院（湖南省人民政府发展研究中心）农村发展研究所（湖南省人才资源研究中心）研究员，研究方向为农村发展。

土地规模经营是提升农业生产效率的重要途径。2023 年中央一号文件指出："引导土地经营权有序流转，发展农业适度规模经营。"党的二十届三中全会指出，巩固和完善农村基本经营制度，完善强农惠农富农支持制度，深化土地制度改革。本报告考察湖南当前的农村土地规模经营和农业生产性服务主体状况，为推进湖南农村土地规模经营、加快农业现代化提供一些思考和建议。

一 全体农户的经营规模结构

湖南人口较多，山多平原少，岭谷相间，丘陵盆地交错。人均耕地面积少是湖南省农地经营中难以回避的禀赋难题。全省以山地、丘陵为主，山地面积 1084.9 万公顷，占全省总面积的 51.22%（包括山原面积 1.66%）；丘陵面积 326.27 万公顷，占 15.40%；岗地面积 293.8 万公顷，占 13.87%；平原面积 277.9 万公顷，占 13.12%；水面 135.33 万公顷，占 6.39%。截至 2023 年，湖南省耕地面积为 414.88 万公顷，折合之后为 6223.2 万亩，约占全国耕地总面积的 3.1%。同时，按照全省 6568 万人口计算，人均耕地面积仅为 0.95 亩，低于全国人均耕地面积（1.38 亩）。各类土地资源在土地资源总量中所占的比重不同以及不同地区人口聚集的差异化特征等，造成了地区间人均耕地面积的巨大差异。其中，洞庭湖地区属于平原地区，耕地资源丰富，而湖南其他地区大多属于山地、丘陵地区，耕地资源较少。除资源禀赋基础外，农地流转也是导致农地经营面积改变的重要因素。近年来，随着农地流转进程的加快，农地零散分配、经营难成规模的状况有所缓解。

根据中国乡村振兴综合调查湖南省农户调查数据，可以计算出 2023 年全体样本农户的经营规模结构，从中可以获得对当前湖南农地经营状况的概览性认识。图 1 列出了各种经营规模的农户数量占比及其耕地经营面积占比。图 1 显示，在 100 亩以内，随着耕地经营面积的扩大，各经营规模农户的数量比例显著降低；而当耕地经营面积超过 100 亩时，各经营规模农户占比增加，说明承包耕地规模超过 100 亩时，更多的农户愿意承包更多的耕地，规模越大，效益越好。当承包耕地面积超过 100 亩时，耕地经营面积所占比例出现递增。具体来说，耕地经营面积 5 亩（含）以下农户占全部农户的比例为 68.25%，其经营面积占全部经营面积的比例仅为 13.83%；耕地经营面积 5~10 亩（含）农户占全部农户的比例为 16.71%，其经营面积占全部经营面积的比例为 12.33%；耕地经营面积 10~30 亩（含）农户占全部农户的比例为 11.98%，其经营面积占全部经营面积的比例为 21.53%；耕地经营面积 30~50 亩（含）农户占全部农户的比例为 1.11%，其经营面积占全部经营面积的比例为 4.69%；耕地经营面积 50~100 亩（含）农户占全部农户的比例为 0.28%，其经营面积占全部经营面积的比例则上升为 1.97%；耕地经营面积 100~200 亩（含）农户占全部农户的比例为 0.56%，其经营面积占全部经营面积的比例进一步上升为 7.89%；耕地经营面积 200 亩以上农户占全部农户的比例则更进一步上升至 1.11%，其经营面积占全部经营面积的比例则高达 37.76%。

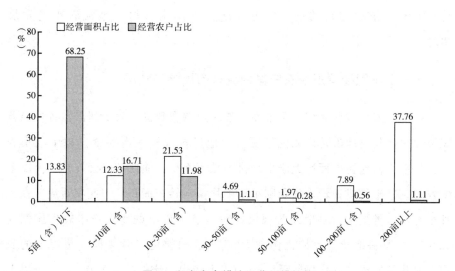

图 1　湖南农户耕地经营规模结构

世界银行将经营规模不足 2 公顷（30 亩）的农户定义为小农户①。根据中国乡村振兴综合调查湖南省农户调查数据估算，2023 年湖南耕地经营规模不足 2 公顷（30 亩）的小农户占全部农户的比例超过 95%，其耕地经营面积占全部经营面积的比例不到 40%，依然呈现"大省小农"的突出特征。同时也可以看到，尽管耕地经营规模 30 亩以上农户所占比例仅约为 3%，其耕地经营面积占全部经营面积的比例则超过 60%；耕地经营规模 50 亩以上农户所占比例不到 2%，其耕地经营面积已占全部经营面积的近 50%。这也表明，当前湖南的农地规模化经营已经取得了较大进展。

二　农村土地流转市场发展状况

在当前农村土地产权制度架构下，土地流转在推动农村土地资源合理配置、提升农业生产效率和增加农民收入方面有重要作用。本部分基于湖南部分村庄的调研，主要分析各经营规模农户对农地流转市场的参与程度与农地流转市场运行情况，以更好地呈现湖南农村土地流转市场发展状况。

（一）不同经营规模农户耕地流转市场参与状况

基于中国乡村振兴综合调查湖南省农户调查数据，表 1 列出了各种经营规模农户参与耕地流转市场的情况。耕地经营规模 5 亩（含）以下的小农户，其平均耕地转出面积大于平均耕地转入面积；而耕地经营规模 5 亩以上的农户，其平均耕地转出面积则小于平均耕地转入面积。与此相对应，在三种土地流转类型中，耕地经营规模 5 亩（含）以下的小农户中转出比例为 82.61%，其耕地转入户的比例为 59.52%；而耕地经营规模 5 亩以上的农户，其耕地转出户的比例较低，30 亩以上转出户比例甚至为 0，但 5 亩以上耕地转入户的比例要高于转出户，仅 50~100 亩（含）比例为 0。由此可

---

① World Bank, 2003.

知，耕地经营规模较小农户在耕地流转中主要处于转出方的位置，而经营规模相对较大的农户则主要处于转入方的位置。从所有调查农户来看，耕地转出户平均占到33.33%，耕地转入户平均占到28.00%，不参与耕地流转活动的自给自足户则占到92.76%。①

表1 湖南农户参与耕地流转情况

单位：亩，%

耕地经营规模	平均耕地转出面积	平均耕地转入面积	耕地流转类型		
			转出户	转入户	自给自足户
5 亩（含）以下	3.07	2.32	82.61	59.52	64.86
5~10 亩（含）	7.26	8.57	13.04	17.86	26.43
10~30 亩（含）	12.28	19.57	4.35	13.10	8.71
30~50 亩（含）	0.00	46.5	0.00	2.38	0.00
50~100 亩（含）	0.00	0.00	0.00	0.00	0.00
100~200 亩（含）	0.00	152.83	0.00	3.57	0.00
200 亩以上	0.00	353.4	0.00	3.57	0.00
平均	4.10	24.66	33.33	28.00	92.76

（二）农村耕地流转市场运行情况

中国乡村振兴综合调查湖南省农户调查的调查问卷从地块层面收集了耕地流转相关信息。根据上述调查信息，表2描述了湖南省农村耕地流转市场的运行情况。

---

① 在全部363个样本户中，删除4个无效样本户，剩余359个样本户为本报告分析对象；在359个样本户中，有9个样本户既有土地转出行为，又有土地转入行为。对于同时有土地转出行为和土地转入行为的样本户，为便于分析，将土地转出面积大于土地转入面积的农户定义为土地转出户，其土地转出面积定义为原土地转出面积与原土地转入面积之差；将土地转出面积小于土地转入面积的农户定义为土地转入户，其土地转入面积定义为原土地转入面积与原土地转出面积之差。

表 2　湖南农村耕地流转市场的运行情况

项目	比例/租金标准
转入方类型（%）	占比
合作社	5.73
龙头企业	9.02
种粮大户	48.36
家庭农场	3.28
普通农户	27.05
其他	6.55
流转信息来源（%）	
农户私下沟通	51.64
其他农户了解	7.38
微信群	0.00
村委会	36.06
农民合作社	2.46
项目地方政府土地流转平台	0.82
土流网等平台	0.00
其他	1.64
是否签订书面流转协议（%）	
签订	52.46
没签订	47.54
是否约定了明确租期（%）	
明确	50
没明确	50
是否收取租金（%）	
收取	86.89
没收取	13.11
年租金标准（元/亩）	322.13

从表 2 可以看出，在湖南农村耕地流转市场上，数量最多的耕地转入方类型是种粮大户，其占有 48.36%的比例；其次是普通农户，其所占比例为 27.05%；然后依次是龙头企业、合作社、家庭农场等新型农业经营主体，分别占 9.02%、5.73%和 3.28%。如果将种粮大户、龙头企业、合作社和家庭农场一起计算，从中可以看出，新型农业经营主体占耕地转入方比例为

2/3 左右。

从流转信息来源来看，农户私下沟通和村委会是农村耕地流转的两大主要信息获取渠道，二者分别占 51.64% 和 36.06%；其他几种信息来源渠道分别为其他农户了解、农民合作社、地方政府所建立的土地流转平台等方式，但所占比例均较低，总计占有约 10% 的比例。

关于书面流转协议的签订情况，52.46% 的流转地块签订有正式的书面协议，47.54% 的流转地块并未签订正式的书面协议，流转契约关系仅停留在口头层面，这些流转可能更多的是短期流转。

在是否约定了明确租期方面，50% 的流转地块约定了明确的租期，50% 的流转地块并没有确定租期，呈现较强的短期性和不确定性。

从耕地流转租金收取情况来看，86.89% 的流转地块收取了租金，13.11% 的流转地块由于耕地流转价值不高、避免抛荒、亲友关系等原因并未收取租金；所有流转地块的平均年流转租金为每亩 322.13 元。

综上所述，当前湖南农村耕地流转市场主要呈现如下运行特征：新型农业经营主体耕地流转行为占比为 2/3 左右；流转信息获取渠道以农户私下沟通和村委会为主；52.46% 的耕地流转行为签订有书面协议，50% 的约定了明确租期，但仍有将近一半耕地流转行为并未签订书面协议；大多数耕地流转收取了租金，在一定程度上增加了农民收入；从全省范围来看，耕地流转年租金为每亩 322.13 元。

三　各经营规模农户的农业生产情况

近年来，湖南农业规模经营取得了一定进展，为了更好地了解全省各种农作物规模经营情况，本部分主要考察各种经营规模农户的农作物种植结构与主要粮食作物单产水平，并比较分析其之间的差异。

（一）农作物种植结构

农地规模经营主体是否存在农地经营"非农化""非粮化"，是政府及全社会普遍关注的一个重要问题。根据中国乡村振兴综合调查湖南省调查数据，图2显示，随着经营规模的扩大，农户粮食作物播种面积所占比例呈现逐渐上升的趋势，包括经济作物和果类作物播种面积所占比例则逐渐下降。具体来说，经营规模5亩（含）以下农户的粮食作物播种面积所占比例大约为60%，其他作物播种面积所占比例接近40%；经营规模5~10亩（含）农户的粮食作物播种面积所占比例上升至接近80%，其他作物播种面积所占比例下降至大约20%；经营规模10~20亩（含）农户的粮食作物播种面积所占比例进一步上升至大约3/4，其他作物播种面积所占比例进一步降至大约1/4；经营规模20亩以上的农户，其粮食作物播种面积的占比一直上升到80%以上，其他作物播种面积的占比则降到不足20%。综合上述结果，当前农户农作物种植结构呈现粮食作物占比随经营规模扩大而提高的特征，农地规模经营不仅不存在"非粮化"现象，还表现出"趋粮化"特征。

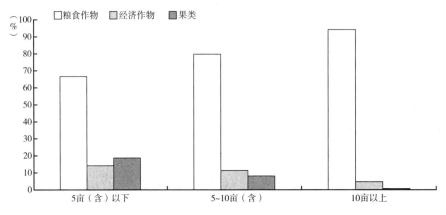

图2　湖南各种经营规模户的农作物种植结构

注：湖南乡村综合调查收集了农户播种面积0.5亩以上的各种农作物的播种面积数据，不含播种面积0.5亩以下的各种农作物的播种面积。

（二）主要粮食作物单产水平

确保粮食供应安全是粮食主产区重要责任之一。在耕地规模既定的条件下，提高粮食单产水平是增加粮食产量、增强粮食安全的根本途径。根据中国乡村振兴综合调查湖南调查数据，表 3 列出了各经营规模农户小麦、水稻、玉米、大豆四种主要粮食作物的平均单产水平。

表 3　湖南经营规模农户主要粮食作物平均单产水平

单位：公斤/亩

耕地承包规模	小麦	早稻	中稻	晚稻	玉米	大豆
5 亩（含）以下	250.00	429.67	538.93	488.75	293.53	117.13
5~10 亩（含）	241.67	420.00	554.73	500.00	343.65	185.63
10~30 亩（含）	125.00	494.44	636.54	442.86	455.00	147.08
30~50 亩（含）	150.00	0.00	600.00	500.00	0.00	360.00
50 亩以上	252.50	275.00	606.25	275.00	483.33	206.67
50~100 亩（含）	0.00	275.00	0.00	0.00	0.00	0.00
100~200 亩（含）	0.00	0.00	0.00	250.00	0.00	0.00
200 亩以上	252.50	0.00	641.67	300.00	483.33	206.67
全体农户	203.83	431.17	587.29	441.32	393.88	203.30

注：表中玉米包括籽粒玉米、青贮玉米；大豆仅指黄豆，不包括绿豆、黑豆、红豆等其他豆类。小麦、早稻、中稻、晚稻、籽粒玉米、大豆样本户分别有 5 个、47 个、147 个、37 个、80 个、33 个。

从表 3 可以看出，各种经营规模的农户在小麦、早稻、晚稻、大豆的平均单产上并未呈现明显的规律性趋势特征，但对于 200 亩以上经营规模的农户，其小麦、中稻、大豆平均单产水平分别达到了每亩 252.50 公斤、641.67 公斤和 206.67 公斤，比起较小经营规模的农户有较明显提高。与小麦、晚稻、大豆不同，不同经营规模的农户在中稻、玉米的平均单产水平方面呈现一定程度的趋势性特征，即平均单产水平随着农户耕地经营规模的扩大而呈现逐步提高的变化趋势。总体来看，规模经营户特别是 200 亩以上规模经营户在主要粮食作物的生产上有一定的优势，其单产水平高于小规模农户。

国内外发展经济学及农业经济学界研究表明，发展中国家农业经营规模与生产率之间存在反向关系，也有一些文献发现两者之间存在正向关系，还有一些研究认为两者之间存在倒 U 形关系。本报告关于当前湖南农业规模经营户与粮食生产率之间的关系并不明显，但由于本次调查样本量偏小，尤其是规模经营户明显不够，难以反映出规模经营与农业生产效率之间的规律性关系，因此，农业经营规模与生产率之间的关系还需要更多样本以及持续的经验证据加以检验。

四　农业生产性服务主体

（一）样本村农业生产性服务主体分析

农业生产性服务主体多样，目前湖南主要有村集体经济组织、专业合作社、农户、农资或农机销售公司、农业生产服务公司、供销社基层网点、邮政储蓄基层网点、农业龙头企业等。中国乡村振兴综合调查湖南省调查数据显示，村集体经济组织有 16 个，占比为 53.3%；专业合作社有 19 个，占比为 63.3%；农户有 20 个，占比为 66.7%；农资或农机销售公司有 6 个，占比为 18.2%；农业生产服务公司有 2 个，占比为 6.7%；供销社基层网点有 4 个，占比为 13.3%；邮政储蓄基层网点有 5 个，占比为 16.7%；农业龙头企业有 4 个，占比为 13.3%。其中，农户承接农业生产性服务的占比最多，其次是专业合作社，再次是村集体经济组织；农资或农机销售公司、邮政储蓄基层网点、供销社基层网点、农业龙头企业和农业生产服务公司也有一定的占比，但相对较少。为了进一步了解村庄服务主体数量，调研发现，有 2 个服务主体的村庄有 7 个，占比为 23.3%；有 3 个服务主体的村庄有 6 个，占比为 20%；有 4 个服务主体的村庄有 5 个，占比为 16.7%。其中，有 2 个服务主体的村庄占比最高，但最多的村庄也仅有 4 个服务主体，占比最低（见表4）。

表4　湖南村级涵盖农业生产性服务主体数量（多选）

单位：个，%

选项	村集体经济组织	专业合作社	农户	农资或农机销售公司	农业生产服务公司	供销社基层网点	邮政储蓄基层网点	农业龙头企业	其他	有2个服务主体的村庄	有3个服务主体的村庄	有4个服务主体的村庄
数量	16	19	20	6	2	4	5	4	4	7	6	5
占比	53.3	63.3	66.7	18.2	6.7	13.3	16.7	13.3	13.3	23.3	20.0	16.7

　　近年来，村集体经济组织在农业生产、仓储、农产品销售等方面发挥着越来越重要的作用，从中国乡村振兴综合调查湖南省调查数据了解到村集体经济组织为农户提供的一系列服务，其中村集体提供种子化肥农资采购服务的有7个，占比为43.8%；提供耕种收等农机作业服务的有3个，占比为18.8%；提供统防统治服务的有4个，占比为25%；提供粮食烘干的有2个，占比为12.5%；提供产品仓储的有5个，占比为31.3%；提供产品销售的有5个，占比为31.3%；组织农户接受服务的有10个，占比为62.5%；提供其他服务的有4个，占比为25%。其中，组织农户接受服务的占比最高，其次为提供种子化肥农资采购，说明村集体在组织农户对接社会化服务主体过程中有着重要作用。为了更好地了解村集体经济组织在本村中的重要性，发现村集体经济组织提供2种服务的村庄有8个，占比为50%；提供3种服务的村庄有2个，占比为12.5%；提供4种及以上服务的有3个村庄，占比为18.8%。提供2种服务的村庄占比最高（见表5）。

表5　湖南村集体经济组织提供服务汇总（多选）

单位：个，%

选项	种子化肥农资采购	耕种收等农机作业服务	统防统治服务	粮食烘干	产品仓储	产品销售	组织农户接受服务	其他	提供2种服务的村庄	提供3种服务的村庄	提供4种及以上服务的村庄
数量	7	3	4	2	5	5	10	4	8	2	3
占比	43.8	18.8	25.0	12.5	31.3	31.3	62.5	25.0	50.0	12.5	18.8

（二）各样本村农业社会化主体分析

服务主体能够通过社会化服务联结小农户，通过区域性农业生产服务中心、站点的布局，横向上形成服务主体的联合，纵向上推动服务资源整合，将触角延伸至各个村庄，形成区域性规模经济。中国乡村振兴综合调查湖南省调查数据显示，湖南各乡镇提供农业生产性服务中心、站点的占比为83.3%，各乡镇未提供农业生产性服务中心、站点的占比为16.7%。同时，在问及样本村是否有外村服务主体为本村提供农业生产服务时发现，在各样本村中，有外村服务主体为本村提供农业生产服务的有20个，占比为66.7%，没有的有10个，占比为33.3%。进一步问及外村服务主体为本村提供农业生产服务种类显示，其中，提供耕服务的有14个，占比为70%；提供种服务的有9个，占比为45%；提供植保服务的有16个，占比为80%；提供收服务的有17个，占比为85%；提供其他服务的有的1个，占比为5%。同时发现，外村服务主体为本村提供2种农业生产服务的有5个村庄，占比为25%；外村服务主体为本村提供3种农业生产服务的有4个村庄，占比为20%；外村服务主体为本村提供4种及以上农业生产服务的有8个村庄，占比为40%。外村服务主体为本村提供4种及以上农业生产服务最多（见表6）。

表6　湖南外村服务主体为本村提供农业生产服务的村庄数量及占比

单位：个，%

选项	耕	种	植保	收	其他	提供2种服务	提供3种服务	提供4种及以上服务
数量	14	9	16	17	1	5	4	8
占比	70.0	45.0	80.0	85.0	5.0	25.0	20.0	40.0

五　小　结

本报告利用2024年中国乡村振兴综合调查湖南省调查数据，考察了湖南样本村当前的农村土地规模经营和农业生产性服务主体发展状况，主要得出如下研究结论。

第一，湖南农村集体所有制下耕地承包分配具有小规模、均等性特征，但由于耕地流转市场的发展，湖南农村地区的耕地经营呈现如下两方面的特征。一方面，耕地经营规模不足 30 亩（含）的小农户占全部农户比重超过 95%，其耕地经营面积仅占全部经营面积的不到 40%，依然呈现"大省小农"的突出特征。另一方面，尽管耕地经营规模 30 亩以上农户所占比例不到 5%，其耕地经营面积却占到全部经营面积的 60% 多；耕地经营规模 50 亩以上农户所占比例不足 2%，其耕地经营面积已占到全部经营面积的近 50%，这突出表明，当前湖南农村地区的农业规模化经营取得了较大进展，规模经营已成为湖南农业生产的重要经营方式。

第二，作为湖南农地规模经营的主要推动力量，湖南的农地流转市场当前主要呈现如下运行特征，即新型农业经营主体耕地流转行为占比超过 2/3；流转信息获取渠道以农户私下沟通和村委会为主；52.46% 的耕地流转行为签订有书面协议，但仍有将近一半耕地流转并未签订书面协议，存在不确定性和短期性；大多数耕地流转收取了租金，在一定程度上增加了农民收入；2023 年全省耕地流转平均年租金大约为每亩 322 元。

第三，当前湖南农户的农作物种植结构呈现粮食作物占比随农户经营规模扩大而提高的特征，农地规模经营不仅不存在所谓的"非粮化"现象，而且还表现出"趋粮化"特征。与此同时，规模经营户特别是 200 亩以上规模经营户在主要粮食作物的生产上也具有一定的优势，其平均单产水平大多高于小规模农户。

第四，样本村农业生产性服务主体表现出多样性，目前湖南主要有村集体经济组织、专业合作社、农户、农资或农机销售公司、农业生产服务公司、供销社基层网点、邮政储蓄基层网点、农业龙头企业等，分别占比为 53.3%、63.3%、66.7%、18.2%、6.7%、13.3%、16.7%、13.3%。2023 年湖南各乡镇提供农业生产性服务中心、站点的占比为 83.3%，各乡镇未提供农业生产性服务中心、站点的占比为 16.7%。

推进农村土地适度规模经营是提高农业生产效益、增加农民收入、建设农业强省的重要途径。基于上述研究发现，适度规模经营在湖南农业生产经营中取得较大进展，并在以粮食单产为代表的农业经营绩效上依然处于优势地位。但是，鉴于湖南当前小农户数量依然较多、农业提质增效和农民增收致富的压力依然较大的现实情况，湖南仍要继续推进农地流转和适度规模经营。因此，需要继续深化农地产权制度改革，增强农地产权和投资预期的稳定性；改善农村法治环境，提高农地流转规范性和契约稳定性；加强农村信息化建设，增强农地流转开放性；继续鼓励和支持新型农业经营主体加大农业投资力度，增加规模经营；大力推进农业生产服务社会化主体建设，通过农村集体经济组织的统筹协调，形成"村集体+新型农业经营主体+服务主体"形式，切实通过社会化服务提高小农户参与市场的竞争力。

加强农田水利设施建设 确保粮食生产稳定发展

陈芙蓉[*]

摘 要：本报告从粮食作物灌溉用水的区域差异、品种结构和规模差异、灌溉成本以及节水灌溉技术的采纳行为等方面进行了描述性统计分析。结果如下。①湖南省粮食作物有效灌溉率达 60.71%，高于全国平均水平。口粮作物的灌溉用水量普遍高于饲料粮。尤其是水稻作物灌溉率达 90% 以上。②湖南省 92.42% 的水浇地以地表水为主要灌溉水源。在 10 亩以内的耕地中，灌溉率随着规模的增加而提高，但经营规模超过 10 亩后，灌溉率则有所下降。③湖南省 87% 的村庄尚未收取灌溉水费。灌溉成本与耕地经营规模之间存在正"U"形曲线关系。④节水灌溉技术的采纳情况不理想，仅约 5% 的农户采用了喷灌、管道等现代节水灌溉技术。经济作物采用现代节水技术的比例高于粮食作物。经营规模越大的农户，采用节水灌溉技术的比例越高。建议进一步加强农田水利设施建设、完善灌溉收费和水价政策、积极促进节水灌溉技术及推动智慧农业技术的发展与应用。

关键词：粮食作物灌溉 节水灌溉技术 智慧农业

---

* 陈芙蓉，管理学博士，湖南省社会科学院（湖南省人民政府发展研究中心）农村发展研究所（湖南省人才资源研究中心）助理研究员，研究方向为农业经济理论与政策。

中国是世界上人均淡水资源极度匮乏的国家之一，21世纪以来，淡水资源的短缺已成为国民经济持续健康发展的瓶颈。水资源这一愈加珍贵的战略性资源，对于维护国家粮食安全及推动农业经济的长远发展具有至关重要的全局性意义。作为一个拥有超过14亿人口的大国，确保粮食供应安全始终是关乎国计民生的头等要务，是治国理政的头等大事。水资源的可持续利用成为粮食安全不可或缺的基石，而日益严峻的缺水状况正严重威胁着我国的灌溉农业体系与粮食安全保障，因此，实施可持续的灌溉管理策略迫在眉睫。

一 粮食作物灌溉用水情况

（一）灌溉条件

1. 耕地有效灌溉情况分析

耕地有效灌溉程度指当年进行正常灌溉的农田面积所占比重，表征农田灌溉工程或设备的配备程度，同时也反映了人们对气候条件的调整行为以及耕地的抗旱能力。耕地有效灌溉程度越高，表明农田水利设施供给越能满足农户的灌溉需求。农业利用的水资源包含"蓝水""绿水"。"蓝水"是降水形成径流后进入河道、湖泊或地下含水层形成的地表水和地下水，即传统的水资源。"绿水"为天然降水下渗到非饱和土壤层中用于植物生长、以蒸散发进入大气层的水资源。农田水利灌溉设施旨在将蓝水引入耕种植被的土壤层，因此耕地有效灌溉程度只考虑代表地表水和地下水的蓝水，不考虑被土壤直接吸收的绿水。

总体来看，样本农户中，湖南省灌溉耕地面积占总耕地面积的60.71%（见图1），高于目前全国耕地灌溉率（55%）[1]，可见湖南省粮食生产对灌

---

① 李原园、李云玲、龙晓旭等：《基于粮食安全保障的国家水网建设思路探讨》，《中国水利》2024年第17期。

溉的依赖程度非常高。同时，该结论意味着样本中有 39.29% 的粮食作物播种耕地"靠天吃饭、不灌溉"，可能是因为耕地位于多雨水的地区或者农作物不需要灌溉，也可能是因为处于干旱少水的地方没有条件灌溉，还可能是因为农业经营主体出于节水或节省劳动力的考虑而选择不灌溉。

从不同地区看，受水资源空间分布、作物种植习惯、农田水利设施供给情况的影响，湖南省各县（市、区）的粮食作物有效灌溉率呈现较大差异。长沙县粮食作物有效灌溉率最高，达到 88.56%，比全省平均水平高 27.85 个百分点；零陵区和新宁县粮食作物的有效灌溉率次之，分别为 67.64% 和 61.69%，比全省平均水平分别高 6.93 个和 0.98 个百分点；安乡县和洪江市的粮食作物有效灌溉率低于全省平均水平，依次为52.88% 和 49.10%。

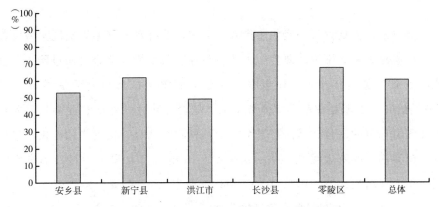

图1　湖南省总体及样本地区的耕地有效灌溉率情况

分粮食作物品种来看，口粮作物的有效灌溉率更高，饲料粮作物相对较低。水稻因特有的喜水特征，灌溉率高达 90% 以上。就小麦来说，已有研究认为水资源是影响小麦产量的主要因素，小麦在播种、冬灌、返青、拔节和灌浆期需要大量水分。本次调研结果显示，小麦有效灌溉率仅为 20%，说明湖南省小麦主要依靠降雨满足水需求。油菜籽的有效灌溉率为20.56%，与小麦相当。玉米一般在播种、拔节和孕穗期需要浇灌或雨水补充，且生长期往往与降雨期重合，导致灌溉率较低，其中籽粒玉米的有效灌溉率低于青贮玉米；大豆的有效灌溉率最低，只有 18.33%，意味着约有 81.67% 的播种大豆耕地依靠降雨满足用水需求（见图 2）。

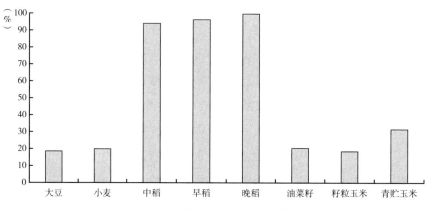

图 2　湖南省分作物品种的有效灌溉率

灌溉通常被划到劳动密集生产环节，但因受降水和气温导致的蒸散发影响，灌溉次数具有不可预测性，无法像整地、收割等环节容易通过购买社会化服务来实现环节外包，外包服务在劳动密集生产环节对家庭劳动力的"替代效应"难以在灌溉环节体现出来。随着劳动力的外出和社会化服务组织在灌溉环节的缺位，灌溉环节劳动力的稀缺性凸显，粮食作物种植规模增加会阻碍耕地的有效灌溉。从结果来看，10 亩（含）以下，耕地灌溉率随规模扩大而增加。0~1 亩（含）的耕地灌溉率为 47.42%；1~2 亩（含）和 2~5 亩（含）的耕地灌溉率逐渐增加到 62.79% 和 61.42%，5~10 亩（含）的耕地灌溉率最高，为 68.69%。当经营规模超过 10 亩时，耕地灌溉率又低一点（见图 3）。

2. 灌溉水源结构分析

农田灌溉分为地下水灌溉、地表水灌溉以及地表水和地下水综合灌溉 3 种。为了预判未来水资源短缺对中国农业生产的影响，首先需摸清灌溉耕地对不可持续利用的水资源（来自对地下水的开采）的依赖程度。从全部样本来看，湖南省 6.82% 的水浇地以地下水为农业灌溉的主要水源，平均规模为 5.53 亩；92.42% 的水浇地以地表水为农业灌溉的主要水源，平均规模为

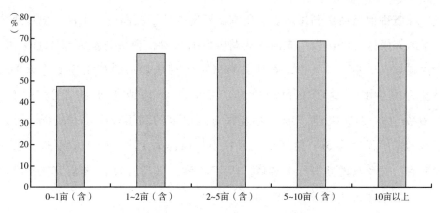

图3 湖南省不同经营规模下的耕地有效灌溉率

11.10亩；还有0.76%的水浇地将地下水和地表水同时作为农业灌溉的主要水源，平均规模为2.5亩（见图4）。可见，湖南省农业灌溉对地下水依赖程度较低。

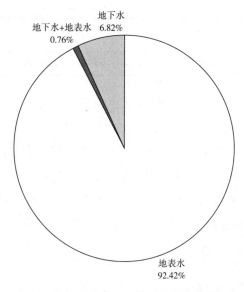

图4 湖南省粮食作物灌溉水源统计分析

分地区来看，灌溉耕地对地下水的利用与水资源稀缺程度息息相关。水井深度是水资源充足与否的重要表征，当水资源充足时，水井深度往往较浅，灌溉耕地更便于利用地表水资源。湖南省位于我国南方地区，地处亚热带季风气候区，降雨较为充沛。从调研数据来看，湖南省地表水资源丰富，井深在6.5米左右。其中，长沙县灌溉耕地对地表水的利用程度达100%，其次为安乡县、洪江市和新宁县，灌溉水源是地表水的比例分别达94.92%、92.31%和91.53%。零陵区对地表水的利用程度相对较低，对地下水的依赖程度为5个县（市、区）中最高，为12.73%（见图5）。从井深来看，安乡县的井深程度最高，达17.5米，最高值为25米。其次是洪江市，平均井深为7.67米，最大值为20米。

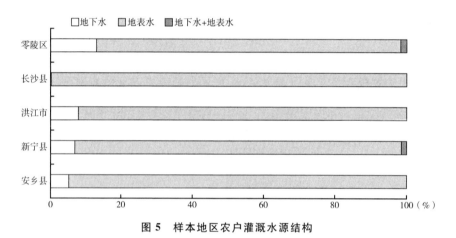

图5　样本地区农户灌溉水源结构

受灌溉次数、需水量、时效性和空间分布等因素影响，不同粮食作物灌溉用水结构存在差异。水稻和玉米对地下水有一定的依赖。其中，籽粒玉米对地下水的依赖程度较高，10.53%的灌溉耕地使用地下水；水稻次之，平均7%左右的灌溉耕地使用地下水。湖南省大豆、小麦、油菜籽和青贮玉米主要利用地表水来灌溉耕地（见图6）。

（二）农户灌溉行为

灌溉是农业生产最重要的投入之一，农户的灌溉选择行为直接决定着水资源管理政策执行的有效性。

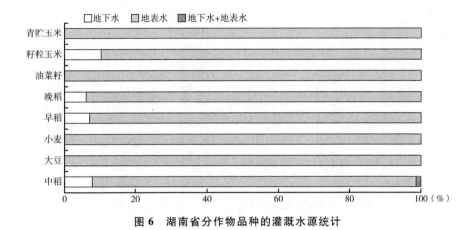

图 6　湖南省分作物品种的灌溉水源统计

1. 农业用水收费方式及水价

水价作为水资源管理的有效经济手段，在诱导农户灌溉行为方面发挥了重要作用。目前常用的农业用水计价方式有按亩计价、水量计价、按时计价、以电折水、定额收费 5 种。调研统计发现，有 21 个村庄没有打井，占有效问卷的 70%，其余 30% 的村庄需要打井灌溉。在水费收取方面，87% 的村庄不收取灌溉水费。从收费方式来看，在农业水价综合改革政策的推行下，以电折水的计价方式成为湖南省收取水费的主流方式。

2. 农业灌溉成本

灌溉成本包括水电费支出、雇工支出和购买服务支出，土地和家庭劳动力等潜在要素的隐含成本不计入分析。根据有效样本数据，粮食作物亩均灌溉成本为 8.77 元（见图 7）。从区域差异来看，长沙县和安乡县亩均灌溉成本略高，分别为 11.53 元和 10.81 元。零陵区亩均灌溉成本最低，仅为 6.56 元。可以看出，全国现行的低水价政策保证了灌溉支出在农户承受范围内，但也存在农户节水积极性不高导致用水量反弹、供水单位成本回收困难导致灌溉设施维护保养不足等弊端。

农业亩均灌溉成本与经营规模存在一种正 "U" 形曲线关系，随着经营规模的扩大，亩均灌溉成本会经历先下降后上升的过程。当经营规模较小

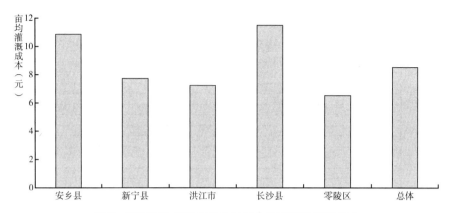

图 7　湖南省总体及样本地区粮食作物亩均灌溉成本

时，灌溉成本会随着经营规模的扩大而降低。经营规模在 0~1 亩（含）时的灌溉成本为 10.73 元/亩；当经营规模在 1~2 亩（含）时，亩均灌溉成本下降到 6.54 元；当经营规模在 2~5 亩（含）和 5~10 亩（含）时，亩均灌溉成本逐步降到 5.75 元和 5.23 元；之后亩均灌溉成本进入正 "U" 形曲线的上升阶段，经营规模为 10 亩以上的灌溉成本上升至 23.18 元/亩（见图 8）。

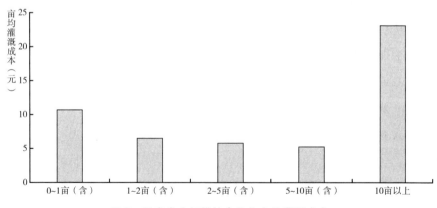

图 8　湖南省分规模粮食作物亩均灌溉成本

分品种来看，中稻的灌溉成本最高，为 29.32 元/亩。其次为晚稻和早稻，亩均灌溉成本分别为 16.74 元和 13.93 元。籽粒玉米的灌溉成本最低，只有 4.08 元/亩。油菜籽作为经济作物具有高投入、高收益的特点，亩均灌溉成本为 5.67 元（见图 9）。

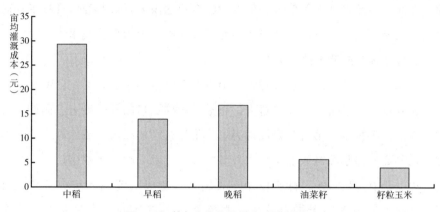

图 9 湖南省分作物品种亩均灌溉成本

二 节水灌溉工程技术采纳行为及节水效应分析

（一）节水灌溉工程技术采纳行为

1. 节水灌溉工程技术介绍

推动节水灌溉技术的发展是农业领域提升水资源利用效率、应对水资源短缺挑战及确保粮食生产安全的必由之路。当前实施的节水灌溉技术涵盖了节水灌溉工程技术、农业耕作与栽培节水措施以及节水管理体系等多个方面。本报告聚焦节水灌溉工程技术这一特定范畴进行深入探讨。节水灌溉工程技术进一步细分为输水环节节水技术和田间配水环节节水技术两大板块。在输水环节的节水技术上，依据灌溉水从水源输送至农田过程中通过不同工程设施所产生的渗漏与蒸发损失情况，将未经防渗处理的土渠视为传统技术；采取防渗措施的渠道则被归为第一代现代技术；而结合了防渗与减少蒸发的管道输水方式则被视为第二代现代技术。至于田间配水环节的节水技术，依据传输水分所需能量的不同，灌溉技术大致可分为自流灌溉与加压灌溉两大类。自流灌溉系统依赖地表漫流来分配水分至农田；加压灌溉则涵盖喷灌、微灌、滴灌以及利用加压管网向农田输送和分配水分的相似系统。据此，漫灌、沟灌、畦灌等依赖自然重力的自流灌溉方式被归为传统技术，而喷灌、微灌、滴灌等依赖加压设备的灌溉方式则被视为现代技术。

2.输水环节的节水技术采纳

输水环节的节水灌溉设施是集体提供的大型水利工程，具有公共物品属性，且其建造所需资金投入量过大，超过小规模农户的承受能力。因此，输水环节的节水技术采纳行为是以村为单位集体行动的结果。虽然湖南耕地的灌溉比例高，但是灌溉农业中输水环节的节水技术采纳行为较落后。在样本村庄中，仍有53.33%的村庄使用土渠输水，造成水资源的很大浪费；有90%的村庄使用混凝土渠道输水，避免了渗水带来的水资源损失；只有3.33%的村庄使用管道输水，同时防止输水环节渗漏和蒸散发带来的水资源损失，提高了水资源利用效率（见图10）。

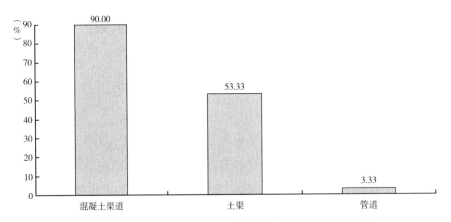

图10　湖南省样本村庄输水环节的灌溉设施类型及其比例

3.田间配水环节的节水技术采纳

田间配水环节的灌溉设施由农户自行决策。调研结果显示，42.58%的粮食种植农户采用漫灌的传统灌溉方式，49.22%的粮食种植农户采用沟灌的灌溉方式，3.13%的农户选择畦灌的灌溉方式，只有约5%的农户采用喷灌、管道等现代节水灌溉技术（见图11）。湖南的传统灌溉方式仍然居主导地位，微喷灌等现代节水技术的采纳率非常低。

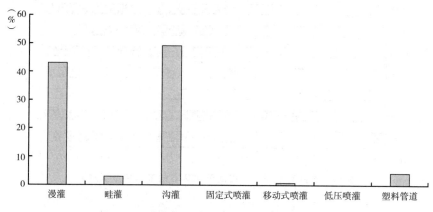

图11 湖南省田间配水环节的节水技术采纳率

不同作物节水技术的采用存在异质性。在面对先进技术时，农户在对技术改造的成本和收益进行权衡后，往往会对能够给其带来高收益的经济作物采用现代技术。而对保证基本生存需要的粮食作物仍旧采用传统技术。统计分析显示（见图12），14.29%的油菜籽种植农户采用喷灌、管道等现代节水技术，高于小麦、水稻、玉米和大豆等粮食作物。就粮食作物来说，籽粒玉米种植农户的节水技术使用率是最高的，达6.25%；其次为中稻、晚稻与早稻种植，比例分别为5.67%、3.13%和2.33%。大豆、小麦种植几乎全部采用传统技术。其中，小麦主要通过漫灌的方式，而大豆主要采用沟灌的方式。

田间配水环节的节水灌溉技术采纳还受到经营规模的影响。总体来看，经营规模越大，农户采用节水灌溉的比例也越高。0~1亩（含）、1~2亩（含）和2~5亩（含）经营规模的农户采用节水灌溉的比例分别为4.65%、2.82%和4.35%。随着经营规模扩大到5亩以上，农户使用节水灌溉技术的比例逐步提高。经营规模在5~10亩（含）的农户采用节水灌溉技术的比例为8.11%；经营规模扩大到10亩以上，采用节水灌溉的比例提升至8.33%。土地经营规模越大，越能分摊节水技术的使用成本，农户越倾向于采用节水灌溉技术（见图13）。

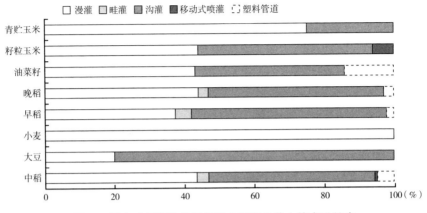

图 12　湖南省不同作物田间配水环节的节水技术采纳率

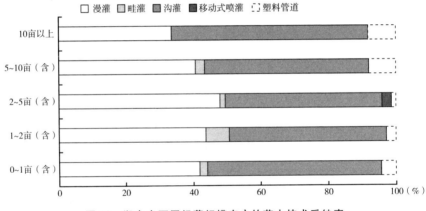

图 13　湖南省不同经营规模农户的节水技术采纳率

4. 智慧农业技术在灌溉中的应用

智慧农业是现代农业转型的关键，其核心在于传感技术与数据分析系统的深度融合。这一创新模式通过部署于农田的精密传感器网络，实时捕捉土壤湿度、环境温度、光照强度等关键环境参数，为农业生产提供了详尽的数据支持。这些数据随后被输入先进的后台分析系统，该系统运用科学算法深度挖掘数据价值，精准预测作物生长需求及潜在病虫害风险。在此基础上，智慧农业的自动化管理体系得以构建，它依据数据分析系统的洞察结果，智能化地执行灌溉、施肥、病虫害防治等农事操作。特别是在灌溉环节,智慧农业技术能够依据作物实际的水分需求,实现定时、定量、定点的精准灌溉,不仅有效节约了水资源,还促进了作物增产和农业劳动力的高效利用,实现了节水、增产与减劳的多重正面效应。

作为私人物品的智慧灌溉技术既包括劳动替代性较强的无人机、无人车、机器人,也包括能提高灌溉效率的 GPS 导航、成像设备、传感器和遥感信息等,其使用率是农户个人生产决策的结果。从样本村庄调查问卷结果来看(见图 14),有 44.83% 的村庄在本村作业的农机上配备了 GPS 导航,有 23.33% 的村庄在本村作业的农机上安装了摄像机、光学成像设备、激光传感器等设施。42.86% 的村庄能够采集土壤水分等环境信息。

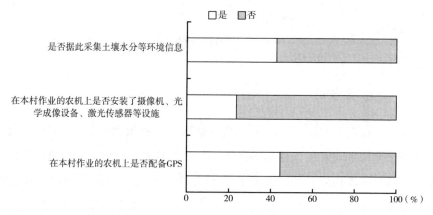

图 14　湖南省农机装备智慧设备在灌溉环节的应用

智慧农业技术既可以自身购买,也可以通过购买服务使用。从样本村庄调查问卷结果来看(见图 15),在灌溉环节完全没有使用智慧农业技术的农户占 97.11%,意味着只有 2.89% 的农户在灌溉环节使用智慧农业技术。其中,有 1.57% 的农户在自家作业和购买服务作业部分使用,0.79%的农户在购买服务作业时使用,0.52% 的农户同时在自家作业和购买服务作业时使用,说明智慧农业技术在湖南省的农业灌溉环节尚未普及,处于起步阶段。

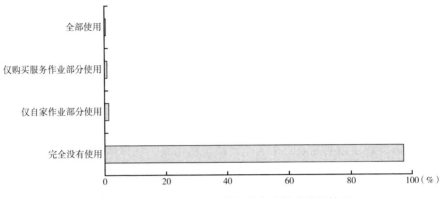

图 15　湖南省农户灌溉环节智能农业技术使用情况

三　小　结

（一）主要发现

第一，在湖南省样本农户中，灌溉耕地占总耕地面积的 60.71%，这一比例高于全国平均水平，显示出湖南农业对灌溉的高度依赖。口粮作物的灌溉用水量普遍比饲料粮高。尤其是水稻作物，水稻作为湖南的主要粮食作物，其灌溉率高达 90% 以上，而油菜籽和玉米等作物的灌溉率较低。可见，当前口粮过剩而饲料粮不足的供给结构带来了对水资源的过度消耗，适当地进行口粮向饲料粮的结构调整有助于减少水资源损耗。

第二，湖南省农业灌溉对地下水的依赖程度较低，92.42% 的水浇地以地表水为主要灌溉水源，且不同县（市、区）间灌溉水源的利用存在差异。灌溉率与耕地经营规模具有一定的关系。在 10 亩以下的规模耕地中，灌溉率随着规模的增加而提高，但超过 10 亩后，灌溉率则呈现下降趋势。

第三，目前，湖南省 87% 的村庄尚未收取灌溉水费，收取水费的村庄以电折水的计价方式为主。灌溉成本与耕地经营规模之间存在正 "U" 形曲线关系。在经营规模较小阶段，随着规模的扩大，灌溉成本逐渐降低；但当经营规模超过一定阈值时，灌溉成本又呈现上升趋势。这种趋势可能与灌溉设施的规模经济效应和农户的管理能力有关。同时，不同作物的灌溉成本也存在差异，其中，中稻的灌溉成本最高，籽粒玉米的最低。

第四，在湖南省的灌溉系统中，节水灌溉技术的采纳情况并不理想。输水环节节水技术的采纳较为落后，53.33%的村庄仍使用土渠输水。田间配水环节也以传统灌溉方式为主，现代节水技术的采纳率较低。此外，作物种植对节水技术的采纳存在异质性。经济作物由于具有较高的经济价值，采用现代节水技术的比例高于粮食作物。同时，经营规模越大的农户，采用节水灌溉技术的比例也越高。然而，智慧农业技术在灌溉环节的应用仍处于起步阶段，只有少数村庄和农户使用。尽管农机装备智慧设备在灌溉环节的应用率较低，但 GPS 导航和成像设备的应用已有一定基础。

（二）对策建议

第一，加强农田水利设施建设。针对湖南省灌溉系统存在的问题，应加大对农田水利设施的投入力度，提高耕地有效灌溉率。特别是在干旱少水地区，应优先建设灌溉设施，确保粮食作物的正常生长。同时，应优化灌溉水源结构，合理开发利用地表水和地下水资源，减少对不可持续利用水资源的依赖。加强农田水利设施建设，提高灌溉系统的稳定性和可靠性。

第二，完善灌溉收费和水价政策。为了促进水资源的合理利用和节约保护，应推行合理的灌溉收费制度。通过收取灌溉水费，增强农户的节水意识，促进水资源的合理利用。同时，应根据水资源稀缺程度和灌溉成本适时调整水价，确保供水单位能够回收成本并用于灌溉设施的维护保养。完善灌溉收费和水价政策，形成有效的水资源管理机制。

第三，推广节水灌溉技术。为了提高水资源的利用效率，应加大对节水灌溉技术的宣传和培训力度。通过举办培训班、现场示范等方式，提高农户对节水灌溉技术的认识和采纳意愿。同时，应鼓励和支持农户采用现代节水灌溉技术，如管道输水和加压灌溉等。推广节水灌溉技术，降低灌溉成本并增强灌溉效果。

第四，推动智慧农业技术的发展与应用。针对智慧农业技术在灌溉环节应用不足的问题，应加大对智慧农业技术的研发投入和推广力度。通过引进和研发先进的智慧灌溉设备和技术，提高灌溉的精准度和效率。同时，应支持农户购买和使用智慧灌溉设备和技术，降低其应用门槛和成本。推动智慧农业技术的发展与应用，实现灌溉系统的智能化和自动化管理。

第五，加强政策支持和引导。为了推动节水灌溉和智慧农业的发展，应制定和完善相关政策措施。对采用节水灌溉技术和智慧农业技术的农户给予资金补贴和技术支持，降低其应用成本。同时，应加强部门协作和资源整合，形成推动节水灌溉和智慧农业发展的合力。加强政策支持和引导，为农业灌溉系统的转型升级提供有力保障。

农户金融市场参与分析

何 友*

摘 要： 近年来，湖南加强金融服务乡村振兴的引导，积极探索创新金融支
持乡村振兴路径，制定金融支持农业强省"二十七条措施"，支持
更多金融资源向乡村振兴聚集，推动涉农金融服务质效显著增强。
2023 年，湖南发放支农、支小再贷款与再贴现三种传统工具
1336.4 亿元，同比多发放 181.6 亿元；全省涉农贷款余额同比增
长 13.7%，全省涉农贷款新增额占全部新增贷款的比重较上年同
期提高 1.3 个百分点。为了更好地了解当前多项推进举措下农户金
融市场参与情况，本报告从农户参与金融市场的基本条件、农户信
贷需求、正规信贷、民间借贷行为、家庭金融和农业保险参与 6 个
方面，分析农户对各类金融服务的需求偏好、可得性以及资产持有
等情况，以期为当前农村金融政策的效果评价和进一步完善提供
依据。

关键词： 金融市场 正规信贷 民间信贷

　　农村金融是服务农业农村的经济血脉，是乡村产业振兴的重要着力点。
自 2003 年深化农村信用社改革以来，经过 20 多年的不断改革完善，我国基

---

* 何友，管理学博士，湖南省社会科学院（湖南省人民政府发展研究中心）农村发展研究所
（湖南省人才资源研究中心）助理研究员，研究方向为农村金融、农业理论与政策。

本形成了大、中、小型金融机构相互协作的多层次、广覆盖的农村金融服务体系。随着农村金融对"三农"的支持力度逐年加大和数字经济、金融科技的快速发展与广泛应用，农户金融服务需求得到明显激发，金融服务可得性日益提升，金融服务乡村振兴呈现新趋势。

基于中国乡村振兴综合调查湖南省调查数据，本报告研究金融服务对农户经济行为的影响，对支付、信贷、金融资产持有、农业保险等农户金融市场参与相关问题进行了梳理。

一　农户参与金融市场的基本条件

（一）支付偏好

抽样调查数据显示，在所有样本首选的支付方式中，首先是微信、支付宝等第三方支付，占 50.14%；其次是现金支付，占 40.11%；储蓄卡及其他支付方式占比 9.75%，样本中未出现手机银行支付方式。分地区来看，微信、支付宝等第三方支付占比最高的是长沙县，为 62.5%；占比最低的是新宁县，为 40.28%。现金支付占比最高的是零陵区，为 46.48%，与当地微信、支付宝等第三方支付占比一致；占比最低的是长沙县，为 25%。储蓄卡及其他支付方式占比最高的是新宁县，为 16.67%；占比最低的是洪江市，为 0。相对而言，长沙县等经济发展较快的地区支付手段数字化程度更高（见图 1）。

（二）授信情况

在全部样本中，获评信用户的占 30.64%。其中，长沙县信用户占比高达 41.67%，为 5 个县（市、区）最高；安乡县信用户占比也相对较高，为 34.72%；零陵区和新宁县占比接近，分别为 26.76% 和 27.78%；洪江市最低，仅为 22.22%。全部样本的授信额度均值为 15.38 万元，授信期限平均为 3.93 年。其中，零陵区授信额度均值最高，为 23.88 万元，授信期限均

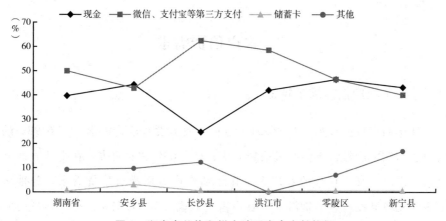

图1　湖南省总体和样本地区农户支付偏好

值为4.82年；新宁县授信额度均值也较高，为16.66万元，授信期限均值为3.29年；长沙县和洪江市水平接近，授信额度均值分别为12.77万元和13.31万元，长沙县授信期限均值为4.08年，而洪江市的授信期限均值达到5.25年，为5个县（市、区）最高；安乡县授信额度均值和授信期限均值均为最小，分别为9.82万元、3.1年（见图2）。

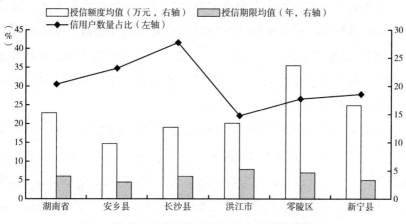

图2　湖南省总体和样本地区农户获得授信情况

二　农户信贷需求

（一）农户信贷需求特征

抽样调查数据显示，有86.31%的农户表示没有信贷需求；有6.98%的农户表示在生产经营方面有过信贷需求；有3.63%的农户表示在生活方面有过信贷需求；有3.07%的农户表示在生活生产方面都有信贷需求。分地区来看，安乡县没有过信贷需求的农户占比最高，为91.55%，有7.04%的农户表示在生产经营方面有信贷需求，超过生活生产方面都有信贷需求的农户比例（1.41%）；与其他四个地区不同的是，没有在生活方面有需求的农户样本。新宁县和洪江市没有过信贷需求的农户占比也比较高，分别为88.89%、87.5%；两个地区的区别在于，洪江市在生产经营方面、生活方面、生活生产方面有过信贷需求的占比均是4.17%；新宁县有8.33%的农户表示在生产经营方面有过信贷需求，而在生活方面、生活生产方面有过信贷需求的占比均是1.39%。长沙县没有过信贷需求的农户占比为81.94%；有4.17%的农户表示在生活方面有过信贷需求，在生产经营方面、生活生产方面有过信贷需求的占比均是6.94%。零陵区没有过信贷需求的农户占比为81.69%，为5个县（市、区）中最低；在生产经营方面、生活方面有过信贷需求的占比均是8.45%，远高于其他地区；有1.41%的农户表示在生活生产方面有过信贷需求（见图3）。

具体来说，有信贷需求的农户的需求额度均值为12.34万元，需求期限均值为3.23年，最高可承受年利率均值为4.15%。其中，新宁县需求额度均值最高，为16.80万元，需求期限均值为3.95年，最高可承受年利率均值为4.35%。长沙县需求额度均值最低，为8.00万元，为全省最低，需求期限均值为2.80年，最高可承受年利率均值为4.40%。安乡县需求额度均值为14.17万元，需求期限均值最低，仅为1.67年，最高可承受年利率均值为4.08%。洪江市需求额度均值为8.85万元，需求期限均值为2.44年，最高可承受年利率最高，为 5.80%；零陵区需求额度均值为 14.50 万元，需求期限均值最高，达 5.85 年，最高可承受年利率均值为 3.79%（见图 4）。

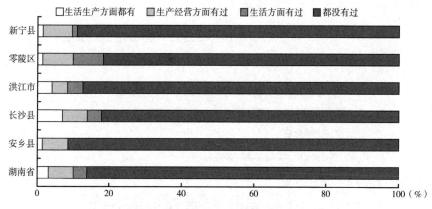

图 3　湖南省总体和样本地区农户信贷需求情况

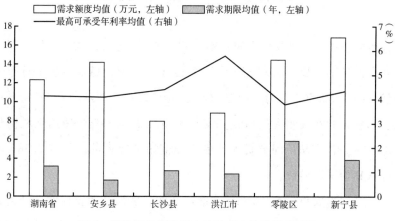

图 4　湖南省总体和样本地区农户信贷需求特征

（二）农户的借贷来源偏好

在回答了借贷的首选来源的农户样本中，有 70.47% 的农户首选从亲戚、邻居、朋友或熟人处借钱，且不需要支付利息，占比最高；其次为从银行等金融机构贷款，占 19.22%，以上两项合计占 89.69%；从亲戚、邻居、朋友或熟人处借钱并支付利息的占 1.11%，使用互联网信贷的占 0.56%，从民间放贷人处借贷的占 0.28%，使用信用卡提现的占 0.28%。此外，有 8.08% 的农户首选从其他来源借钱（见图 5）。

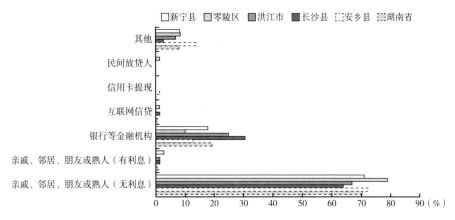

图 5　湖南省总体和样本地区农户借贷首选来源占比

分地区来看，长沙县样本农户中有 63.89% 首选从亲戚、邻居、朋友或熟人处借钱且不需要支付利息，为 5 个县（市、区）最低；从银行等金融机构贷款的占 30.56%，为 5 个县（市、区）最高，两项合计 94.45%；从亲戚、邻居、朋友或熟人处借钱并支付利息的占 1.39%，使用互联网信贷的占 1.39%，没有从民间放贷人处借贷和信用卡提现的，但有 2.78% 的农户首选从其他来源借钱。

安乡县样本农户中有 72.22% 首选从亲戚、邻居、朋友或熟人处借钱且不需要支付利息，从银行等金融机构贷款的占 12.50%，两项合计 84.72%；从亲戚、邻居、朋友或熟人处借钱并支付利息的、使用互联网信贷的和从民间放贷人处借贷的均为 0，使用信用卡提现的占比为 1.39%，有 13.89% 的农户首选从其他来源借钱，为 5 个县（市、区）最高。

洪江市样本农户有 66.67% 首选从亲戚、邻居、朋友或熟人处借钱且不需要支付利息；从银行等金融机构贷款的占 25.00%，两项合计 91.67%；从亲戚、邻居、朋友或熟人处借钱并支付利息的占 1.39%；从互联网信贷、信用卡提现和民间放贷人处借贷的均为 0，有 6.94% 的农户首选从其他来源借钱。

零陵区样本农户中有 78.87% 首选从亲戚、邻居、朋友或熟人处借钱且不需要支付利息，从银行等金融机构贷款的占 9.86%，为 5 个县（市、区）最低，两项合计 88.73%；没有从亲戚、邻居、朋友或熟人处借钱并支付利息的和信用卡提现的；从互联网信贷和民间放贷人处借钱的占比均为 1.41%，没有农户使用信用卡提现，有 8.45% 的农户首选从其他来源借钱。

新宁县样本农户有 70.83% 首选从亲戚、邻居、朋友或熟人处借钱且不需要支付利息，从银行等金融机构贷款的占 18.06%，两项合计 88.89%；从亲戚、邻居、朋友或熟人处借钱并支付利息的占 2.78%；没有通过信用卡提现、民间放贷人和互联网信贷借钱的；有 8.33% 的农户首选从其他来源借钱。

三　农户正规信贷申请与获得

农户信贷需求依旧旺盛，非正规信贷仍然是农户满足信贷需求的主要渠道，改善农户正规信贷可得性是中国金融支农政策的重要发力点，然而，农村资金外流问题突出，农村金融产品和服务方式还不能完全适应广大农民不断增长的服务需求，农村金融基础设施不完善，农村金融机构和金融产品单一等问题，对农户正规信贷获得均存在负向影响。本次调查详细采集了农户正规信贷申请和农户最近一次获得正规信贷的来源、用途、抵押担保方式及还款等情况，以便详细刻画农户的正规信贷可得性特征。

（一）农户正规信贷申请

抽样调查数据显示，2023 年初以来，向正规金融机构申请过贷款的农户占全部样本的 28.97%，正规信贷获批率为 97.10%，处于较高水平。其中，安乡县有 16.67% 的农户申请过正规信贷，为 5 个县（市、区）最低，正规信贷获批率为 100%；长沙县有 44.44% 的农户申请过正规信贷，为 5

个县（市、区）最高，正规信贷获批率为92.00%，为5个县（市、区）最低；洪江市有34.72%的农户申请过正规信贷，正规信贷获批率为100%；零陵区有23.94%的农户申请过正规信贷，正规信贷获批率为94.40%；新宁县有25.00%的农户申请过正规信贷，正规信贷获批率为100%（见图6）。

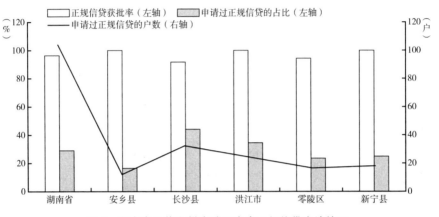

图6　湖南省总体和样本地区农户正规信贷申请情况

抽样调查数据显示，在过去一年未申请正规金融机构信贷的农户，占全部样本的71.03%。没有申请正规信贷的主要原因是没有资金需求，占85.88%；其次为有其他解决途径，占6.27%；没有担保人或抵押物和担心还不起贷款或抵押物被没收的均占1.68%；网点远、没熟人、手续复杂、审批时间长的占1.57%；利息太高、不想支付利息的占2.35%。以上三项为有信贷需求且无其他解决途径的农户没有申请正规信贷的主要原因，即三大约束性因素。

分地区来看，安乡县没有资金需求的占比是5个县（市、区）中最高的，为96.67%；有其他解决途径的占1.67%，是5个县（市、区）最低的。三大约束性因素中网点远、没熟人、手续复杂、审批时间长占比最高，为1.67%。长沙县没有资金需求的占比为80.00%；有其他解决途径的占10%。三大约束性因素中利息太高、不想支付利息的占比最高，为5.00%，是5个县（市、区）中最高的；其他原因占5.00%。洪江市没有资金需求的占比为 74.47%，在 5 个县（市、区）中最低；有其他解决途径的占 10.64%，为 5 个县（市、区）最高。三大约束性因素中网点远、没熟人、手续复杂、审批时间长占比最高，占 4.26%；其次是利息太高、不想支付利息和没有担保人或抵押物的占比均为 2.13%，其他原因占比为 6.38%。零陵区没有资金需求的占比为 83.33%；有其他解决途径的占 9.26%。三大约束性因素中利息太高、不想支付利息的占比最高，为 3.70%；担心还不起贷款或抵押物被没收的占 3.70%。新宁县没有资金需求的占比为 90.74%，有其他解决途径的占 1.85%。三大约束性因素中，没有担保人或抵押物、担心还不起贷款或抵押物被没收和网点远、没熟人、手续复杂、审批时间长占比均为 1.85%，且其他原因也占比 1.85%。

申请了正规信贷但并未获批的农户有 3 户，对于未获批的原因，农户认为主要是担保人不符合要求和抵押物不符合要求。

（二）农户最近一次获得正规信贷的基本情况

抽样调查数据显示，获得过正规信贷的农户，占全省样本的 28.41%。其中，安乡县获得过正规信贷的农户占比为 16.67%，长沙县获得过正规信贷的农户占比为 44.44%，洪江市获得过正规信贷的农户占比为 33.33%，零陵区获得过正规信贷的农户占比为 23.94%，新宁县获得过正规信贷的农户占比为 23.61%。

农户最近一次正规信贷的申请额度均值为 19.1 万元，实际获得的信贷额度为申请额度的 99.12%，即贷款申请基本能得到全额批准（见图 7）。贷款年利率均值为 4.61%（见图 8）。贷款产品平均期限为 19.51 个月，而农户实际需要使用贷款期限与贷款产品期限之比为 0.94，即农户实际需要使用贷款期限是贷款产品期限的 0.94 倍（见图 9）。农户从提出借贷请求到获得贷款平均需要 10.77 天。

分地区来看，安乡县农户正规信贷申请额度均值最高，为 29.82 万元，实际获得的信贷额度为申请额度的 100%，年利率为 4.05%，信贷产品期限最长，为 24.17 个月，农户实际需要使用贷款期限是贷款产品期限的 0.96

倍，农户从提出借贷请求到获得贷款平均需要9.6天。长沙县农户正规信贷申请额度仅次于安乡县，为26.38万元；实际获得的信贷额度为申请额度的98.89%，年利率在5个县（市、区）中最高，为5.11%；信贷产品期限为16.3个月，是5个县（市、区）中最短的；农户实际需要使用贷款期限是贷款产品期限的0.87倍，是5个县（市、区）中最低的；农户从提出借贷请求到获得贷款平均需要的时间在5个地区中是最长的，达14.28天。

洪江市和新宁县农户的正规信贷申请额度接近，分别为10.59万元和7.46万元，实际获得的信贷额度均为申请额度的100%。两个地区的年利率水平差别不大，分别为4.75%和5.01%；两个地区信贷产品期限的差距较

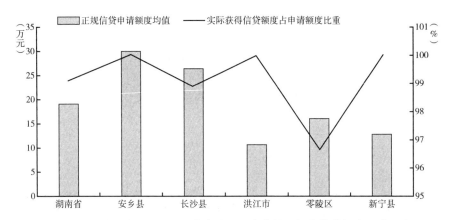

图7 湖南省总体和样本地区农户最近一次获得正规信贷的额度及满足率

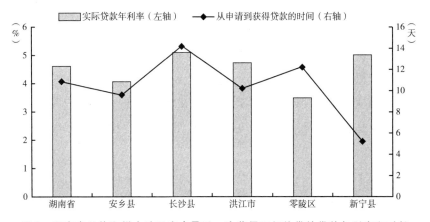

图8 湖南省总体和样本地区农户最近一次获得正规信贷的贷款年利率和时长

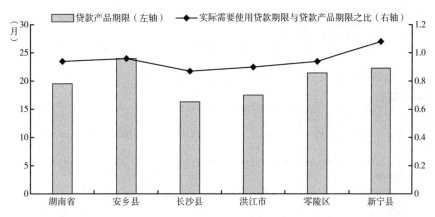

图9 湖南省总体和样本地区农户最近一次获得正规信贷的贷款产品期限情况

大，洪江市为 17. 61 个月，而新宁县达 22. 47 个月；农户实际需要使用贷款期限与贷款产品期限的比值也存在差距，分别为 0. 9 和 1. 08。两个地区农户从提出借贷请求到获得贷款需要的时间相差较大，洪江市需要 7. 60 天，而新宁县仅需 5. 17 天。

（三）农户最近一次获得正规信贷的来源分布

农户最近一次获得正规信贷的来源如图 10 所示，来自农村信用社（包含农村商业银行和农村合作银行）占比为 66. 67%；其次为来自国有银行（工农中建），占 24. 51%；来自村镇银行、股份制银行和城市商业银行的占比比较接近，均为 0. 98%；来自邮政储蓄银行的占比为 3. 92%；2. 94% 的农户从小贷公司等其他渠道贷款。没有农户从互联网金融机构和贷款公司得到数字信贷。

分地区来看，洪江市农户正规信贷来自农村信用社（包含农村商业银行和农村合作银行）的占比在 5 个县（市、区）中最高，达 95. 83%；其次为来自国有银行（工农中建），占 4. 17%。

安乡县农户正规信贷来自农村信用社（包含农村商业银行和农村合作银行）的占 50. 00%，是 5 个县（市、区）中最低的；其次为来自国有银行（工农中建），占 41. 67%，为 5 个县（市、区）中最高；来自股份制银行和

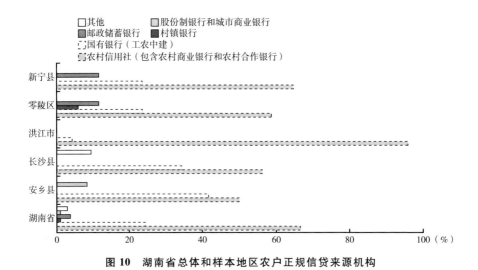

图 10　湖南省总体和样本地区农户正规信贷来源机构

城市商业银行的占比为 8.33%，为 5 个县（市、区）中最高。

长沙县农户正规信贷来自农村信用社（包含农村商业银行和农村合作银行）的占 56.25%；其次来自国有银行（工农中建），占 34.38%；来自村镇银行、邮政储蓄银行、股份制银行和城市商业银行的占比均为 0；9.38% 的农户从其他渠道贷款。

零陵区农户正规信贷来自农村信用社（包含农村商业银行和农村合作银行）的占 58.82%；其次为来自国有银行（工农中建），占 23.53%；来自村镇银行的占比为 5.88%，为 5 个县（市、区）最高；来自邮政储蓄银行的为 11.76%；没有农户从股份制银行和城市商业银行、小贷公司等其他渠道得到信贷。

新宁县农户正规信贷来自农村信用社（包含农村商业银行和农村合作银行）的占 64.71%；其次为来自国有银行（工农中建），占 23.53%；来自邮政储蓄银行为 11.76%；没有农户从村镇银行、股份制银行和城市商业银行、小贷公司等其他渠道得到信贷。

（四）农户最近一次获得正规信贷的担保类型分布

2024 年 1 月，国家金融监督管理总局提出，银行业金融机构要聚焦小微企业和涉农主体资金需求，合理确定信贷投放节奏，力争普惠型小微企业贷款和普惠型涉农贷款这两个领域贷款增速不低于各项贷款平均增速，并将提高小微企业信用贷款比重作为考核加分项。在各项政策加持下，农户信用贷款占比显著提高，但仍有部分信贷是需要抵押、担保的。

抽样调查数据显示，获得过正规信贷的农户样本中，信用贷款占比最高，为 60.78%；其次为抵押贷款，占 17.65%；再次为担保贷款，占 7.84%；抵押担保相结合的占 1.96%；扶贫信用贷款占比为 5.88%；其他各类变相担保和抵质押的占 5.88%。

分地区来看，安乡县信用贷款的占比为 58.33%，抵押贷款占比是 5 个县（市、区）中最高的，达 33.33%，担保贷款占比为 8.33%，抵押担保相结合、扶贫信用贷款和其他贷款均没有。长沙县信用贷款的占比在 5 个县（市、区）中处于较低水平，仅为 56.25%；担保贷款占比 12.5%，是 5 个县（市、区）中最高的，抵押贷款占比为 21.88%；抵押担保相结合、扶贫信用贷款均没有。洪江市信用贷款占比为 66.67%；担保贷款、抵押担保相结合、扶贫信用贷款占比分别为 8.33%、4.17%、4.17%；抵押贷款占比为 16.67%。新宁县信用贷款的占比在 5 个县（市、区）中最高，为 70.69%；抵押贷款、扶贫信用贷款占比均为 11.76%，担保贷款占比为 5.88%；样本农户没有抵押担保相结合以及其他抵押担保类型。零陵区信用贷款的占比为 52.94%，在 5 个县（市、区）中最低；抵押贷款、抵押担保相结合均为 5.88%；扶贫信用贷款和其他贷款占比 1.51%。

在抵押贷款方面，从抵押物类型来看，房产等固定资产占比最高，为 80.00%；其次为农村住房财产权和其他抵押担保形式相结合，为 15.00%；其他形式占比 5.00%。

分地区来看，安乡县、长沙县和零陵区样本农户全部是房产等固定资产抵押；洪江市房产等固定资产抵押、农村住房财产权和其他抵押担保形式相结合占比均为 40.00%，其他抵押形式占比 20.00%；新宁县房产等固定资产抵押、农村住房财产权和其他抵押担保形式相结合占比均为 50.00%（见图 11）。

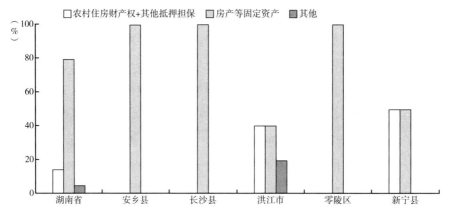

图 11　湖南省总体和样本地区农户正规信贷抵押物类型占比情况

在担保贷款方面，从担保方类型来看，获得担保贷款的农户都是由非公职人员担保。分地区来看，5 个县（市、区）中长沙县获非公职人员担保的农户数量最多，占所有地区总户数的 40%，洪江市有 3 户，安乡县、零陵区和新宁县均只有 1 户获得非公职人员担保（见图 12）。

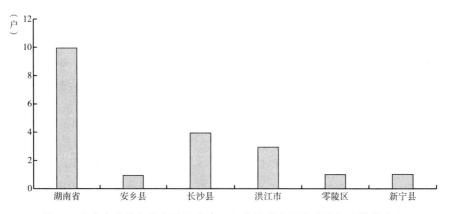

图 12　湖南省总体和样本地区农户正规信贷非公职人员担保方数量分布

（五）农户最近一次获得正规信贷的用途

从全省来看，农户正规信贷的第一大用途是修建住房或买房，占 42.16%；其次为非农经营日常周转支出，占 19.61%；再次是买种苗、化肥、农药、饲料等农资支出,占16.67%;之后是其他支出,占9.80%;购买农机设备、农用车、运输车支出占6.86%;日常消费、教育、医疗等支出占3.92%;收购农产品支出占2.94%;最后是支付土地、厂房、棚圈的租金,支付雇工和外包劳务的人工费,修建大棚、仓库等单个方面的支出,共占4.9%。

分地区来看,长沙县农户正规信贷的第一大用途是修建住房或买房,占59.38%,为5个县(市、区)中最高,其次为非农经营日常周转支出,占21.88%;购买农机设备、农用车、运输车和日常消费、教育、医疗等两项支出占比均为9.38%,且日常消费、教育、医疗等支出占比为5个县(市、区)最高;买种苗、化肥、农药、饲料等农资支出占比为6.25%。安乡县农户正规信贷的最大用途是修建住房或买房,占50.00%,其次为非农经营日常周转支出,占25.00%;再次为买种苗、化肥、农药、饲料等农资支出,占16.67%;最后为购买农机设备、农用车、运输车支出,占8.33%。洪江市农户正规信贷的第一大用途是买种苗、化肥、农药、饲料等农资,占比37.5%,为5个县(市、区)中此用途占比最高;其次是修建住房或买房支出,占29.17%;收购农产品支出、支付雇工和外包劳务的人工费支出占比分别为12.5%、8.33%,这两项也是5个县(市、区)中该用途占比最高的;非农经营日常周转支出占比8.33%,为5个县(市、区)该用途占比最低;修建大棚、仓库等和日常消费、教育、医疗等支出占比均为4.17%,其他支出占比8.33%。零陵区农户正规信贷的第一大用途是修建住房或买房,占41.18%;其次,买种苗、化肥、农药、饲料等农资和其他支出,占比均为17.65%;购买农机设备、农用车、运输车和非农经营日常周转支出占比均为11.76%,且为5个县(市、区)最高;支付土地、厂房、棚圈的租金支出为5.88%,是5个县(市、区)中唯一有此项支出的。新宁县农户正规信贷的最大用途为非农经营日常周转支出,占35.29%;其次为修建住房或买房和其他支出,均占23.53%;买种苗、化肥、农药、饲料等农资支出,修建大棚、仓库等支出和购买农机设备、农用车、运输车支出均为5.88%;且买种苗、化肥、农药、饲料等农资支出占比为5个县(市、区）该项支出占比最低，修建大棚、仓库等支出占比为 5 个县（市、区）该项支出占比最高。

（六）农户最近一次获得正规信贷的还款情况

抽样调查数据显示，获得过正规信贷的农户样本中，除了 40.20% 的农户贷款尚未到期，无法得知其到期还款情况，贷款到期农户大多能够按时还款。其中，17.65% 的农户能提前还清贷款，31.37% 的农户能按时还清未续贷，8.82% 的农户能按时还清又续贷。有 0.98% 的农户贷款逾期后还清，仅 0.98% 的农户逾期未还（见图 13）。

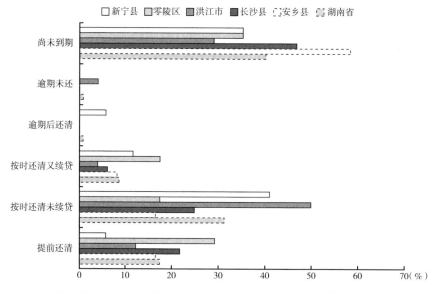

图 13　湖南省总体和样本地区农户最近一次获得正规信贷的还款情况

分地区来看，零陵区提前还清和按时还清又续贷的占比在 5 个县（市、区）中均最高，分别为 29.41%、17.65%；按时还清未续贷占比 17.65%；尚未到期占比 35.29%。洪江市按时还款未续贷的占比在 5 个县（市、区）中最高，为 50.00%；尚未到期的占比 29.17%，在 5 个县（市、区）中最低；提前还清占比 12.5%；按时还清又续贷和逾期未还的占比均为 4.17%。

安乡县尚未到期占比在 5 个县（市、区）中最高，达 58.33%；提前还清和按时还清未续贷占比均为 16.67%；按时还清又续贷占比 8.33%。长沙县各项占比均处于平均水平，提前还清占比 21.88%；按时还清未续贷占比为 25.00%；按时还清又续贷占比 6.25%；尚未到期占比 46.88%。新宁县提前还清占比在 5 个县（市、区）中最低，为 5.88%；按时还清未续贷占比为 41.18%；按时还清又续贷占比 11.76%；逾期后还清占比 5.88%；尚未到期占比 35.29%。

四　农户民间借贷行为

随着我国经济的不断发展和综合国力的不断提升，民间借贷迎来了一波高速发展。民间借贷是正规金融的补充，在一定程度上缓解了小微企业或个人筹措资金的难题、减轻了社会的金融压力。本次调查采集了农户最近一次民间借贷的来源、用途、抵押担保方式等，以便详细刻画农户民间借贷行为的特征。

全部样本中有民间借贷行为的农户占全部样本的 18.38%。其中，安乡县有民间借贷行为的农户占比为 13.89%；长沙县有民间借贷行为的农户占比为 22.22%；洪江市有民间借贷行为的农户占比为 27.78%；零陵区有民间借贷行为的农户占比为 14.08%；新宁县有民间借贷行为的农户占比为 13.89%。

（一）农户最近一次民间借贷的基本情况

农户最近一次民间借贷需要借款额度均值为 3.84 万元。13.09% 的农户借款不需要支付利息，不需要支付利息的借款额度均值为 3.29 万元；5.29% 的农户借款需支付利息。无论是否需要支付利息，农户实际获得的借贷额度占需求额度的 93.85%，即资金需求基本可以得到满足。需要支付利息的样本中，借款的年利率均值为 7.03%，农户实际使用借款的时间均值为 18.54 个月。农户从借到获得借款的时间平均需要 0.95 天（见图 14~图 15）。

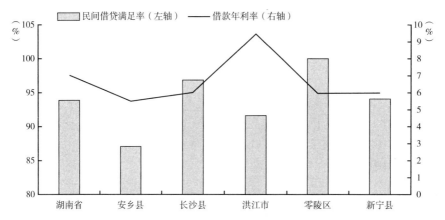

图 14 湖南省总体和样本地区农户最近一次民间借贷的满足率和借款年利率

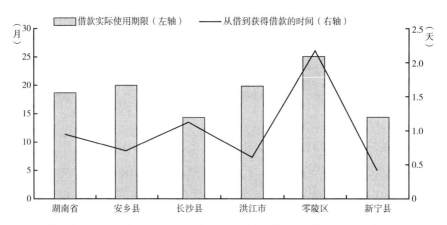

图 15 湖南省总体和样本地区农户最近一次民间借贷的获取时长和使用期限

分地区看，安乡县农户民间借贷额度在 5 个县（市、区）中最高，农户最近一次民间借贷需要借款的总额为 52.62 万元，均值为 5.26 万元；借贷满足率为 87%，在 5 个县（市、区）中最低；实际借款中，获得不需要支付利息的借款的农户占比为 9.72%，借款总额为 28.6 万元，均值为 4.09 万元，获得需支付利息的借款的农户占比为 4.16%，借款总额为 10.01 万元，均值为 3.34 万元，平均借款年利率为 5.5%。农户实际使用借款的时间均值为 19.90 个月，从借到获得借款的时间为 0.7 天。

长沙县农户最近一次民间借贷需要借款的总额为 56.6 万元，均值为

3.54 万元；借贷满足率为 96.88%；实际借款中，获得不需要支付利息的借款的农户占比为 15.27%，借款总额为 40.9 万元，均值为 3.72 万元；获得需支付利息的借款的农户占比为 8.33%，借款总额为 14.70 万元，均值为 2.45 万元；平均借款年利率为 6.00%。农户实际使用借款的时间均值为 14.33 个月，从借到获得借款的时间为 1.13 天。

洪江市农户最近一次民间借贷需要借款的总额为 67.05 万元，均值为 3.35 万元；借贷满足率为 91.67%；实际借款中，获得不需要支付利息的借款的农户占比为 17.81%，借款总额为 39.1 万元，均值为 2.56 万元；获得需支付利息的借款的农户占比为 9.58%，借款总额为 15.25 万元，均值为 2.18 万元；平均借款年利率为 9.5%，是 5 个县（市、区）中最高的。农户实际使用借款的时间均值为 19.8 个月，从借到获得借款的时间为 0.6 天。

零陵区农户最近一次民间借贷需要借款的总额为 67.05 万元，均值为 2.88 万元；借贷满足率为 100%，在 5 个县（市、区）中最高；实际借款中，获得不需要支付利息的借款的农户占比为 8.11%，借款总额为 27.7 万元，均值为 3.46 万元；获得需支付利息的借款的农户占比为 2.78%，借款总额为 1.05 万元，均值为 0.53 万元，平均借款年利率为 5.94%。农户实际使用借款的时间均值为 25.1 个月，从借到获得借款的时间为 2.2 天，为 5 个县（市、区）中使用最久、耗时最长的。

新宁县农户最近一次民间借贷需要借款的总额为 67.05 万元，均值为 4.89 万元；实际借款中，获得不需要支付利息的借款的农户占比为 10.95%，借款总额为 18.35 万元，均值为 2.29 万元，获得需支付利息的借款的农户占比为 2.74%，借款总额为 23.00 万元，均值为 11.5 万元，平均借款年利率为 6.00%。农户实际使用借款的时间均值为 14.4 个月，从借到获得借款的时间为 0.4 天，为 5 个县（市、区）中使用期限最短、耗时最短的。

（二）农户最近一次民间借贷的来源分布

农户最近一次民间借贷的来源如图 16 所示。全部来自亲戚的农户占比为占75.76%；其次为来自朋友，占24.24%。分地区来看，安乡县和零陵区农户从亲戚和朋友处借钱的占比相同，均为90.00%、10.00%，且从亲戚处借钱比例是5个县（市、区）中最高的；长沙县从亲戚和朋友处借钱的农户占比分别为68.75%、31.25%；洪江市从亲戚和朋友处借钱的比例与全省平均水平最接近，分别为75.00%、25.00%；新宁县从亲戚和朋友处借钱的农户占比分别为60.00%、40.00%。

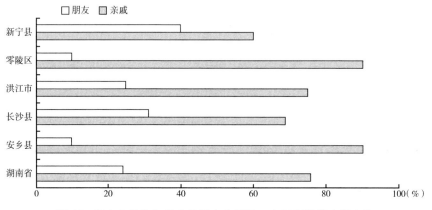

图16　湖南省总体和样本地区农户最近一次民间借贷来源占比

（三）农户民间借贷的用途分布

从全省来看，农户民间借贷的第一大用途是修建住房或买房，占36.36%；其次为日常消费、教育、医疗等支出，占25.76%；再次是其他支出，占比13.64%；之后是非农经营日常周转支出，占7.58%；买种苗、化肥、农药、饲料等农资支出占6.06%；支付雇工和外包劳务的人工费支出占比4.55%；最后是购买农机设备、农用车、运输车支出和收购农产品支出，均占3.03%。

分地区来看，长沙县农户民间借贷的第一大用途是修建住房或买房，占43.75%，为5个县（市、区）中最高，其次为日常消费、教育、医疗等支出，占18.75%；再次是其他支出和非农经营日常周转支出，占比均为12.50%；最后是购买农机设备、农用车、运输车和收购农产品支出，占比均为 6.25%。

安乡县农户民间借贷的最大用途是修建住房或买房和日常消费、教育、医疗等，各占 40.00%；买种苗、化肥、农药、饲料等农资支出占 20.00%，其中，日常消费、教育、医疗等支出和买种苗、化肥、农药、饲料等农资支出的占比在 5 个县（市、区）中均是最高的。

洪江市农户民间借贷的第一大用途是修建住房或买房，占比 35.00%；其次是日常消费、教育、医疗等支出和其他支出，占比均为 20.00%；再次是支付雇工和外包劳务的人工费支出和非农经营日常周转支出，占比均为 10.00%；最后是收购农产品支出，占比 5.00%。

零陵区农户民间借贷的第一大用途是修建住房或买房，占 40.00%；其次是日常消费、教育、医疗等支出，占比为 30.00%；购买农机设备、农用车、运输车支出，买种苗、化肥、农药、饲料等农资支出和其他支出，占比均为 10.00%。

新宁县农户民间借贷的最大用途为日常消费、教育、医疗等支出，占 30.00%；其次为修建住房或买房和其他支出，均占 20.00%；买种苗、化肥、农药、饲料等农资支出，支付雇工和外包劳务的人工费支出，非农经营日常周转支出，均为 10.00%。

五　家庭金融

家庭金融行为是经济循环和金融系统运行的重要一环，鼓励家庭金融投资、保障家庭金融健康已成为持续释放内需潜力、保障经济金融健康发展的重要抓手。随着金融市场的不断发展，金融产品呈现多样化和复杂化，家庭也越来越积极地参与到金融市场中。对于湖南家庭金融相关问题的研究，不仅能够深化对湖南农村居民家庭金融行为和资产配置状况的认识、增强居民和家庭的金融健康意识，同时也有助于制定和改进消费政策、调整经济结构、防范家庭金融风险，为湖南农村居民家庭生活福利的提高和财产性收入的增长提供指导方向。

（一）金融知识获取

近年来，随着普惠金融发展不断提速，以普惠金融为载体、金融教育提升居民金融素养为手段，推动金融帮扶精准实施已成为我国农村经济发展的重要措施。农村是人、资金、技术、信息聚集的载体，可以为农村居民创业提供很多机会。提高农村居民对金融政策、金融工具和金融服务的了解程度，提高其合法融资意识和创业能力，形成开放的、多元化的投资体系，引导农村居民选取能够形成良好产业结构、有竞争力的产业集群，进而促进产业兴旺，推进乡村实施振兴战略。本次调查设计了"您家获取金融、保险知识的渠道有哪些?"问题来了解农户的金融知识获取情况。

在全部样本中，有 35.93% 的农户没有获取金融保险知识的渠道；30.92% 的农户通过政府宣传获取金融保险知识；20.61% 的农户通过亲朋好友获取金融保险知识；17.83% 的农户通过金融机构工作人员介绍获取金融保险知识；15.88% 的农户通过广播电视、报纸书籍、网络来获取金融保险知识；此外，还有 3.90% 的农户通过其他方式了解金融保险知识。

分地区来看，安乡县有 34.72% 的农户没有获取金融保险知识的渠道；43.06% 的农户通过政府宣传获取金融保险知识，在 5 个县（市、区）中最高；11.11% 的农户通过亲朋好友获取金融保险知识，在 5 个县（市、区）中最低；27.78% 的农户通过金融机构工作人员介绍获取金融保险知识，与长沙县占比相同，且在 5 个县（市、区）中最高；15.28% 的农户通过广播电视、报纸书籍、网络来获取金融保险知识；此外，有 2.78% 的农户通过其他方式了解金融保险知识。

长沙县有 23.61% 的农户没有获取金融保险知识的渠道，占比在 5 个县（市、区）中最低；31.94% 的农户通过政府宣传获取金融保险知识；25.00% 的农户通过亲朋好友获取金融保险知识；27.78% 的农户通过金融机构工作人员介绍获取金融保险知识；18.06% 的农户通过广播电视、报纸书籍、网络获取金融保险知识；此外，有 1.39% 的农户通过其他方式了解金融保险知识。

洪江市有 43.06% 的农户没有获取金融保险知识的渠道；23.61% 的农户通过政府宣传获取金融保险知识；22.22% 的农户通过亲朋好友获取金融保险知识；5.56% 的农户通过金融机构工作人员介绍获取金融保险知识，是 5 个县（市、区）中占比最低的；6.94% 的农户通过广播电视、报纸书籍、网络获取金融保险知识；此外，还有 4.17% 的农户通过其他方式了解金融保险知识。

零陵区有 49.30% 的农户没有获取金融保险知识的渠道；19.72% 的农户通过政府宣传获取金融保险知识，是 5 个县（市、区）中占比最小的；19.72% 的农户通过亲朋好友获取金融保险知识；21.13% 的农户通过广播电视、报纸书籍、网络获取金融保险知识；8.45% 的农户通过金融机构工作人员介绍获取金融保险知识；此外，还有 8.45% 的农户通过其他方式了解金融保险知识。

新宁县有 29.17% 的农户没有获取金融保险知识的渠道；36.11% 的农户通过政府宣传获取金融保险知识；25.00% 的农户通过亲朋好友获取金融保险知识；19.44% 的农户通过金融机构工作人员介绍获取金融保险知识；18.06% 的农户通过广播电视、报纸书籍、网络获取金融保险知识；此外，还有 2.78% 的农户通过其他方式了解金融保险知识。

（二）金融数字化产品和服务使用情况

近年来，随着乡村振兴战略的深入推进，我国农村金融数字化取得了重大进展。移动支付、农业信贷、期货保险等新型金融业态在农村地区逐渐普及，数字化金融服务覆盖面不断扩大。2024 年初，《中共中央、国务院关于学习运用"千村示范、万村整治"工程经验有力有效推进乡村全面振兴的意见》出台，为深入落实"三农"工作掌舵领航。建设数字乡村既是乡村振兴的战略方向，也是实际工作的切入点。农村金融作为支持农村经济发展的重要力量，其数字化进程对于提升金融服务效率、拓宽金融服务覆盖面、增强农村经济发展动力具有重要意义。本次调查设计了"您使用手机进行过哪些操作？"问题来了解农户的金融数字化产品和服务使用情况。

抽样调查数据显示，样本农户使用手机获取金融数字化产品和服务过程中，使用最多的是支付日常消费，占总样本的 79.11%；其次使用手机给亲朋好友转账、发红包的农户占比为 73.26%；再次，使用手机获取其他金融数字化产品和服务的农户占比为 21.73%；使用手机购买其他商业性保险的农户占比为 6.69%；使用手机定期还贷款的农户占比为 5.29%；使用手机申请贷款和购买农业保险、支付保险费的农户占比均为 4.18%；最后，使用手机获取签订贷款协议、购买理财产品、签订农业保险合同、发生灾害时向保险公司报损申请理赔、收取农业保险赔偿金服务的农户占比均为 8.91%。

分地区来看，安乡县农户使用手机获取最多的金融服务是支付日常消费，占样本农户的 72.22%；其次，使用手机给亲朋好友转账、发红包的农户占比为 65.28%；再次，使用手机获取其他金融数字化产品和服务的农户占比为 26.39%；使用手机购买农业保险、支付保险费的农户占比为 5.56%；使用手机申请贷款的农户占比为 4.17%；最后，使用手机获取签订贷款协议、定期还贷款、签订农业保险合同、发生灾害时向保险公司报损申请理赔、收取农业保险赔偿金、购买其他商业性保险服务的农户占比均为 11.11%。

长沙县农户使用手机获取最多的金融服务是支付日常消费，占长沙县样本农户的 93.06%，是 5 个县（市、区）中占比最高的；其次使用手机给亲朋好友转账、发红包的农户占比为 91.67%；再次，使用手机获取申请贷款、签订贷款协议、购买理财产品服务的农户占比均为 6.94%；长沙县以上这 5 项金融服务的农户占比在 5 个县（市、区）中均是最高的。使用手机获取购买其他商业性保险和其他金融服务的农户占比均为 12.5%；使用手机定期还贷款的农户占比为 8.33%；最后，使用手机获取购买农业保险、支付保险费，签订农业保险合同，发生灾害时向保险公司报损申请理赔服务的农户占比均为 4.17%。

洪江市使用手机获取最多的金融服务是支付日常消费，占洪江市样本农户的 76.39%；其次，使用手机给亲朋好友转账、发红包的农户占比为 69.44%；再次，使用手机获取其他金融服务的农户占比为 25.00%；使用手机申请贷款、定期还贷款和购买理财产品的农户占比均为 2.78%；使用手机签订贷款协议，购买农业保险、支付保险费，签订农业保险合同，购买其他商业性保险的农户占比均为 1.39%。

零陵区使用手机获取最多的金融服务是支付日常消费，占零陵区样本农户的 64.79%；其次，使用手机给亲朋好友转账、发红包的农户占比为 61.97%；再次，使用手机获取其他金融服务的农户占比为 32.39%，为 5 个县（市、区）中最高。使用手机购买其他商业性保险的农户占比为 9.86%；使用手机定期还贷款的农户占比为 8.45%；使用手机购买农业保险、支付保险费的农户占比为 7.04%；使用手机申请贷款的农户占比为 5.63%；使用手机签订贷款协议和签订农业保险合同的农户占比均为 4.23%；使用手机购买理财产品、发生灾害时向保险公司报损申请理赔的农户占比均为 1.41%。

新宁县使用手机获取最多的金融服务是支付日常消费，占新宁县样本农户的 88.89%；其次，使用手机给亲朋好友转账、发红包的农户占比为 77.78%；再次，使用手机获取其他金融服务的农户占比为 12.50%；使用手机购买其他商业性保险的农户占比为 6.94%；使用手机购买农业保险、支付保险费的农户占比为 5.56%；使用手机定期还贷款的农户占比为 4.17%；最后，使用手机申请贷款、签订贷款协议、购买理财产品的农户占比均为 4.17%。

（三）农户金融资产持有

家庭金融资产来源于家庭将持有的部分储蓄转化为用于投资的金融产品，既包括现金及其等价物、股票、银行存款、基金、期权、期货等经营性资产，也包括所有与债券同等类型的其他金融工具。本次调查设计了 5 个问题了解农户包括债务、债权、手持现金、银行存款和股票、债券、理财产品等在内的金融资产情况。

1. 债务

中国乡村振兴综合调查湖南省调查设计"2023 年结束，您未还清的欠款（包括银行和亲朋好友）总共多少钱？"这一问题来了解湖南省农户的债务情况。抽样调查数据显示，在全部样本农户中，82.17% 的农户没有债务；

5.57%的农户存在 20 万元及以上的债务；4.46%的农户存在 5 万~10 万元的债务；有 1 万~5 万元、10 万~20 万元债务的农户比例接近，分别为 3.34%、3.06%；有 1.39%的农户有 1 万元以下的债务。

分地区来看，安乡县样本农户中，86.11%的农户没有债务，占比与洪江市相同，且均是 5 个县（市、区）中最高的；5.56%的农户存在 1 万~5 万元的债务，也是 5 个县（市、区）中最高的；4.17%的农户有 20 万元及以上的债务；存在 5 万~10 万元、10 万~20 万元债务的分别为 2.78%、1.39%；安乡县是 5 个县（市、区）中唯一没有 1 万元以下债务的地区。

长沙县样本农户中，79.17%的农户没有债务；12.50%的农户有 20 万元及以上的债务，占比在 5 个县（市、区）中最高，且远高于全省平均水平；4.17%的农户存在 5 万~10 万元的债务；存在 1 万元以下、1 万~5 万元和 10 万~20 万元债务的农户比例均为 1.39%，且均是 5 个县（市、区）中最低的。

洪江市样本农户中，86.11%的农户没有债务；4.17%的农户存在 1 万~5 万元的债务；有 5 万~10 万元、10 万~20 万元和 20 万元及以上债务的农户比例均为 2.78%，均低于全省平均水平；存在 1 万元以下债务的农户仅为 1.39%。

零陵区样本农户中，77.46%的农户没有债务；8.45%的农户存在 5 万~10 万元的债务，远高于全省平均水平；有 10 万~20 万元债务的农户占比 5.63%，居 5 个县（市、区）中最高；4.23%的农户有 20 万元及以上的债务；存在 1 万元以下债务的农户占比为 2.82%，是 5 个县（市、区）中最高的；仅 1.41%的农户有 1 万~5 万元的债务。

新宁县样本农户中，81.94%的农户没有债务；有 1 万~5 万元、5 万~10 万元、10 万~20 万元和 20 万元及以上债务的农户比例均为 4.17%；仅 1.39%的农户有 1 万元以下的债务。

2. 债权

中国乡村振兴综合调查湖南省调查设计"2023 年结束，别人向您借的钱仍没有归还给您的总共有多少钱？"这一问题来了解湖南省农户的债权情况。抽样调查数据显示，在全部样本农户中，69.94%的农户没有债权；11.14%的农户有1万~5万元的债权；10.86%的农户有1万元以下的债权；有5万~10万元、10万~20万元、20万元及以上债权的农户比例分别为3.34%、2.79%、2.23%。

安乡县农户样本中，73.61%的农户没有债权，与新宁县无债权比例相同，且居5个县（市、区）最高；9.72%的农户有1万元以下的债权；6.94%的农户有1万~5万元的债权，是5个县（市、区）中该项占比最低的；有5万~10万元债权的农户占比5.56%，是5个县（市、区）中该项占比最高的；有10万~20万元、20万元及以上债权的农户比例分别为2.78%、1.39%。

长沙县农户样本中，59.72%的农户没有债权；5.56%的农户有1万元以下的债权；这两项占比均是5个县（市、区）该项占比中最低的；18.06%的农户有1万~5万元的债权，是5个县（市、区）中该项占比最高的，远高于全省平均水平；有5万~10万元债权的农户占比4.17%；有10万~20万元、20万元及以上债权的农户比例分别为5.56%、6.94%，均是5个县（市、区）中该项占比最高的，且远高于全省平均水平。

洪江市农户样本中，68.06%的农户没有债权，与全省平均水平接近；16.72%的农户有1万元以下的债权，是5个县（市、区）中该项占比最高的；9.72%的农户有1万~5万元的债权；有5万~10万元债权的农户占比4.17%；有10万~20万元债权的农户比例为1.39%，是5个县（市、区）该项占比中最低的；洪江市是样本地区中唯一没有20万元及以上债权样本农户的地区。

零陵区农户样本中，73.24%的农户没有债权；14.08%的农户有1万元以下的债权；9.86%的农户有1万~5万元的债权；有10万~20万元、20万元及以上债权的农户比例均为1.41%。零陵区是样本地区中唯一没有5万~10万元债权样本农户的地区。

新宁县农户样本中，73.61%的农户没有债权，与安乡县无债权比例相同；8.33%的农户有1万元以下的债权；11.11%的农户有1万~5万元的债权，与全省平均水平接近；有5万~10万元、10万~20万元的农户比例均为2.78%；

有 20 万元及以上债权的农户占比 1.39%，与安乡县该项占比相同。

3. 第三方支付余额和现金

中国乡村振兴综合调查湖南省调查设计"2023 年结束，您的微信钱包余额、支付宝余额等第三方支付余额和现金总共大约有多少钱？"这一问题来了解湖南省农户的手持现金情况。

在全部样本农户中，53.76% 的农户持有 1 万元以下的微信钱包余额或支付宝余额和现金，在所有第三方支付余额和现金分布范围中占比是最大的；26.74% 的农户有 1 万~5 万元的第三方支付余额和现金；手中无现金与有 5 万~10 万元第三方支付余额和现金的农户占比接近，分别是 7.80%、7.24%；拥有 10 万~20 万元、20 万元及以上微信钱包余额、支付宝余额等第三方支付余额和现金的农户比例均为 2.23%。

分地区来看，安乡县 52.78% 的农户持有 1 万元以下的微信钱包余额或支付宝余额和现金；37.5% 的农户有 1 万~5 万元的第三方支付余额和现金，是 5 个县（市、区）中该项占比最高的；有 5 万~10 万元第三方支付余额和现金的农户占比为 5.56%；拥有 10 万~20 万元第三方支付余额和现金的农户比例为 2.78%，与全省平均水平接近；有 1.39% 的农户表示手中无现金，是 5 个县（市、区）中该项占比最低的；安乡县持有 20 万元及以上微信钱包余额、支付宝余额等第三方支付余额和现金的样本农户数量为 0。

长沙县 54.17% 的农户持有 1 万元以下的微信钱包余额或支付宝余额和现金；19.44% 的农户有 1 万~5 万元的第三方支付余额和现金；持有 5 万~10 万元、20 万元及以上微信钱包余额、支付宝余额等第三方支付余额和现金的农户占比分别为 12.50%、9.72%，均是 5 个县（市、区）中该项占比最高的；有 2.78% 的农户表示手中无现金；拥有 10 万~20 万元第三方支付余额和现金的农户比例仅为 1.39%。

洪江市有 61.11% 的农户持有 1 万元以下的微信钱包余额或支付宝余额和现金，是 5 个县（市、区）中该项占比最高的；23.61% 的农户有 1 万~5 万元的第三方支付余额和现金；有 11.11% 的农户表示手中无现金；持有 5 万~10 万元微信钱包余额、支付宝余额等第三方支付余额和现金的农户占比为 4.17%；样本农户中没有持有 10 万～20 万元、20 万元及以上第三方支付余额和现金的。

零陵区有 54.93% 的农户持有 1 万元以下的微信钱包余额或支付宝余额和现金；手中无现金和持有 1 万～5 万元第三方支付余额和现金的农户占比均为 18.31%，且手中无第三方支付余额和现金的占比是 5 个县（市、区）中最高的；持有 5 万～10 万元第三方支付余额和现金的农户占比为 5.63%；拥有 10 万～20 万元、20 万元及以上第三方支付余额和现金的农户占比均为 1.41%。

新宁县有 45.83% 的农户持有 1 万元以下的微信钱包余额或支付宝余额和现金，是 5 个县（市、区）中最低的；34.92% 的农户有 1 万～5 万元的第三方支付余额和现金；持有 5 万～10 万元以下微信钱包余额、支付宝余额等第三方支付余额和现金的农户占比为 8.33%；手中无现金和持有 1 万～5 万元第三方支付余额和现金的农户占比均为 5.56%；样本农户中没有持有 20 万元及以上第三方支付余额和现金的。

4. 银行存款（活期+定期）

中国乡村振兴综合调查湖南省调查设计"2023 年结束，您的银行存款（活期+定期）总共大约有多少钱？"这一问题来了解湖南省农户的银行存款情况。

在全部样本农户中，29.53% 的农户拥有 1 万～5 万元的银行存款，在所有银行存款分布范围中占比最大；其次，20.06% 的农户有 1 万元以下的银行存款；手中无现金和有 5 万～10 万元银行存款的比例接近，分别为 17.27%、16.71%；拥有 10 万～20 万元、20 万元及以上银行存款的农户比重接近，分别为 8.08%、8.36%。

分地区来看，在安乡县样本农户中，26.39% 的农户拥有 1 万～5 万元的银行存款，在安乡县所有银行存款分布范围中占比最大；25.00% 的农户有 1 万元以下的银行存款；手中无现金和有 5 万～10 万元银行存款的比例接近，分别为 18.06%、16.67%；11.11% 的农户拥有 20 万元及以上的银行存款；仅有 2.78% 的农户拥有 10 万～20 万元银行存款，是 5 个县（市、区）

中该项占比最低的。

长沙县银行存款持有的分布相对较均匀。20.83%的农户拥有1万~5万元的银行存款，在长沙县所有银行存款分布范围中占比最大；其次是拥有5万~10万元银行存款的农户，占比19.44%，是5个县（市、区）中该项占比最高的；手中无现金的农户占比18.06%；15.28%的农户拥有10万~20万元银行存款，是5个县（市、区）中该项占比最高的；13.89%的农户有1万元以下的银行存款；拥有20万元及以上的银行存款的农户数量在长沙县样本农户中占比最小，仅有12.50%，但在5个县（市、区）该项占比中仍然处于中上水平。

在洪江市样本农户中，40.28%的农户拥有1万~5万元的银行存款，在洪江市所有银行存款分布范围中占比最大，也是5个县（市、区）中该项占比最大的；其次，20.83%的农户有1万元以下的银行存款；无现金和有5万~10万元银行存款的农户占比相同，均为15.28%，且有5万~10万元银行存款的农户占比是5个县（市、区）中最低的；6.94%的农户拥有10万~20万元银行存款；最后，仅有1.39%的农户拥有20万元及以上银行存款，是5个县（市、区）中该项占比最低的。

在零陵区样本农户中，28.17%的农户拥有1万~5万元的银行存款，在零陵区所有银行存款分布范围中占比最大；其次，拥有1万元以下银行存款的农户占比26.76%；手中无现金的农户占比在5个县（市、区）中最高，达21.13%；有5万~10万元银行存款的农户占比15.49%，相对全省平均水平较低；拥有10万~20万元、20万元及以上银行存款的农户占比分别为5.63%、2.82%，均低于全省平均水平。

在新宁县样本农户中，31.94%的农户拥有1万~5万元的银行存款，在新宁县所有银行存款分布范围中占比最大，且高于全省平均水平；其次是拥有5万~10万元银行存款的农户，占比16.67%；手中无现金和有1万元以下、20万元及以上银行存款的农户占比相同，均为13.89%；9.72%的农户拥有10万~20万元银行存款，但在5个县（市、区）该项占比中仍然处于中上水平。

5. 股票、债券、理财产品

调查中通过设计"2023 年结束，您购买的股票、债券、理财产品总共大约值多少钱？"这一问题来了解湖南省农户购买股票、债券、理财产品的情况。

2023 年，在全部样本农户中，96.38% 的农户没有购买股票、债券、理财产品；1.95% 的农户购买了 1 万~5 万元股票、债券、理财产品；购买了 5万~10 万元、10 万~20 万元、20 万元及以上的股票、债券、理财产品的农户占比均为 0.56%。由此可见，目前农村居民在购买股票、债券、理财产品这一方面参与程度较低。

分地区来看，安乡县样本农户中，94.44% 的农户没有购买股票、债券、理财产品；2.78% 的农户购买了 1 万~5 万元股票、债券、理财产品，高于全省平均值；购买了 5 万~10 万元、20 万元及以上的股票、债券、理财产品的农户占比均为 1.39%，在 5 个县（市、区）中最高。长沙县样本农户中，90.28% 的农户没有购买股票、债券、理财产品；5.56% 的农户购买了 1万~5 万元股票、债券、理财产品，远高于全省平均值；购买了 10 万~20 万元、20 万元及以上的股票、债券、理财产品的农户占比分别为 2.78%、1.39%，在 5 个县（市、区）中均属于最高值。洪江市所有样本农户在2023 年均没有购买股票、债券、理财产品。零陵区所有样本农户中，98.59% 的农户没有购买股票、债券、理财产品；1.41% 的农户购买了 1 万~5万元股票、债券、理财产品，低于全省平均值；其他区间价格内的股票、债券、理财产品均未持有。新宁县所有样本农户中，98.61% 的农户没有购买股票、债券、理财产品；1.39% 的农户购买了 5 万~10 万元股票、债券、理财产品，高于全省平均值；其他区间价格内的股票、债券、理财产品均未持有。

六　农业保险参与

农业保险作为分散农业生产经营风险的重要手段，对推进现代农业发展、促进乡村产业振兴、改进农村社会治理、保障农民收益等具有重要作用。2024 年中央一号文件指出，扩大完全成本保险和种植收入保险政策实施范围，实现三大主粮全国覆盖、大豆有序扩面。近年来，我国农业保险保费收入、赔付金额以及服务农户户次都实现了快速增长，农业保险支农、惠农、富农、强农作用进一步发挥。鉴于此，本次调查设计了农户参与农业保险的相关问题。

（一）农业保险参与度

全部样本中，有 77 户农户购买了农业保险，占 21.45%。分地区来看，新宁县购买农业保险农户占比在 5 个县（市、区）中较高，达 43.06%；安乡县购买农业保险农户占比与全省平均水平接近，为 20.83%；洪江市购买农业保险农户占比 16.67%；零陵区有 14.08% 的农户购买农业保险；长沙县仅 12.5% 的农户购买农业保险（见图 17）。

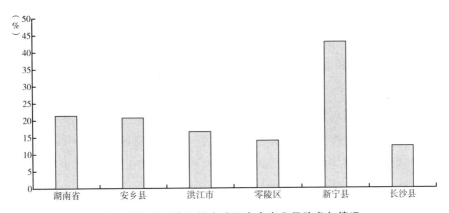

图 17　湖南省总体和样本地区农户农业保险参与情况

在农户未购买农业保险的原因中，"灾害很少发生，没必要买保险"和"没有农业经营活动"占比较高，分别为 45.91%、31.32%；其次是"没有需要的保险品种"和"想参加但不知如何参加或无法参加"，分别为 8.54%、7.83%。"保额太低，没作用"占比 2.49%；"理赔麻烦，赔付不及时"占比 2.14%；"保费高"占 1.42%；还有 0.36% 的农户是因为"其他"而未购买（见图 18）。

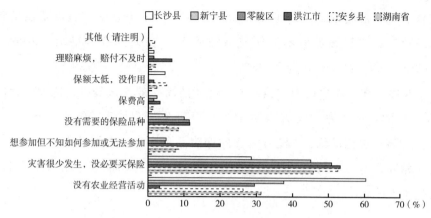

图 18　湖南省总体和样本地区农户未购买农业保险的原因分布

分地区来看，安乡县样本农户认为"灾害很少发生，没必要买保险"的占比最高，达 52.63%，高于全省平均水平；"没有农业经营活动"占比也相对较高，为 26.32%；"想参加但不知如何参加或无法参加"占 8.77%。"保额太低，没作用"和"没有需要的保险品种"占比均为 5.26%；还有 1.75% 的农户选择"其他"原因。

洪江市样本农户认为"灾害很少发生，没必要买保险"和"想参加但不知如何参加或无法参加"的占比在 5 个县（市、区）中均最高，分别为 53.33%、20.00%；"没有需要的保险品种"占比为 11.67%；"理赔麻烦，赔付不及时"占比为 6.67%；"保费高"和"没有农业经营活动"占比相同，均为 3.33%，但"保费高"占比在 5 个县（市、区）中最高，而"没有农业经营活动"占比在 5 个县（市、区）中最低；"保额太低，没作用"占比仅为 1.67%。

零陵区样本农户认为"灾害很少发生，没必要买保险"占比为 50.82%，高于全省平均水平；"没有农业经营活动"占比低于全省平均水平，为 29.51%；11.48% 的农户认为"没有需要的保险品种"；"想参加但不知如何参加或无法参加"占比为 4.92%；"理赔麻烦，赔付不及时"和"保费高"占比均为 1.64%。

新宁县样本农户认为"灾害很少发生，没必要买保险"和"没有农业经营活动"占比较高，分别为 45.00%、37.50%；其次是"没有需要的保险品种"和"想参加但不知如何参加或无法参加"，分别占比 10.00%、5.00%；"保费高"占比为 2.50%。

长沙县样本农户认为"没有农业经营活动"的占比最高，达 60.32%；28.57%的农户认为"灾害很少发生，没必要买保险"，在 5 个县（市、区）中该项占比最低；"没有需要的保险品种"和"保额太低，没作用"占比相同，均为 4.76%，高于全省平均水平；"理赔麻烦，赔付不及时"占比 1.59%。

（二）农业保险标的

农户购买的农业保险标的覆盖了粮食作物、经济作物、中药材。其中，中稻保险占比在所有作物中最高，达 61.04%；其次是早稻保险，为 22.08%；之后是籽粒玉米，占 3.90%；晚稻保险占 2.60%；三大粮食作物保险合计占比高达 89.61%；其他作物和产品保险占比为 3.90%；最后，大豆、红薯、棉花、油菜籽和中药材的保险占比均为 1.30%。

分地区来看，保险标的与各地区农业生产条件等息息相关。在农户购买的保险标的中，除了零陵区，中稻保险在所有作物中占比均是最高的。安乡县中稻保险占比 80.00%，也是 5 个县（市、区）中该项占比最高的；其次是早稻、大豆、棉花的保险占比，均为 6.67%。洪江市中稻保险占比 66.67%；其他作物和产品保险占比为 3.90%；红薯、油菜籽保险占比均为 8.33%。零陵区早稻保险占比为 70.00%，是 5 个县（市、区）中该项占比最高的；除此之外的 30.00%农户购买了中稻保险。新宁县中稻保险占比 64.52%；早稻保险占比为 19.35%；籽粒玉米保险占比 9.68%，是 5 个样本地区、样本农户中唯一购买籽粒玉米保险的；中药材和其他作物或产品的保险标的占比均是 3.23%，且样本中，中药材保险是新宁县独有的。长沙县的保险标的较为集中且占比相对均匀，主要是中稻、早稻和晚稻，占比分别为 44.44%、33.33%、22.22%。

（三）农业保险投保

农业保险投保涉及的内容主要包含缴费标准、投保数量和平均最高保额。在购买了农业保险的样本中，平均缴费标准为 8.18 元/亩或元/头；投保平均数量为 18.43 亩；平均最高保额为 509.65 元（见图 19）。

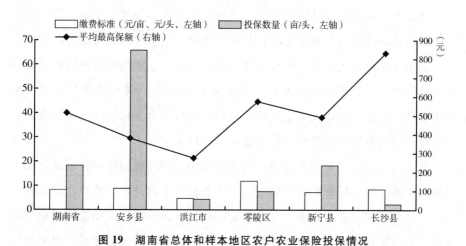

图 19　湖南省总体和样本地区农户农业保险投保情况

分地区来看，安乡县平均缴费标准为 8.78 元/亩；投保平均数量为 66.07 亩，是 5 个县（市、区）中最高的，说明安乡县投保的规模最大；平均最高保额为 380 元。长沙县平均缴费标准为 8.51 元/亩；投保平均数量为 2.03 亩，是 5 个县（市、区）中投保规模最小的；平均最高保额为 827.27 元，是 5 个县（市、区）中平均保额最高的。洪江市平均缴费标准为 4.59 元/亩；投保平均数量为 4.33 亩；平均最高保额为 272 元。零陵区平均缴费标准为 11.8 元/亩；投保平均数量为 7.34 亩；平均最高保额为 575 元。新宁县平均缴费标准为 7.29 元/亩；投保平均数量为 18.67 亩；平均最高保额为 494 元。

近两年，各样本地区主要在作物生长中期、近成熟期发生过病虫害灾害、旱灾、水灾和风灾，减产了 26.88%，但仅有 8 户每次受灾都申请理赔，且只有 4 户成功得到理赔，赔偿金额均值为 13360 元，由此说明，当前参保农户的申请理赔意识有待提升，且成功理赔率较低。

七 小 结

基于以上分析，本报告可以得出以下政策启示。

第一，进一步完善农村数字金融基础设施。加快 5G 网络向农村地区深入覆盖，提升移动互联网应用水平。鼓励社会力量参与数字乡村建设，构建多元化的数字应用共建共享生态；由政府带动，金融机构、科技公司积极参与，以多元协作方式完善乡村地区数字基础设施。金融机构应积极响应政府相关部门出台的关于乡村地区数字基础设施建设的"减税降费"行动，为乡村地区、科技公司提供资金支持；科技公司可结合乡村实际，研发适合乡村地区发展的数字基础设施与数字金融服务体系。

第二，持续推动新型支付方式普及和应用。银行机构需要在创新移动支付相关产品、加大设备布设的同时，加大在县域乡村商户、用户之间的推广力度，做好终端消费者科普工作；监管部门也可鼓励支付市场主体如第三方支付、聚合支付等加入农村支付场景建设工作；兼顾偏远地区助农存取款等基本金融服务的可持续发展；进一步完善农村信用体系建设，激励各类机构创新征信产品和服务，推动信用评价结果应用。

第三，创新金融产品，优化农村信贷环境。推动涉农公用信息数据平台建设，为金融创新奠定基础。创新"信贷+担保""信贷+保险""信贷+基金"等模式，探索农村承包土地经营权、集体经营性建设用地使用权等抵质押贷款业务，拓展资金支持渠道和方式；支持在风险可控前提下，对于农户经营性贷款，可参照小微企业续贷条件开展续贷。积极开发小额信用贷款产品，推广随借随还的循环贷模式，灵活便捷地满足小微企业、个体工商户、农户、农业转移人口等群体的资金需求；完善农村信用评级制度体系，研究推进整村授信。提高金融服务质量，落实减费让利措施，完善贷款贴息政策，推动农业生产经营主体有效降低融资成本。继续推行新农信贷直通车活动，最大限度地满足信贷需求，并降低担保费等融资费用。

第四，提升农村居民数字金融素养。深化地方政府与金融机构、科技公司的合作，共同组织针对乡村地区的数字金融培训活动，以多维联动为核心，打通金融教育宣传的"最难一公里"；金融机构应创新手段、拓宽渠道、丰富形式，立足物理网点阵地，落实"一对一"讲解，提升到店客户的针对性讲解水平。拓展线上教育宣传渠道，通过微信公众号、短视频等易于触达、人们乐于接受的渠道，发布原创金融知识宣传作品、以案说险案例，让金融知识"飞入寻常百姓家"；金融机构也应将金融知识宣传与行内业务普及相结合，在存贷业务的基础上适度加大对其他业务的宣传力度，例如基金、股票等投资业务的概念普及，消除居民的疑惑，为有投资意愿的群体提供深入了解的机会，并积极帮助当地居民开办电子银行、网上银行等新业务，同时，也要加强金融风险教育。

第五，健全农业保险保障体系。支持鼓励农业保险产品创新，建立重要农产品强制保险制度。为开发设计指数保险、价格保险、产量保险和特色农产品保险等产品提供政策和技术支持，增加保险覆盖品种，扩大风险保障覆盖范围；推动农业保险保单标准化和流程标准化改革，规范保险运营。统一订立制式保险单，限制可变动条款数量，促进保险条款简易化、程序化、标准化；由政府主导构建大灾风险分散机制，完善大灾风险准备金的资金筹措和管理模式，鼓励开展农业再保险业务；建立农业保险服务体系，充分适应农民的现实状况，做好信息告知和条款解释工作，增强消费者保护意识。

推动湖南省农业适度规模经营的对策建议

湖南省社会科学院（湖南省人民政府发展研究中心）课题组*

摘　要： 农业适度规模经营是提高农业竞争力、增加农民收入的重要途径，
也是发展现代化大农业、推动乡村振兴的迫切需要。现阶段，湖南
省推进农业现代化亟须扩大农业经营规模，但资源禀赋约束决定了
湖南省农业规模经营要适度。推动湖南省农业适度规模经营在适度
性上缺乏明确的标准与政策引导，在实践中没有正确理解并把握多
种形式适度规模经营的内涵，在规模化上仍面临诸多短板制约。建
议湖南省进一步发展多种形式适度规模经营，强化对适度规模的引
导和支持，强化土地权能，发展多样化社会服务等。

关键词： 农业适度规模经营　土地权能　社会化服务

农业适度规模经营是提高农业竞争力、增加农民收入的重要途径，也是
发展现代化大农业、推动乡村振兴的迫切需要。2024 年 3 月，习近平总书
记在考察湖南并主持召开新时代推动中部地区崛起座谈会时，强调要推行适
度规模经营。① 为此，湖南省社会科学院（湖南省人民政府发展研究中心）
课题组先后赴省农业农村厅、湘潭市、岳阳市、娄底市、湘西州等地调研，

---

* 组长：钟君，湖南省社会科学院（湖南省人民政府发展研究中心）党组书记、院长（主
任）；副组长：侯喜保，湖南省社会科学院（湖南省人民政府发展研究中心）党组成员、
副院长（副主任）；成员：李迪、夏露、李学文、刘琪。
① 《湖南把中国特色农业现代化之路走稳走扎实》，人民网-人民日报海外版，2025 年 1 月 1 日。

发现湖南省对农业适度规模经营的"度"仍没有明确的指导标准和政策引导，对农业适度规模经营形式的理解还不够深入，在土地流转等方面仍面临不少制约，为此，课题组提出了明确指导标准、完善政策体系、强化土地权能、发展多样化社会服务等对策建议。

一 湖南省发展现代农业既要"规模"又要"适度"

回答"怎么种好地"的时代之问，发展多种形式的适度规模经营是重要答案，但农业生产经营规模要坚持宜大则大、宜小则小，不搞"一刀切"。

（一）推进农业现代化亟须扩大湖南省农业经营规模

湖南省农业农村厅数据显示，湖南省户均耕地 10 亩以下的农户共有 1449.1 万户，约占农户总数的 92.2%。以家庭经营为基础的农业经营普遍存在生产规模小而散、土地零散破碎、机械化水平不高、进入市场组织化程度低等问题，不利于良种、良机、良法、良技的推广，也不符合以农业机械化为代表的农业农村现代化发展方向，影响了湖南省农业竞争力的提高。截至 2023 年，湖南省进入全国名特优新农产品目录仅为 22 个，占比不到 1%；2023 年中国农业企业 500 强湖南省仅入围 9 家，占比为 1.8%。发展适度规模经营有利于提高农业生产规模化和组织化程度，大量机械、技术等要素引入能提高农业劳动生产率、切实降低生产经营成本。以汨罗市桃林寺镇为例，该镇推进适度规模经营后，原需要 400~500 名散户耕种的田块，现在仅需 3 个合作社、三四十名农机手，每亩翻耕、收割费用从 240 元降到 140 元，施药、除草费用从 120 元降至 60 元，运输费用从 50 元降为 30 元，种植成本大幅降低。

（二）资源禀赋约束决定湖南省农业规模经营要适度

"人多地少""山地多、平原少"是湖南省农业发展必须长期面对的现实，全省人均耕地仅有 0.82 亩，逼近联合国确定的人均 0.8 亩耕地的警戒线；且境内地貌类型多样，呈"七山一水两分田"的特征，其中洞庭湖区地势平坦、灌溉便利，粮食生产条件得天独厚，但占总面积的比重不高；湘中南、湘西北为山地和丘陵地区，占总面积的比重高，但地势高低不平、田块零碎、灌溉不便。基础资源禀赋条件决定了湖南省在农业经营规模上"贪大求全"是不现实的，必须根据地形地貌、耕作条件、水田集中度、人均耕地面积等综合因素来决定适合的"度"；同时，不仅土地的集中规模要适度，生产环节和社会化服务的集中规模也要适度。

（三）平衡农业的经济效益和社会效益需要保持适度规模

农业现代化并非简单等同于经营规模的扩大，农业生产并非规模越大效益越好，只有顺应农业生产规律，合理把握经营规模的度，才能取得最佳经济效益和社会效益。一方面，随着规模不断扩大，病虫害和极端天气等风险损失会相应放大，用工成本会不断攀升，再加上管理边界扩大，导致难以精细化管理，单产也会逐步降低，获利空间逐步缩小，种植纯收入总体将呈下降趋势。另一方面，从社会效益角度来看，应该兼顾效率与公平，防止脱离实际、违背农民意愿片面追求超大规模的倾向。近几年，农民工返乡回流增加。土地承包经营权流转应充分保障农民的土地权益，防止出现新的社会不稳定因素。

二　推进湖南省农业适度规模经营面临的现实困境

目前，在推进农业适度规模经营的具体实践中，还存在对规模一味求大、把土地流转集中作为实现规模经营的唯一形式等误区，成为制约农业适度规模经营发展的重要因素。

（一）在适度性上缺乏明确的标准与政策引导

一是对于"适度"难以形成统一标准。目前有关"适度规模"的概念不仅在理论界没有形成统一的标准，在具体实践中也各不相同。如在粮食种植方面，湖南省农业农村厅 2018 年的调查显示，湖南省山区和丘陵地区的家庭农户的种植规模大多在 100 亩以下，大户种植规模在 200 亩左右，平湖地区种植 300~500 亩规模的大户较多。课题组实地调研发现，新化县种粮户规模以 300~400 亩居多；涟源市的农户种植规模大部分在 500~800 亩。而与湖南省省情相似的江西省，100~500 亩的种粮户在全省的占比超过一半。二是对于"适度"的政策引导不足。一方面，财政对于规模经营的补贴仅突出了"规模"的引导，对"适度"基本没有考虑。如湖南省规定经营 30 亩以上粮食作物的农户有补贴，却没有明确"上限"，不利于引导农户保持适度的经营规模。另一方面，不同的政策文件对于经营规模的标准不一致，不利于形成政策合力。如对于家庭农场的规模，湖南省 2015 年文件明确规定，种植业土地经营面积宜在 150 亩左右，但 2023 年出台的全省家庭农场示范场创建办法又规定家庭农场示范场的经营规模为：水稻等粮食种植业面积，山丘区 50 亩左右、平湖区 100 亩左右。前后不一的标准会给农户带来困扰，影响政策落实。

（二）在实践中没有正确理解并把握多种形式适度规模经营的内涵

一是在实现规模经营过程中一味强调扩大土地规模。普遍存在这样一个误区，即通过流转集中的土地规模越大，规模经营就越成功。事实上，农业不同于工业生产，受人、地、管理水平、市场等多方面因素影响，不能一味地贪大求全。湖南省有些地方曾经打造数千亩甚至上万亩的超大规模经营户，如汨罗市鼎诚水稻合作社，最高年份流转土地接近 4700 亩，由于管理、人力和技术等方面跟不上，2013 年创办以来累计亏损 1000 余万元；攸县早些年种粮 1000 亩以上大户头三年全部亏损，其中种粮大户唐某最多时流转了近 1500 亩地，但赚不到钱，后来缩减到 400 多亩后，才挣了 16 万元。二是对其他适度规模经营形式认知度不够。适度规模经营是一种常见形式，具有内在规模经济性；但还可以通过社会化服务、农作制度创新等形式实现农业的适度规模经营。其中，服务适度规模经营是通过建立各种形式的农业专业化服务体系，形成生产小规模、服务规模化的农业规模经营，具有外在规模经济性，包括农民专业合作社模式、"公司+农户"模式、综合农协模式等，湖南省虽然也形成了如益阳的"十代"模式等专业化服务模式，但受丘陵地带的地形限制，全省开展社会化服务成本过高，农业生产托管服务模式单一、同质化竞争严重，社会化服务组织发展相对滞后。

（三）在规模化上仍面临诸多短板制约

一是农村土地流转体系建设不够完善。流转意识仍有待增强，部分农民对于土地流转存在后顾之忧，宁可双季改单季，甚至抛荒，也不愿意流转；有些农户即便签订了合同，也可能随意毁约。土地流转市场发展滞后，土地流转行为还不够规范，包括流转渠道还不够畅通、流转价格不透明、流转信息无法及时发布等，制约了土地集约利用程度的提高。二是在农业设施用地、金融支持方面存在困难。调研中经营主体普遍反映，对于修建集中育秧设施、晾晒场、烘干设备、仓储设施、农机库棚等农业设施，目前用地审批难度大，供需矛盾突出。同时，对土地流转的金融支持力度不足，仅仅依靠自有资本难以进行基础设施和扩大再生产。三是高素质的专业经营人才较少。新型职业农民是发展农业适度规模经营的必要条件。当前，经营主体大多是种田能手或养殖大户，整体上还是缺少"文化水平高、经营能力强、技术手段多"的新型职业农民。尤其是面对大规模的土地经营和管理时，能力素质的参差不齐影响了农业规模经营的产出和效益。

三　分类施策推进湖南省农业适度规模经营的对策建议

把握好农业规模经营的度，要充分尊重农民意愿和地区实际，强化政策的引导支持，解决实践过程中的难点堵点问题，发展多种模式、多种类型的农业适度规模经营，以实现土地、资金、技术、劳动力等生产要素的有效配置。

（一）明确指导标准，发展多种形式适度规模经营

一是省级层面制定农业适度规模经营的指导标准。建议参照浙江省做法，结合湖南省实际，针对种植业、养殖业、种养结合、农旅结合四种模式，分别制定主要产品类别的省级指导标准并不断细化。如种植业方面，建议粮油类的指导规模为 50~500 亩，蔬菜类为 10~150 亩，水果等经济作物为 20~200 亩；养殖业方面，建议生猪年出栏为 500~2000 头，牛羊年出栏为 30~500 头，家禽年出栏为 2000~50000 羽；种养结合、农旅结合方面，建议规模上限保持不变，最低标准可降至种植或养殖下限标准的 50%，同时，对农旅结合增加门票、休闲接待年收入 10 万元以上的产值标准。二是根据不同地区实际分类引导推动适度规模经营。对于规模标准，可以以县为单位对省级指导标准进行上下浮动。对于山区和丘陵地区，可将省级指导标准下浮 10%~50%；对于平原湖区，可将省级指导标准上浮 50%~100%。又如，对于家庭农场可将标准下限向上浮动 50%；对于农民专业合作社或农业企业类型的经营主体，可将相应的标准适当向上浮动。对于经营形式，平原湖区要重点推进土地流转的适度规模经营，加快整村土地流转，将土地经营权流入实力强的龙头企业、农民专业合作社等手中，提高农业劳动生产率和土地产出率。丘陵山区要推动坡度低的土地连片流转向种养大户、家庭农场、农民专业合作社等集中，发展社会服务型的适度规模经营，通过农业托管等方式整合小农资源，推动小农基础上的经营规模化。

（二）完善政策体系，强化对适度规模的引导和支持

一是适时出台推进农业适度规模经营的综合性政策文件。湖南省在 2015 年出台了《关于引导农村土地经营权有序流转发展农业适度规模经营的实施意见》，鉴于近年来省内外经济环境和全省农业适度规模经营状况都有较大改变，建议参照湖北等省份做法，省级层面适时出台推进农业适度规模经营的指导意见，对土地流转、社会化服务、财税金融支持等有关政策进行全面的更新和系统设计，在推广良种良机良法等方面给予明确的政策倾

斜。二是加大金融、设施用地等方面的政策支持力度。金融支持方面，探索将流转土地经营权作为抵押物进行融资方式，借鉴浙江湖州开展农业生产设施确权发证和抵押贷款，强化金融政策支持。农业设施用地方面，建议建立并完善设施农业用地管理体制机制，自然资源、农业农村、林业、环保等相关部门要建立联席会议制度，明确职责，引导基层落实相关政策；创新设施农业用地供给方式，探索建立县域内设施农业用地跨区域空间置换机制和适度规模集中供地模式，建立产权交易平台，将设施农业用地使用权交易纳入农村产权交易平台。

（三）强化土地权能，夯实适度规模经营基础

一是加快推进"小田改大田"改革。制定"小田改大田""一户一田"改革试点工作实施方案，鼓励平原、低矮丘陵地区开展"一村一田"改造。可借鉴湖北沙洋"按户连片"耕种模式，通过协商交换经营权、协商交换承包经营权、土地重分等方式，实现"一户一田"。二是提升高标准农田建设水平。推广汨罗市高标准农田建设模式，通过引入社会资本投资、农户暂免五年流转租金等措施，确保亩均投资达到 3000 元以上，按照"谁种谁改谁管护"原则，由合作社、家庭农场等新型经营主体建设高标准农田。三是健全土地流转机制。探索土地流转新模式，推广"反租倒包"整村土地流转模式、"确权确股不确地"土地流转制度改革等经验做法；完善土地流转市场机制，建立省市县乡四级互联互通的农村产权流转交易市场体系和全省统一的农村产权交易平台，为流转双方提供信息发布、交割结算、交易鉴证等交易规范化服务；建立土地流转风险防范机制，设立农村土地流转风险处置基金，建立土地流转风险保证金制度；探索开展土地流转履约保证保险。

（四）发展社会化服务，推动小农户与农业现代化有效衔接

一是创新社会化服务模式。培育壮大适应小农户需求的多元化多层次农业生产性服务组织，采取托管服务、订单服务、平台服务、站点服务等方

式，推广"十代十化""田管家""平台+N"等模式，发展单环节、多环节或全程服务。依托湖南省供销合作社农业社会化服务大联盟平台，创新组织开展生产、供应、销售全产业链的社会化服务。借鉴广东梅州建立"市生产托管中心+县生产托管中心+镇服务中心+村托管员"四级协办体系，发展以生产托管为主的农业社会化服务。二是提高服务专业化、标准化水平。依据自然条件、地形地势、农机特征、农作物特征等制定差异化的耕种防收作业标准，通过制定标准体系、统一服务合同、完备责权利约束，推动良种良法良机良田深度融合。三是加强新型职业农民培养。整合教育培训资源，围绕主导产业开展农业技能和经营能力培训，扩大农村实用人才和带头人示范培养培训规模，努力构建新型职业农民和农村实用人才培养、认定、扶持体系，建立公益性农民培训制度，探索建立培育新型职业农民制度，培养一大批农村"土专家""田秀才"和懂经营会管理的复合型人才。

农村篇

发展新型农村集体经济

邝奕轩　赵　旭[*]

摘　要： 本报告基于 2024 年中国乡村振兴综合调查湖南省调查，主要探讨了湖南新型农村集体经济的发展现状及面临的挑战，重点分析了农村集体产权制度改革的实施效果、集体经济组织的建立与发展情况，以及集体"三资"管理的规范化进展。研究表明，自 2017 年湖南启动农村集体产权制度改革以来，农村集体经济获得显著发展，特别是在集体经济组织建设和集体资产的规范化管理方面取得了阶段性成果。调查数据显示，大部分村庄已经完成集体产权制度改革，并成功建立了新型集体经济组织。尽管如此，改革过程中仍面临收入渠道单一、公共职能负担较重以及债务风险等问题，尤其是部分村庄存在集体经济债务激增和收支不平衡的情况。为推动集体经济的持续发展，本报告提出了若干对策：加强集体产权流动性、规范集体经济组织的管理、建立集体"三资"标准化管理体系、完善集体资产股份权益制度、探索多样化的集体经济发展路径以及健全收益分配机制。这些措施，有助于进一步提升农村集体经济的活力，推动乡村振兴战略的深入实施。

---

* 邝奕轩，管理学博士，湖南省社会科学院（湖南省人民政府发展研究中心）农村发展研究所（湖南省人才资源研究中心）研究员，研究方向为农业经济；赵旭，经济学硕士，湖南省社会科学院（湖南省人民政府发展研究中心）农村发展研究所（湖南省人才资源研究中心）助理研究员，研究方向为数字乡村。

关键词： 农村集体经济　集体产权制度改革　集体经济组织　收入多元化
　　　　乡村振兴

农村集体经济是社会主义公有制经济的重要组成部分，对促进农村资源有效利用、提高村民收入水平以及实现共同富裕具有重要意义。近年来，随着我国乡村振兴战略的推进，深化农村集体产权制度改革成为促进农村经济发展和增强集体经济活力的重要举措。湖南作为农业大省，农村人口众多，地理环境多样，其集体经济改革实践在全国范围内具有重要的示范意义。自 2017 年起，湖南积极响应中央政策，开展了一系列农村集体产权制度改革的试点工作，力图通过清产核资、股份合作等方式优化资源配置、提升集体经济效益。

本报告基于对湖南省部分县市的调研数据，系统分析了农村集体经济产权制度改革的现状与成效，探讨了当前改革过程中存在的问题，并提出了相应的对策建议，以期为进一步推动湖南及其他地区的农村集体经济发展提供参考。

一　湖南农村集体经济改革的现状与成效

（一）农村集体产权制度改革阶段性任务已基本完成

农村集体产权制度改革是一项旨在维护农民合法权益、提升农民财产性收入的重要举措，也是建立与市场经济相适应的集体经济运行机制的制度基础，更是推动新型农村集体经济发展的关键前提。中共中央、国务院高度重视这一改革，将其作为深化农村改革的核心内容，持续推动实施。2020 年中央一号文件明确要求"全面开展农村集体产权制度改革试点工作，逐步推进集体成员身份确认、集体资产折股量化、股份合作制改革以及集体经济组织登记赋码等事项"。[①] 2021 年中央一号文件指出，"在 2021 年基本完成

---

① 《中共中央　国务院关于抓好"三农"领域重点工作确保如期实现全面小康的意见》，中国
　政府网，https://www.gov.cn/zhengce/2020-02/05/content_ 5474884.htm。

农村集体产权制度改革的阶段性任务，壮大新型农村集体经济"。① 2023 年中央一号文件进一步指出"巩固提升农村集体产权制度改革成果，构建产权关系明晰、治理架构科学、经营方式稳健、收益分配合理的运行机制，探索资源发包、物业出租、居间服务、资产参股等多样化途径发展新型农村集体经济"。② 中国乡村振兴综合调查湖南省调查数据显示，截至 2024 年 6 月，已有 90% 的被调查村庄完成了集体产权制度改革，6.66% 的村庄仍在推进改革，而 3.33% 的村庄尚未开始这项工作。此次追踪调查显示，大部分样本村庄在 2021 年底以前已经完成集体产权制度改革的阶段性任务，仅有 1 个村庄于 2023 年 3 月才最终完成相关工作。这些数据反映出湖南农村集体产权制度改革的全面推进已取得显著成果，为进一步壮大农村集体经济奠定了坚实基础。

（二）新型集体经济组织的普遍建立

根据集体产权制度改革的要求，需成立新的集体经济组织，如股份经济合作社或联合社，并进行登记赋码，以获得特别法人的地位。样本村庄的调查数据显示，共有 28 个村新成立了集体经济组织，占总样本的 93.33%。这些村庄成立集体经济组织的主要原因在于它们在较早期已完成集体产权制度改革，并具备成立集体经济组织的条件。在这些村庄中，26 个村（占 86.66%）成立了 1 个集体经济组织，另外 2 个村（占 6.66%）则成立了 2 个集体经济组织。

大多数新成立的集体经济组织在农业农村部门进行了登记备案，占样本村的 90%；另有少数村庄选择在市场监督管理部门注册登记，占样本村的 3.33%。在组织形式和运营方式方面，这些新型集体经济组织呈现多样化的特点：党支部领办合作社占 46.66%，直接经营管理方式占 40.00%，农民

① 《中共中央　国务院关于全面推进乡村振兴加快农业农村现代化的意见》，中国政府网，https：//www.gov.cn/zhengce/2021-02/21/content_ 5588098.htm。
② 《中共中央　国务院关于做好 2023 年全面推进乡村振兴重点工作的意见》，中国政府网，https：//www.gov.cn/zhengce/2023-02/13/content_ 5741370.htm。

专业合作社占 6.66%，集体资产管理公司占 3.33%，另有极少数村庄（占6.66%）选择了居民委员会管理等其他方式（见表 1）。

这些新型集体经济组织的成立，显著推动了集体经济的规范化和多样化发展，并为各地因地制宜地探索集体经济的可持续运营模式提供了基础支撑。

表 1　新成立集体经济组织的组织形式或运营方式（部分多选）

单位：%

项目	直接经营管理	党支部领办合作社	成立直营公司	成立集体资产管理公司	按照产业内容成立专业合作社	与工商企业合作成立公司	其他
占比	40.00	46.66	3.33	3.33	6.66	0	6.66

（三）农村集体"三资"规范管理条件基本具备

在农村集体产权制度改革过程中，对农村集体资源和资产进行了清产核资，明确了集体经济组织成员的认定范围，并确保了整个过程的公开和公正。这为集体"三资"（资源、资产、资金）管理制度的建立奠定了基础。数据显示，样本村中 90% 的行政村对清产核资结果进行了张榜公示，90% 的行政村实现了集体资产的信息化管理，93.33% 的行政村完成了集体经济组织成员资格认定。

值得关注的是，少部分行政村的集体成员数量与户籍人口数量一致，而超过半数的行政村的集体成员数量小于户籍人口数量。成员资格认定主要依据村民（代表）大会通过的办法，依据县（镇）政府统一下发文件的占 23.33%，依据村"两委"自行制定办法的占 3.33%，还有部分村庄选择了以某时点的户籍人口或动态调整户籍人口等多种依据（见表 2）。在成员资格认定过程中，大多数村庄不存在争议群体，但有 20% 的样本村存在成员资格认定的争议，类型包括外嫁女（6 个村）、入赘男（1 个村）、户口迁出（3 个村）和进城务工人员（3 个村）等。其中，外嫁女的成员权益问题较为突出，这与村级组织在保护外嫁女权益方面的制度模糊有关。10%的行政村表示是否保留外嫁女的集体经济组织成员资格需通过协商决定。

表2　集体经济组织成员资格认定依据（多选）

单位：%

项目	县(镇)政府统一下发的文件	村民(代表)大会通过的成员认定办法	村规民约	村"两委"制定的办法	其他	选择两个及以上
占比	23.33	56.67	0	3.33	10	6.66

近年来，农村集体"三资"规范管理的制度基础逐渐完善。各地积极推动农村产权交易，为土地流转和"三资"利用提供了便利。样本村中，66.66%的行政村表示所在县（市、区）已成立农村产权交易平台，这表明农村产权包括"三资"的交易和市场化利用条件有所改善。同时，推行农村集体经济组织的财务独立管理，进一步规范了村级组织的财务管理。样本村中，76.66%的行政村已实现集体经济组织与村委会的分账管理。

此外，农村集体各类资源和资产的确权工作稳步推进。样本村中，耕地、林地、宅基地等主要资源的确权比例均超过70%，但农业基础设施占地、交通运输和水利设施用地等确权比例相对较低（见表3）。这一系列举措为进一步规范和发展农村集体经济提供了制度保障。

表3　农村集体资源资产确权颁证情况

单位：%

资源资产种类	拥有的行政村比例	确权比例	颁证比例
耕地	80.00	95.83	79.17
园地	46.67	64.28	57.14
林地	60.00	83.33	66.66
草地	6.67	0.00	0.00

资源资产种类	拥有的行政村比例	确权比例	颁证比例
农田水利	53.33	37.50	0.00
养殖水面	46.67	28.57	28.57
其他农用地	3.33	3.33	3.33
工矿仓储用地	20.00	66.67	66.67
商业用地	23.33	57.14	42.86
宅基地	66.67	100.00	90.00
公共管理服务用地	86.67	73.08	50.00
交通运输和水利设施用地	73.33	18.18	4.55
其他建设用地	3.33	3.33	3.33
荒地	13.33	50.00	50.00
待界定土地	6.67	50.00	0.00
房屋	73.33	63.64	59.09
建筑物	46.67	64.29	50.00
机器设备	26.67	37.50	12.5
工具器具	36.67	18.18	0.00
农业基础设施占地	53.33	31.25	0.00
集体企业	6.67	50.00	50.00
农村小型水利工程	66.67	45.00	20.00
森林	16.67	100.00	80.00
林木	43.33	69.23	38.46
山岭	36.67	81.82	45.45
草原	0.00	0.00	0.00
滩涂	3.33	0.00	0.00

（四）农村集体资产股份权益逐步完善

农村集体资产的量化工作已基本完成，各地依照农村集体产权制度改革的要求，普遍推进了集体资产的确权量化工作。在样本村中，76.66%的行政村采用"按人头"方式进行资产量化，6.66%的行政村采用"人头加贡献"的方式，个别行政村则通过村小组或股份进行量化，还有极少数行政村尚未进行资产量化。53.33%的行政村已经将集体资产的股权量化到人，50%的行政村则将集体资产股权以户为单位进行固化。此外，20%的行政村已向集体经济组织成员发放记名股权证书，通常采用"一户一证"的形式。在股权设置上，各地存在多样化：63.33%的村设置了人口股，其他股权类型包括土地股（20%）、资金股（10%）以及其他类型股权（30%）（见表4）。

表4　农村集体资产股权设置类型（多选）

单位：%

项目	人口股	农龄股	土地股	贡献股	资金股	其他
占比	63.33	0	20	0	10	30

农村集体资产的确权量化为激活和利用集体资产提供了基础，赋予了集体经济组织成员股份权益，推动了基于市场原则的新型农村集体经济发展。样本村中，43.33%的行政村明确了集体资产成员股可以继承，56.67%则明确不能继承。关于股权转让，12.33%的行政村允许成员股转让，77.67%的行政村不允许转让，但对集体成员内部的转让条件有所放宽。关于集体成员退出股份，72.45%的行政村明确成员可以退出成员股，退出方式中，76.31%的行政村选择集体赎回，其他方式还有内部转让（22.76%）、股权赠予（6.23%）和无偿收回（3.87%）。

随着农村集体产权制度改革的深入推进，设置集体股的行政村比例显著下降，样本村中仅13.33%的行政村设置了集体股，这反映出政策层面对设置集体股的限制以及改革措施的进一步落实。整体来看，农村集体产权制度改革取得了积极进展，相关措施在实践中不断得到完善。

二　农村集体经济发展取得积极进展

借助农村集体产权制度改革的契机，各地积极探索新型农村集体经济的实现路径，农村集体产权制度改革显著推动了集体经济的发展，但也面临一些新的问题和挑战，尤其是在收入来源多元化、债务管理和社会职能分担等方面仍需进一步探索和完善。

（一）村集体资产迅速增长

中国乡村振兴综合调查湖南省调查数据显示，参与调查的行政村平均集体资产达到 551.97 万元。这一增长主要得益于各地对集体经济扶持政策力度的不断加大，将乡村产业和乡村建设的多种政策集中投向集体经济发展，并将财政资金形成的资产量化为村集体资产。数据显示，2023 年，样本村的生产性固定资产投资额平均为 185.13 万元，经营性资产总额平均为 126.40 万元，由财政资金形成的经营性资产平均达到 42.57 万元（见表 5）。

表 5　村集体资产总量及其构成

单位：万元，%

组成	村平均集体资产	占比
总量	551.97	100
货币资金	51.37	9.31
应收款项	37.27	6.75
生产性固定资产投资额	185.13	33.54
经营性资产总额	126.40	22.90
财政资金形成的经营性资产总额	42.57	7.71

（二）村集体经济收入稳步提升

数据显示，参与调查的行政村平均集体经济收入为 157.19 万元，所有参与调查村庄均有不同程度的集体经济收入，其中集体经济收入超过 10 万元的村占比高达 80%。虽然集体经济的发展动能增强，但集体经济收入仍具有较高的政策依赖性，66.67% 的行政村的集体经济收入主要来源于转移净收入（政府补助），仅 40% 的行政村获得了经营活动收入（见表 6）。这反映出村集体经济收入渠道相对单一，集体增收的压力依然存在。

表6　村集体经济收入及构成

单位：万元，%

项目	村平均集体经济收入	占比	无收入村占比	10万元以上收入村占比
村集体经济收入	157.19	100	0	80
发包收入	7.65	4.87	26.67	30
投资收益	4.13	2.63	63.33	3.33
开展经营活动收入	15.36	9.77	60	20
扶贫资金或项目资产收益	2.66	1.69	56.67	6.67
转移净收入（也即补助收入）	63.11	40.15	33.33	46.67
其他	1.45	0.92	76.67	6.67

（三）公益事业在村集体经济支出中占较大比例

整体来看，村集体经济支出中公益事业的支出占比较高。数据显示，行政村的平均集体经济支出为151.74万元，其中经营性总支出（如农户生产服务、购置生产性固定资产、农田水利建设、经营活动成本等）平均为77.51万元，占总支出的51.08%。村集体经济组织在公益事业方面的平均支出为54.75万元，占比36.08%（见表7），承担了相对较多的社会服务职能。

表7　村集体经济组织支出及构成情况

单位：万元，%

项目	村平均集体经济支出	占比
年内经济支出总量	151.74	100
经营性总支出	77.51	51.08
公益事业支出	54.75	36.08

（四）村级债务问题逐渐显现

随着乡村建设和集体经济的迅速发展，村级债务问题日益凸显，但目前总体上仍处于可控范围内。样本村数据显示，2023 年，53.33% 的行政村存在负债，村均负债 130.81 万元，负债行政村的平均负债额为 245.26 万元。按村集体全部资产计算，村均资产负债率为 23.7%，但按经营性资产计算，这一比例高达 103.5%。此外，负债村的债务情况呈现较大差异，负债小于等于 50 万元的村占 25%，而负债超过 500 万元的占 12.5%（见表 8），个别村甚至积累了上千万元的大额负债，这些情况表明，部分村的债务风险值得关注。同时，样本村中有 33.33% 的行政村存在收不抵支的情况，反映出村级组织在收支平衡方面面临挑战。

表 8　村级债务情况

项目	样本村		村均负债(万元)		资产负债率(%)		不同负债规模村庄占比(%)			
	负债村数量(个)	负债村占比(%)	全部	负债村	全部	经营性资产	(0 50]万元	(50 100]万元	(100 500]万元	大于500万元
数据	16	53.33	130.81	245.26	23.7	103.5	25	12.5	50	12.5

三　小　结

湖南省农村集体经济改革在产权制度变革的推动下取得了阶段性成效，但仍面临一些问题与挑战，如收入渠道单一、公共职能负担较重、债务风险增加等。为进一步深化改革、完善集体经济治理模式，本报告提出以下推进对策，以期为农村集体经济的可持续发展提供实践指导。

第一，启动新一轮农村集体产权制度改革，夯实集体经济发展基础。要推动农村集体产权制度改革从形式上的完成向实际运行层面的深化转变。建议启动新一轮农村集体产权制度改革，将巩固现有成果作为核心任务，全面提升制度的执行力。当前改革已完成产权确权和量化，但进一步强化其市场化运作机制仍显必要。未来，应着重完善股份合作的运行和集体成员认定的合理性，确保集体资产的权益分配公平公正。特别是需要在政策支持下鼓励集体产权的合理流动，使其能够真正进入市场，释放农村集体经济发展的内在活力。

第二，规范新型农村集体经济组织的建设与管理。为实现农村集体经济组织的规范化管理，有必要建立由不同政府部门共同参与的新型集体经济组织管理机制，确保在登记、注册及运营管理上具有统一性和规范性，从而避免因管理职责重叠或不明确造成的问题。具体而言，应理顺各级农村集体经济组织之间的关系，尤其是联合村、行政村、村民小组、自然村等各层次的集体经济组织，明确其功能定位和运营权限，避免管理职责混乱。此外，还应对农村混合所有制经济组织进行制度上的规范化管理，以符合集体经济的基本原则，确保集体资产的有效利用和保值增值。

第三，构建农村集体"三资"的标准化管理体系。农村集体"三资"管理制度的规范化是推动集体经济持续发展的重要基础。针对农村人口与集体成员逐渐分离的新趋势，有必要建立起灵活有效的"三资"规范管理机制，以促进集体经济资源的合理配置和有效使用。首先，建议扩大农村产权交易体系的覆盖面，逐步延伸到镇、村一级，保障集体资产的交易能够在公开透明的平台上进行。其次，必须确保所有集体成员，包括新增成员和特殊群体等，依法享有其应得的集体经济权益。最后，应加快农村集体各类资产的确权工作，扩展至建设用地、生态资源和基础设施等，使集体经济在更多领域中得到拓展和发展。

第四，完善集体资产股份权益制度，适应农村人口的动态变化。随着农村人口的加速流动，农村集体资产的股份权益制度需要动态调整，以适应"人地分离"与人口流动的新趋势。建议在集体经济组织内推行股份动态调整机制，以确保集体成员能够根据实际需求有序调整其股份权益。此外，还应完善成员股份的退出、继承、抵押等权能机制，增强集体成员股份的流动性与灵活性，从而激发集体经济组织成员参与发展的积极性。在这一过程中，应逐步减少对集体股的依赖，直至其最终退出股权结构，以增强集体经济的市场属性，激发农村集体经济的内生动力。

第五，推动新型农村集体经济发展，探索多样化实现路径。应按照2023年中央一号文件的要求，结合当地的实际情况，积极探索多样化的新型农村集体经济发展路径。具体而言，可以通过资源发包、物业出租、资产参股等方式，使集体经济组织的收益途径多样化，从而降低其对政策性补贴和转移支付的依赖。同时，继续推进农村集体经济的"消薄"行动，完善针对经济薄弱村庄的帮扶政策，以增强这些村庄的集体经济实力和内生发展动力。为提高集体经济组织的发展效率，还应推动村级公共事务与集体经济事务的"分离"，减轻集体经济组织在公益事业方面的支出负担，使其能够专注于经营和增收，进一步强化集体经济的自我发展能力。

第六，健全农村集体经济收益分配机制，保障成员权益。集体经济收益分配机制是确保成员共享集体经济发展成果的关键，应加快建立完善具有可操作性的收益分配管理办法，以保证集体成员在集体经济中的收益权得到有效落实。收益分配过程中应确保透明化和民主参与，通过成员代表大会或全体成员会议等形式讨论和决定分配方案，并严格履行相关程序。此外，需引导集体经济组织提高经营性收入的分红比例，使成员能够通过集体经济的良好运营获得实际利益。同时，应规范公益性支出的范围，减少集体经济在代收代缴等领域的过多开支，确保更多的收益用于支持集体经济自身的发展。

第七，建立有效的村级债务风险防范与化解机制。随着集体经济和乡村建设的快速发展，村级债务逐渐显现，部分村级组织的债务问题对集体经济发展构成了一定的威胁。因此，建议在村级组织层面建立有效的债务风险防范与化解机制。首先，应摸清村级债务的实际情况，明确债务的真实性质和规模，确保村级债务管理有的放矢。其次，应规范村级债务的举债行为，杜绝不合理的负债项目，尤其是无明确收益来源的债务，避免因不当投资导致财务风险加剧。最后，建立健全债务监测、预警与化解机制，对高负债村庄采取有针对性的财务控制与支持措施，从而降低债务对集体经济长期发展的潜在威胁。

综上所述，为实现农村集体经济的高质量、可持续发展，湖南应进一步巩固产权制度改革成果，推进集体经济管理的规范化，确保"三资"管理的高效与透明，通过多样化的经营路径和完善的股权制度，激发集体经济的内在活力。同时，不断健全管理体系、拓展经营路径、规范收益分配和防范债务风险，农村集体经济振兴能有效助力乡村振兴、推动广大农民稳步迈向共同富裕。

加强和改进乡村治理

郑晓园[*]

摘　要： 加强和改进乡村治理组织建设与村民治理参与是实现乡村有效治理、推进乡村全面振兴的重要内容。本报告基于中国乡村振兴综合调查湖南省调查数据，分析了乡村治理组织建设的现状、村民治理参与情况以及存在的问题，并提出了相应的对策建议。调查发现，湖南省乡村治理组织建设和村民治理参与取得了一定成效，但多方力量协同困难、村民有效参与不足、村规民约作用发挥有限和积分制推广应用不足等问题依然存在。建议加快完善乡村治理体系、深入挖掘村民自治潜能、优化村规民约和加大积分制推广力度，以推进湖南省乡村治理体系和治理能力现代化，夯实乡村振兴基层基础。

关键词： 乡村治理　治理组织　治理参与　积分制

引　言

乡村治理是国家治理的基石，其治理效能直接关系到国家治理的整体进程。作为基层治理的重要组成部分，乡村治理自党的十八大以来受到国家高

---

　　* 郑晓园，管理学博士，湖南省社会科学院（湖南省人民政府发展研究中心）农村发展研究所助理研究员，研究方向为乡村治理。

度重视。一方面，从理念到实践，我国积极推动社会管理向社会治理转型，构建共建共治共享的社会治理格局；另一方面，我国乡村治理体系和治理能力建设取得重大进展。现代乡村治理的制度框架和政策体系基本形成并日臻完善，党的基层领导作用得到全面强化，村民自治实践进一步深化，党组织领导下的自治、法治、德治相结合的乡村治理体系持续优化。

乡村治理是乡村振兴的基础，治理有效是推动乡村全面振兴的重要保障。随着乡村振兴战略的提出和深入实施，乡村社会进入国家资源输入推动乡村发展的新阶段，乡村治理亦步入一个新的发展阶段。党的十九大报告将"治理有效"纳入乡村振兴战略的总体要求，2024年中央一号文件将"提升乡村治理水平"作为推进乡村全面振兴的三大重点之一。这意味着，必须加快构建中国特色乡村治理体系，不断开创乡村振兴新局面。

在此背景下，乡村治理组织建设和村民治理参与作为乡村治理的重要内容，受到学界和政策制定部门的重点关注。而在实践领域，近年来，各地也围绕乡村治理组织建设和村民治理参与展开了丰富探索，如结合地方实际创新乡村治理方式，发展出积分制、清单制、数字化等多种实用且有效的治理模式，使乡村治理体系除了制度化和规范化，亦逐渐呈现多元化的趋势。

湖南省作为我国中部的重要省份，不仅是农业大省，而且是人口流出（主要是农村人口流出）大省，其乡村治理实践对于理解我国乡村治理具有重要意义。本报告旨在分析湖南省乡村治理组织建设与村民治理参与的现状，探讨存在的问题，并提出相应的对策建议，以推进湖南省乡村治理体系和治理能力现代化、夯实乡村振兴基层基础。

一 湖南省乡村治理组织建设的总体状况

（一）湖南省乡村治理组织的结构及其运行

2019年，中共中央办公厅、国务院办公厅印发了《关于加强和改进乡村治理的指导意见》（以下简称《意见》），成为我国乡村治理建设的纲领性文件。湖南省按照《意见》要求，积极推进乡村治理组织建设，取得了显著成效。

一是加强体制建设，完善村级组织体系。截至2023年，湖南省建立了以基层党组织为领导、村民自治组织和村务监督组织为基础、集体经济组织和农民合作组织为纽带、其他经济社会组织为补充的村级组织体系。按照规定，各组织既相对独立又分工合作，村党组织负责全面领导，村委会履行村民自治，村务监督委员会发挥村务监督作用，集体经济组织进行"三资"管理，农民合作组织和其他经济社会组织行使本职。这一组织架构健全了村党组织领导的村级组织体系。湖南省村党组织书记普遍担任村委会主任和村级集体经济组织负责人，所调研地区的"一肩挑"比例达93.3%；村"两委"班子成员也普遍实现交叉任职。村干部队伍主要由村党组织书记和村委会成员组成，村党组织书记由村党员大会选举或者上级党组织任命产生，村委会成员则通过村民选举产生。

二是加强机制建设，健全村级组织规范。湖南省把抓好村（社区）"两委"换届选举作为推进城乡基层治理体系和治理能力现代化的重要契机，坚持一体化推进、强化全流程把控、落实项目责任制，明确选人标准、严格审查把关、拓宽选人视野、细化工作流程、扎实排查整顿、加强业务指导。由河南省发起的"四议两公开"工作法也在湖南省全面实施，村级重要事项、重大问题实施党组织领导的民主决策。湖南省在乡村治理方式上积极推陈出新，探索了"屋场会""积分制管理""村为主"等治理模式，丰富了村民议事协商形式和村民参与形式。此外，湖南还积极推动村规民约制定，引领乡风文明进步。

三是加强能力建设，提升村级组织能力。湖南省针对基层干部尤其是村干部广泛开展了信息技术培训，以提升村干部的综合素质和履职能力，尤其是数字素养。抽样调查数据显示，湖南省有80%的村庄有村干部接受了信息技术培训，有73.3%的村庄建设了"互联网+政务"平台，有96.67%的村庄有微信群、微信公众号等网络社交平台，微信群成为传统公告栏之外村级公共事务信息发布的主要渠道。同时，湖南省着力加强村级组织经费保障，提高村级组织的运转能力。湖南省完善以财政投入为主的村级组织运转经费保障机制，要求自 2020 年起，将村干部基本报酬和村级组织办公经费两项合计提高至每村每年不低于 11 万元，以后年度视情况逐步提高，建立了村级组织正常运转保障增长机制。2021 年，省财政安排村级组织经费保障补助 17.02 亿元。抽样调查数据显示，2023 年有 80% 的村"两委"获得财政补助村级组织运转经费，有 40% 的村得到其他来源专项经费支持。

（二）湖南省乡村治理组织建设的现状

作为基层群众自治性组织，村民委员会自成立至今已有 45 年，是我国乡村治理的基础力量。作为国家"代理人"和村庄"当家人"，村干部在我国乡村治理中扮演着关键角色。当前，以村民委员会为代表的乡村治理组织建设状况如何？村民对于包括村干部在内的基层干部存在怎样的认知？本部分将基于中国乡村振兴综合调查湖南省调查数据和实地访谈资料，对以上问题进行总体性呈现。

在乡村治理组织的构建与运转中，良好干群关系的建立是关键所在。干群关系的一个重要维度即信任。在某种意义上，乡村治理的核心在于构建一种基层干部与村民之间基于信任和参与的互动关系。这种信任，不仅体现在村民对村级组织的信赖上，也体现在村民对县、乡行政组织的信赖上，还体现在村民之间的相互信任和支持上。影响这种信任构建的主要因素，一是基层干部的廉洁自律问题，即腐败现象的存在；二是村民与治理组织之间的信息不对称问题。要提升乡村治理水平，需着力解决这些问题，以增强村民对治理组织的信任度，促进干群关系的和谐发展。

根据 2023 年湖南省村民对基层干部信任度排序调查数据（见图 1），按照层级来分，在县级层面，有 89.42% 的村民将县（市、区）干部排在第三信任，有 6.96% 的村民将县（市、区）干部排在第一信任，有 3.62% 的村民将县（市、区）干部排在第二信任；在乡（镇）层面，有 92.76% 的村民将乡（镇）干部排在第二信任，另均有 3.62% 的村民将乡（镇）干部排在第一信任和第三信任；在村级层面，有 89.42% 的村民将村干部排在第一信任，有 3.62% 的村民将村干部排在第二信任，有 6.96% 的村民将村干部排在第三信任。而按照信任度梯度来分，在第一梯队信任度里，村干部占比达到 89.42%，县（市、区）干部占比 6.96%，乡（镇）干部占比 3.62%；在第二梯队信任度里，乡（镇）干部占比达到 92.76%，村干部和县（市、区）干部均占 3.62%；在第三梯度信任度里，县（市、区）干部占比达到 89.42%，村干部占比 6.96%，乡（镇）干部占比 3.62%。

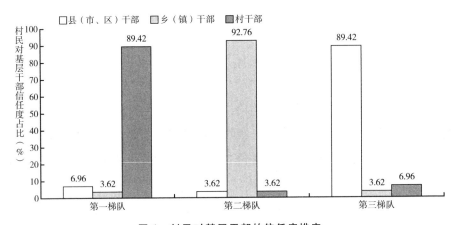

图 1　村民对基层干部的信任度排序

数据对比表明，村民对越熟悉、参与度越高的治理组织，其信任等级也越高。简言之，村民对村干部的信任度最高，对乡（镇）干部的信任度次之，对县（市、区）干部的信任度最低。可见，村民对乡村治理组织的信任存在"差序格局"的特征，即村民对越熟悉和了解的干部越趋于信任。一个可能的解释是，近年来，随着民生政策密集化实施和各类新型治理方式推行，村民对村干部以往的印象发生改观，二者之间的互动也日益增加和深入，村民对村干部的信任度显著提升，干群关系也显著改善。

村民对涉及治理问题的满意度评价在一定程度上可以反映出村民对乡村治理组织建设的认可度。从村民对村委会各项工作开展情况满意度的调查数据来看（见图 2），有 85.24% 的村民对村委会各项工作开展情况的满意度打分达 8 分以上，有 97.49% 的村民对村委会各项工作开展情况的满意度超过

6分。从村民对村总体发展情况满意度的调查数据来看（见图3），有72.14%的村民对村总体发展情况的满意度打分超过8分，有92.47%村民对村总体发展情况的满意度打分超过6分。由此可见，绝大多数村民对村委会各项工作开展和村庄总体发展情况表示满意，村民对乡村治理组织建设认可度较高，乡村治理建设前景较好。

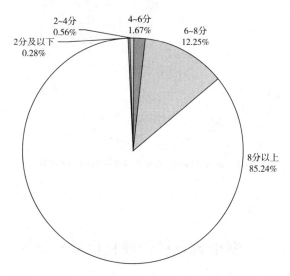

图2　村民对村委会各项工作开展情况的满意度评分

当然，村民对乡村组织建设的信任度还存在进一步提升的空间。从调查数据来看，在本该村民最关心的涉及自身利益的问题上，有5.47%的村民认为村级债务非常严重和严重，有13.37%的村民认为村级债务问题严重程度一般，有47.35%的村民认为村级债务问题不严重，但也有33.98%的村民不清楚村级债务情况；有50.14%的村民了解村里集体经济组织的发展情况，但也有49.86%的村民对村集体经济组织发展情况不了解；有45.96%的村民知道本村已经进行了集体产权制度改革，但还有54.04%的村民不知道本村已经进行了集体产权制度改革。可见村民对村级事务的知情权有待提升，乡村治理组织和村民之间信息不对称问题仍然存在，这可能影响村级组织的公信力和村民对乡村治理组织的信任度。

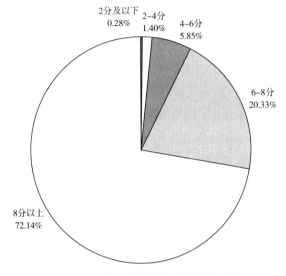

2分及以下
0.28%

2~4分
1.40%

4~6分
5.85%

6~8分
20.33%

8分以上
72.14%

图3　村民对村总体发展情况的满意度评分

二　湖南省乡村治理村民参与状况

（一）治理参与的主要方式

治理参与是乡村治理领域经久不衰的议题。目前，乡村治理中存在村级组织难以有效动员、村民参与不足等突出问题。在构建共建共治共享社会治理格局的背景下，提升村民治理参与度成为题中应有之义。需要指出的是，本部分所探讨的治理参与，特指村民在村庄内部事务治理中的介入。村民参与的主要形式和内容涉及村民委员会选举、村民大会、村规民约制定和执行、村庄事务的决策过程及投票表决、村庄举办的各种社会活动。本次调研涵盖了这些关键参与事项。对于湖南省村民在乡村治理中的参与情况分析，将主要依据抽样调查所得数据，进行整体层面的描述性分析。

（二）治理参与的现状

1. 治理参与度

根据调查数据，湖南省最近一次选举集中在 2020 年和 2021 年，高达 95.26% 的村民参与了此次村委会选举投票，仅有 4.74% 的村民没有参与此次投票。在参与投票的村民中，98.54% 的村民亲自填写选票，仅有 1.46% 的村民选择委托他人（亲属、邻居、干部）进行投票。在所调查地区，2023 年所有村庄均召开了村民大会，村民参与村民大会次数以 2~5 次居多，占比为 56.26%，但仍有 18.94% 的村民未参加过村民大会。这显示出村民在选举投票上的积极性高于参与村民大会。

在信息发布渠道方面，村级公共事务信息主要通过公告栏、微信群、电话短信和广播进行传播，占比分别为 96.67%、86.67%、73.33% 和 60.00%。而村民更倾向于通过微信等网络手段、广播、电话短信和公告栏来接收重要信息，占比分别为 52.09%、23.12%、20.89% 和 2.23%。这一趋势表明，微信已成为乡村治理中信息沟通的主要媒介，而传统公告栏在村民偏好中的地位较低，可能与外出务工村民无法及时获取信息有关。

在村内公共事务参与方面，93.04% 的村民表示愿意参与社区（村）的公共事务。村民对选举活动、重大事项决议、公益事业活动和精神文明建设活动的参与热情较高，分别占 64.67%、67.07%、76.05% 和 68.26%。实际参与情况显示，2023 年有 74.93% 的村民参与了公共事务，其中选举活动、重大事项决议、公益事业活动和精神文明建设活动的参与率分别为 59.11%、54.28%、64.68% 和 54.28%。此外，54.60% 的村民会主动了解社区（村）发布的信息，54.04% 的村民对社区（村）提出过发展建议，50.70% 的村民对社区（村）重大事项进行了监督。在建议或监督方式上，选择直接向村干部反映的村民占比最多，选择通过村干部组织的会议方式的村民占比次之，选择村民微信群方式的村民占比排在第三（见图 4）。

村民参与乡村治理的整体情况呈现积极态势，尤其在选举活动中表现最为明显。微信等新媒体已成为信息传递的主要渠道，这反映了信息技术在乡

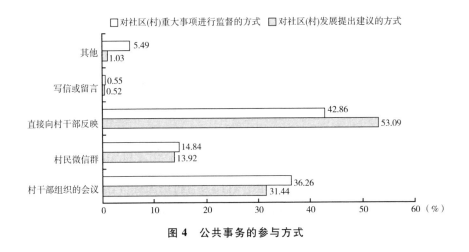

图4　公共事务的参与方式

村治理中的重要作用。然而，公告栏等传统信息发布方式的边缘化，提示我们需要关注外出务工村民的信息获取问题，以及留守老人群体对新媒介接受度较低的现实。①

村民对公共事务的参与意愿较高，但实际参与度仍有提升空间。特别是在建议和监督方面，村民的参与程度表明了他们对社区（村）事务的关注和参与意识的提升。通过直接向村干部反映和村民微信群等方式，村民能够有效地参与到社区（村）的治理中。

总体来看，湖南省的乡村治理在村民参与和信息沟通方面取得了一定的成效，但也暴露出一些问题和挑战。未来的乡村治理应当更加注重提高村民的实际参与度，优化信息传播渠道，确保所有村民都能够有效地参与到社区（村）的决策和管理中，从而推动乡村治理的民主化和科学化。

2. 选举程序满意度

对湖南省村委会选举程序的满意度分析，主要依据村民对选举流程的满意度、村民对选举的态度以及选举的实际操作情况进行综合考量。根据调查数据，湖南省内有60.23%的村庄在首轮选举中出现了2名候选人，而33.63%的村庄则有3名以上候选人参与角逐。观察数据分布可以发现，绝

————————

① 实地调查与抽样统计中，部分留守老人表示自己没有微信或不会使用微信。

大多数村庄（76.42%）在首轮选举中的候选人数量集中在 2~3 名，部分村庄（11.99%）在首轮选举中有 4~5 名候选人，少量村庄（6.14%）在首轮选举中的候选人数量在 6 名及以上。就选举程序的满意度而言（见图 5），有 63.79%的村民对村委会选举程序满意度打分为 10 分（即满分），有85.23%的村民对村委会选举程序满意度打分高达 8 分以上，有 96.37%的村民对村委会选举程序满意度超过 6 分。由此可见，湖南省村民对村委会选举程序满意度普遍较高。

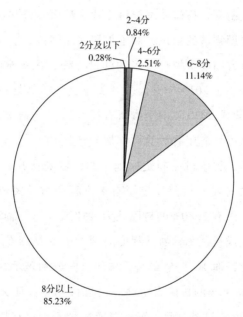

图 5　村民对村委会选举程序的满意度评分

在讨论村党组织书记与村委会主任是否应由同一人担任的问题上，湖南省数据显示，49.03%的村民认为由一人兼任更为合适，36.49%的村民倾向于由两人分别担任，另有 14.48%的村民对此表示不确定。支持"一肩挑"的村民比例高于认为由两人分别担任的村民比例。

湖南省村民对村委会选举程序的满意度较高，表明选举流程在大多数村庄得到村民的认可。候选人数量集中在 2~3 名，可能反映了村庄内部竞争程度的适度有利于选举的公正性和有效性。同时，对于村党组织书记与村委会主任是否由同一人担任的问题，村民意见趋于分散，但支持"一肩挑"的村民比例较高，这可能意味着村民对于简化管理层级、提高决策效率的期待。总体来看，湖南省乡村治理在选举程序方面呈现稳定向好的态势，但仍须关注少数村民的不确定态度，进一步优化选举制度、提高村民的参与度和满意度。

3.村规民约知晓度

村规民约作为一种基于党的方针政策和国家法律法规，结合本村实际情况而制定的非正式制度，扮演着维护村庄社会秩序、公共道德、风俗习惯和精神文明建设等关键领域的角色，对于重塑村庄规范、引导村民行为尤其具有重要意义。湖南省高度重视村规民约建设工作，积极推动村规民约制定，引领乡风文明进步，于2019年出台了《关于进一步做好村规民约和居民公约的实施意见》，要求2020年前全省所有村（居）普遍修订形成价值引领、合法合规、群众认可、管用有效的村（居）规民约。

根据调查数据，关于村庄制定村规民约的主观认知，86.07%的村民明确表示知晓本社区（村）已经制定了自治章程或村规民约，而6.13%的村民对此并不了解，还有7.80%的村民认为本社区（村）尚未制定此类规范。在村民对自治章程或村规民约熟悉程度的调查中（见图6），51.78%的村民表示熟悉这些规定，而16.83%和8.09%的村民分别表示知道得很少甚至一无所知。此外，50.48%的村民表示熟悉村规民约中关于人居环境整治的奖惩措施，但33.02%的村民对此了解不多或完全不知。在探讨村规民约内容及作用的主观认知时，高达83.50%的村民完全同意自治章程或村规民约的内容，仅有1.29%的村民表示不同意。调查还显示，74.43%的村民认为村规民约在乡村治理中发挥着非常重要的作用，涉及村民生产生活的多个方面。23.62%的村民认为村规民约在某些方面发挥作用，另有极少数村民认为村规民约基本没有作用或者表示不清楚。

村规民约已普遍存在，但村民知晓程度有待提高，尤其是在人居环境整治的奖惩措施方面。尽管如此，大多数村民对村规民约的内容表示认同，并认可其在乡村治理中的重要作用。这表明村规民约作为乡村社会的共同规

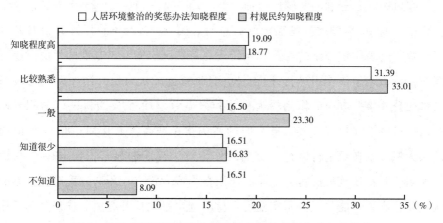

图6 村民对村规民约及人居环境整治的奖惩办法知晓程度

范，已经得到村民的广泛认同。然而，调查结果也反映出，在实际作用发挥上，村规民约还有提升空间。因此，未来的乡村治理工作应当着重于提高村规民约的普及度和实际执行力，以确保其在维护乡村社会秩序和推动发展方面发挥更大效能。

4. 积分制应用与参与

积分制治理模式是一种将村民参与乡村治理的行为量化为积分，并通过积分奖励来激发村民参与积极性的新型乡村治理模式。这种模式将积分与村民福利、公共服务等挂钩，旨在提升村民在乡村治理中的参与度。

抽样调查数据显示，农村地区积分制治理模式尚处于起步和推广阶段。截至2023年，仅有16.67%的村庄实施了积分制。这些实施积分制的村庄中，有80%是在2019年及以后开始的，并且同样比例的村庄是通过政策宣传了解到并采纳了这一治理方式的。在实施过程中，村庄普遍采取的措施包括制定积分标准、建立积分台账和实施积分奖励兑换。2023年，湖南省实施积分制的村庄平均积分兑换支出为4325元，平均有20%的农户家庭参与了积分兑换，其中绝大多数家庭获得了奖励积分，仅有极少数家庭被扣分。村级组织普遍认为，积分制对乡村治理产生了积极影响，既调动了村民参与公共事务的积极性，又改善了村"两委"与村民的关系。

在村民对积分制的知晓度方面，27.02%的村民表示 2023 年本村推行了积分制，而 46.52%的村民表示没有推行，另有 26.46%的村民表示对此并不清楚。这表明积分制的普及和宣传还有待加强。知晓该制度的村民对积分制在乡村治理中的作用进行评价，80.41%的村民认为积分制在动员村民参与村庄公共事务方面的作用较为显著和很显著，19.59%的村民认为积分制在动员村民参与村庄公共事务方面的作用很小或者没有作用；83.51%的村民认为积分制在规范村民行为方面的作用较为显著和显著，16.49%的村民认为积分制在规范村民行为方面的作用很小或者没有作用。村民对积分制的认可度较高，可能与积分制实施后乡村治理水平的提升有关。从积分制适用情形来看（见图 7），知晓该制度的村民认为，积分制主要用于农村人居环境整治、遵纪守法和家庭美德，人数所占比重分别为 75.26%、10.31% 和 4.12%。此外，仅有 3.09%和 2.06%的村民认为积分制适用于移风易俗和兴业致富。从实际获得的积分来看，参与积分制的村民中有 51.55%获得了加分，其中有 74%的村民因为"卫生做得好"获得了加分；参与积分制的村

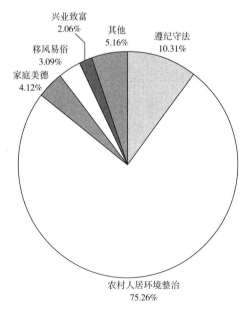

图 7　积分制适用情形

民中有 3.09% 获得了减分，主要原因是"卫生没做好"。这说明，积分制目前主要用于农村人居环境整治领域，该领域的作用获得村民广泛认可。农村人居环境整治由于与村民日常生活紧密相连，这方面的治理成效容易获得肯定；村民和村干部一致认为，以农村人居环境整治为主要内容的积分制有助于改善村民与村干部之间的关系。

整体而言，农村地区积分制治理模式虽然取得了一定的成效，但在推广普及和适用范围上仍有提升空间。同时，积分制的标准和兑换机制还存在一定不足，如标准过于简单、兑换机制单一，未能全面反映村民的实际参与情况，也无法满足村民的多样化需求。此外，部分村民对积分制缺乏认知，导致参与积极性不高。下一步乡村治理工作应当进一步推广并完善积分制治理模式，提升乡村治理的效率与水平。

三 小 结

湖南省乡村治理组织建设与村民治理参与虽然取得了一定成效，但仍面临诸多挑战，需从完善乡村治理体系、促进村民有效参与等多方面入手，推进湖南省乡村治理体系和治理能力现代化。

（一）存在的问题

1. 多方力量协同困难

湖南省乡村治理面临多方力量难以有效协同的挑战。一是村级治理体系较为分散。具体而言，村级组织体系虽然架构完备，但存在分散的问题，除村党组织和村民委员会之外的其他组织在治理功能上作用发挥有限，且村级集体经济组织和农民合作组织"挂牌"现象较为普遍；同时，村级组织建设水平亟待提升，村级组织运转经费的制度化保障尤其是专项经费支持仍需进一步完善。二是县、乡、村协同治理面临村民信任度"差序格局"挑战。随着国家资源的大规模下乡，县、乡、村三级治理体系的一体化趋势日益显著。然而，湖南省村民对基层干部的信任等级排序中呈现依据熟悉度而递减的趋势，即对村干部信任度最高，对乡（镇）干部次之，对县（市、区）干部最低。这种信任等级的差异对县、乡、村协同治理格局构成挑战，县、乡干部所代表的国家意志无法直达村民，所有自上而下的工作任务均须经由村民最信任的村干部，这不仅增加了治理成本，而且可能加重基层负担。三是部分村民参与乡村治理的积极性不高。例如，在人居环境整治中存在"干部干，村民看"的现象，共建共享共治的村庄治理格局有待形成。

2.村民有效参与不足

村民自治要求村民有效参与乡村治理，湖南省村民参与乡村治理存在如下问题。一是湖南省村民对村委会选举参与热情较高，但是对村民大会参与度较低，部分村民未参加过村民大会，村民在非选举类公共事务中的参与积极性有待提高。二是虽然村民对公共事务的参与意愿较高，但实际参与率仍有提升空间，特别是在建议和监督方面的参与程度需进一步提高。三是新型信息发布渠道（如微信群）在村民中地位较高，但不利于留守老人等群体获取信息。这可能存在以下几方面的原因。在文化方面，村民主体性相对不足，习惯于被动接受管理而不是积极参与决策。在社会经济方面，大规模农民外出务工导致村庄空心化，留守村民参与村庄公共事务的动力和能力较为有限。在信息传播方面，新媒体使用不均衡，部分村民（尤其是老年人）不会使用微信等现代通信工具。在制度方面，缺乏有效的激励机制和参与渠道，村级组织的功能发挥有限，未能有效动员和引导村民参与。

3.村规民约作用发挥有限

制定村规民约是推进"三治融合"乡村治理体系建设的重要举措。抽样调查数据显示，湖南省农村地区已经实现了村规民约全覆盖，但是存在如下问题。一是知晓程度不均衡。湖南省村规民约的宣传和普及工作尚未覆盖所有村民，尤其是那些地处偏远、信息闭塞的村庄，以及外出务工村民和部分留守群体，这部分人对村规民约的了解程度较低。二是熟悉度不足。超过一半的村民表示熟悉村规民约，但仍有相当比例的村民对此了解不多或一无所知，影响村规民约在实践中的执行力度和效果，使许多规定难以得到有效落实。三是内容认同与实际作用发挥不一致。尽管大多数村民对村规民约的内容表示认同，但在实际作用发挥上，村规民约仍有较大的提升空间，特别是在具体实施和奖惩措施方面。四是参与度不高。在村规民约的制定和修订过程中，村民的参与度不高，导致村规民约难以充分反映村民的真实意愿和需求。在这种情况下，村规民约的制定与村民的实际生活脱节，降低了村民对村规民约的认同感和遵守意愿。五是执行力度不足。部分村规民约缺乏有效的监督和执行机制，导致规定流于形式、难以对村民的行为产生实质性的约束力。

4. 积分制推广应用不足

积分制模式的实施有助于促进村民参与、提升乡村治理水平，但是在湖南省乡村治理实践中，还存在如下问题。一是推广普及程度不足。抽样调查数据显示，农村地区的积分制治理模式覆盖率较低，不足 20% 的村庄实施了积分制，且大部分是在 2019 年及以后开始实施，积分制的推广力度有待加大、速度有待提高。二是村民知晓度不高。有超过一半的村民对积分制的推行情况不了解或表示本村未推行，说明积分制的宣传和普及工作还需加强。三是积分制应用范围有限。目前，积分制主要应用于农村人居环境整治领域，而在移风易俗、兴业致富等方面的应用较少，适用范围有待拓展。四是积分标准和兑换机制不足。现有的积分标准过于简单、兑换机制单一，未能全面反映村民的实际参与情况，也无法满足村民的多样化需求。五是村民参与积极性不高。部分村民对积分制缺乏认知，导致参与积极性不高，影响了积分制的效果。

（二）对策建议

1. 加快完善乡村治理体系，构建村民信任机制

一是整合村级治理组织体系。强化村级组织的协同治理能力，确保村党组织、村民委员会与其他组织之间的高效协作，发挥协同治理功能；针对村级集体经济组织和农民合作组织的"挂牌"现象，实施规范化管理，增强其参与治理的实际作用；加强村级组织建设，提升组织运转效率，完善制度化

保障，特别是为村级组织提供稳定的专项经费支持。二是构建县、乡、村一体化治理信任体系。加强县、乡、村三级干部的互动交流，建立常态化的沟通机制，增强村民对上级干部的信任感。三是健全村级议事协商制度，确保村民的意见和建议能够得到及时反馈和有效利用，提高村民参与治理的获得感。

2. 深入挖掘村民自治潜能，促进村民有效参与

一是培育村民共同体意识和主体性。加强宣传和培训，推动乡村文化转型，鼓励村民在非选举类公共事务中发挥积极作用。二是提升村民参与动力和积极性。建立村级公共事务与村民利益关联机制，确保会议或活动与村民切身利益紧密相关；建立和完善村民参与公共事务的激励机制，在积分制中引入村民参与奖惩机制，鼓励和支持村民提出建议和参与监督。三是优化村民参与机制和信息传播渠道。建立多元化的信息传播和反馈体系，兼顾不同村民群体的需求，确保信息传递和反馈的全面性和有效性；开展针对留守老人的信息技能培训，帮助他们掌握基本的现代通信工具使用方法。

3. 优化村规民约，注重普及宣传工作

一是加强宣传和引导。通过利用村民喜闻乐见的微信、抖音等新媒体手段，提高村民对村规民约的知晓度和熟悉度，特别是加大对奖惩措施的宣传力度，确保每位村民都能了解和遵守；通过宣传村规民约在实际治理中的成功案例，让村民直观感受到村规民约的重要性和实际效果，提高其遵守村规民约的自觉性。二是优化内容制定过程。在制定和修订村规民约时，应更加注重村民的参与和意见征集，确保内容贴近村民实际需求，提高村民的认同感和参与度；建立动态完善机制，对执行情况进行定期评估和反馈，不断优化村规民约。三是明确和完善奖惩机制和监督机制，增强村规民约的约束力。

4. 加大积分制推广力度，拓展积分制应用范围

一是加大推广力度。在湖南省范围内全面推广积分制，并鼓励各地结合实际情况进行创新；通过多种渠道加大对积分制的宣传力度，提高村民对积分制的知晓度和理解度，增强其参与意识。二是拓展应用范围。将积分制应用于更多的乡村治理领域，充分发挥积分制在促进乡村全面振兴中的作用。三是优化积分制度。制定更为科学合理的积分标准，确保积分制能够全面、准确地反映村民在乡村治理中的表现和贡献；创新积分兑换方式，提供多样化的兑换选项，满足村民的不同需求，提高积分兑换的吸引力和激励效果。

提高农村公共品的供给水平

邝奕轩　赵　旭[*]

摘　要： 本报告基于2024年中国乡村振兴综合调查湖南省调查数据，分析了湖南农村公共服务的发展现状，重点聚焦医疗卫生、教育、养老等基本公共服务的供给情况及面临的问题。研究表明，湖南在农村医疗卫生服务、义务教育、居家养老等领域取得了显著进展。然而，由于经济基础薄弱、资源配置不均和政策执行力度不大，区域间公共服务发展水平仍存在一些差异，尤其是偏远地区如安乡县和洪江市的公共服务水平较低。尽管政府和集体经济组织在农村公共服务中的投入有所增加，但资金来源单一、供需不匹配和服务质量不高等问题仍然制约着公共服务的可持续发展。为此，本报告提出了进一步完善农村公共服务供给机制的对策建议，包括加强区域间的政策协调、丰富公共服务内容、优化资金保障模式等，以推动乡村振兴战略的全面落实。

关键词： 农村公共服务　医疗卫生　义务教育　居家养老　资金保障

---

* 邝奕轩，管理学博士，湖南省社会科学院（湖南省人民政府发展研究中心）农村发展研究所（湖南省人才资源研究中心）研究员，研究方向为农业经济管理；赵旭，理学硕士，湖南省社会科学院（湖南省人民政府发展研究中心）农村发展研究所（湖南省人才资源研究中心）助理研究员，研究方向为农村公共政策评估。

提升农村公共服务水平是缩小城乡差距、实现共同富裕的重要手段之一。湖南的农村公共服务涵盖医疗卫生、养老、文化、就业等方面，这些服务对改善农村居民的生活质量、推动乡村振兴具有重要意义。近年来，随着中央与地方政府不断加大对农村公共服务的投入，农村居民的基本生活需求得到了一定的保障。然而，由于经济基础薄弱、资源配置不均衡等问题，农村公共服务的整体发展仍面临诸多挑战。本报告基于调查数据，对湖南农村公共服务的现状进行了系统分析，提出了面临的主要问题以及相应的对策建议。

一 湖南农村公共服务发展现状

在相关政策的引导和支持下，湖南农村医疗卫生、教育、养老等与农村居民生活密切相关的公共服务取得了积极进展。

（一）农村医疗卫生服务发展现状

1.基层医疗卫生服务能力提升

从调查情况来看，湖南农村医疗卫生服务能力稳步提升，主要体现在村级医疗卫生服务覆盖率达九成以上，农村居民主要就诊场所中七成以上为基层医疗卫生机构，七成以上受访者认为农村基层医疗卫生机构服务水平得到提升，农村居民日常医疗卫生需求大部分可以在乡镇内得到满足等四方面。

第一，村级医疗卫生服务覆盖率达九成以上。中国乡村振兴综合调查湖南省调查数据显示，93.33%的村可以在村内获取医疗卫生服务。具体来讲，有86.66%的村设有独立村卫生室，还有6.66%的村是乡镇卫生院所在地，但是仍有6.66%的村没有村卫生室（见表1）。截至2023年底，有92.3%的村卫生室完成了标准化改造。

表 1　湖南样本村村医疗卫生服务情况

单位：%

项目	细分内容	占比
村卫生室类型	设有独立卫生室	86.66
	与其他村联合设置卫生室	0
	乡镇卫生院所在地	6.66
	无村卫生室	6.66
村卫生室服务内容	基本公共卫生服务	100
	开药、售药	96.15
	打针、输液	84.61
	应急处理	100

第二，农村居民主要就诊场所是基层医疗卫生机构。村卫生室承担着提供基本公共卫生服务，开药、售药等职责，是满足农村居民基本健康需求的重要载体，同时乡镇卫生院的作用日益凸显。由表1可知，在设有独立卫生室的26个村中，村卫生室全部能够提供基本公共卫生服务，其中96.15%的村卫生室可以开药、售药，84.61%的村卫生室具备打针、输液的资格，所有的村卫生室都可以提供应急处理服务。2023年农村居民主要就诊场所占比中（见表2），59.88%的个体表示其在日常生活中的主要就诊场所为村卫生室，乡镇卫生院位居第二，占比为30.92%。同时，有4.18%的人选择县级医院，选择市级或省级医院的个体占1.11%。分区域来看，2023年安乡县、洪江市、零陵区、新宁县和长沙县的村、乡镇两级诊疗机构占比均超过八成，分别为95.83%、94.44%、90.14%、90.28%、83.33%，除了长沙县之外，其余4个区域的村、乡镇两级诊疗机构占比均超过九成，长沙县有近10%的受访村民选择县级医院。

表2 农村居民主要就诊场所占比

单位：%

就诊场所	全样本	安乡县	洪江市	零陵区	新宁县	长沙县
村卫生室	59.88	77.78	40.28	83.09	62.50	36.11
乡镇卫生院	30.92	18.06	54.17	7.04	27.78	47.22
县级医院	4.18	1.39	1.39	2.82	5.56	9.72
市级或省级医院	1.11	0	1.39	2.82	1.39	0
药店	3.06	2.78	1.39	2.82	1.39	6.94
其他场所	0.84	0	1.39	1.41	1.39	0

第三，大部分农村居民对基层医疗卫生机构服务水平提升持肯定态度（见表3）。总体上分别有77.44%和68.24%的受访者认为近两年村卫生室、乡镇卫生院的服务水平有所提升，并且分别有32.87%和28.13%的受访者认为二者提升幅度很大。农村基层医疗卫生机构的服务水平提升程度存在区域差异，从受访者认为服务水平大幅提升这一指标来看，安乡县认为村卫生室和乡镇卫生院服务水平近两年来有大幅提升的个体分别占到27.78%和26.39%，洪江市分别占到25%和23.61%，零陵区分别占到39.44%和22.54%，新宁县分别占到44.44%和45.83%，长沙县分别占到27.78%和22.22%。

表3 农村基层医疗卫生机构近两年服务水平变化的主观评价占比

单位：%

类型	变动态势	全样本	安乡县	洪江市	零陵区	新宁县	长沙县
村卫生室	提升了很多	32.87	27.78	25	39.44	44.44	27.78
	提升了一点	44.57	50	44.44	39.44	34.72	54.17
	基本没变	16.43	11.11	18.06	19.72	16.67	16.67
	下降了一点	0.84	1.39	1.39	1.41	0	0
	下降了很多	0.28	0	1.39	0	0	0
	正向评价占比	77.44	77.78	69.44	78.88	79.16	81.95

续表

类型	变动态势	全样本	安乡县	洪江市	零陵区	新宁县	长沙县
乡镇卫生院	提升了很多	28.13	26.39	23.61	22.54	45.83	22.22
	提升了一点	40.11	45.83	41.67	29.58	30.56	52.78
	基本没变	28.97	25	30.56	43.66	23.61	22.22
	下降了一点	1.39	1.39	1.39	2.82	0	1.39
	下降了很多	0.84	0	1.39	1.41	0	1.39
	正向评价占比	68.24	72.22	65.28	52.12	76.39	75

注：由于四舍五入的原因，合计有可能不完全等于100%；下同。

从服务水平正向变化的占比来看，新宁县的村、乡镇级医疗卫生机构在5个区域中位居前列，这在一定程度上说明近年来大力推进的村卫生室标准化建设以及乡镇卫生院与上级医院的医联（共）体建设在新宁取得了成效，其基层医疗水平提升明显，区域间不平衡的医疗服务供给状况正在不断改善。这一结论在上级医院医生下沉至乡镇坐诊的知晓程度中的调查中（见表4）也得到一定程度的验证。具体来看，新宁县"清楚地知晓医生会'下沉'坐诊"的受访者比例为72.22%，高于安乡县的48.61%、洪江市的47.22%、零陵区的38.01%、长沙县的58.33%。另外，新宁县"不太清楚医生是否'下沉'坐诊"等其余三类负向反馈的占比均为5个区域最低。不难看出，新宁县医联（共）体建设是乡镇卫生院的服务水平得到较大提升的重要原因之一。

表4 农村医联（共）体建设实际知晓度

单位：%

知晓程度	全样本	安乡县	洪江市	零陵区	新宁县	长沙县
清楚地知晓医生会"下沉"坐诊	52.92	48.61	47.22	38.01	72.22	58.33
好像听说过医生会"下沉"坐诊	14.48	18.06	9.72	14.08	13.89	16.67
不太清楚医生是否"下沉"坐诊	25.07	23.61	26.39	40.85	11.11	23.61
好像没有医生"下沉"坐诊	6.13	5.56	13.89	7.04	2.78	1.39
肯定没有医生"下沉"坐诊	1.39	4.17	2.78	0	0	0

农村居民大部分日常医疗卫生需求可以在乡镇内得到满足。在全样本中，认为乡镇内可以完全满足其日常医疗卫生需求的个体达到46.52%，认为可以较好地满足需求的个体比例为33.15%，二者共计79.67%，意味着有接近八成的农村居民日常医疗卫生需求基本可以在乡镇内得到满足。分区域来看，认为在乡镇内可以完全满足其日常医疗卫生需求的个体，安乡县、洪江市、零陵区、新宁县和长沙县分别占56.94%、44.44%、42.25%、56.94%和31.94%，安乡县和新宁县的满意度最高（见表5）。

表5　农村居民日常医疗卫生需求在乡镇内的满足程度

单位：%

满足水平	全样本	安乡县	洪江市	零陵区	新宁县	长沙县
完全能满足	46.52	56.94	44.44	42.25	56.94	31.94
满足程度较好	33.15	33.33	31.94	30.99	30.56	38.89
满足程度一般	11.42	5.56	13.89	15.49	5.56	16.67
小部分需求无法满足	5.29	2.78	5.56	7.04	5.56	5.56
很多需求无法满足	3.62	1.39	4.17	4.23	1.39	6.94

2.城乡居民医疗保险有序运行

中国乡村振兴综合调查湖南省调查数据显示，2023年全村居民的医保参保率维持在近95%的高水平，其中脱贫人口医保参保率为100%的行政村占到96.42%，低保户医保缴费额低于一般户约50%，长沙县有66.66%的行政村的低保户不用缴纳医保费额。

第一，农村居民尤其是脱贫人口的医保参保率继续维持在较高水平。根据村问卷结果，2023年全体样本的平均医保参保率为94.73%，村内脱贫人口平均医保参保率为99.82%。分区域来看，样本地区行政村的农村居民平均医保参保率在九成以上，其中安乡县最高，参保率达到98.33%，零陵区次之，洪江市位居第三，长沙县位居第四，新宁县最低，为91.66%。村内脱贫人口医保参保率在安乡县和洪江市最高，达到100%，零陵区为84.16%，新宁县为83.33%，长沙县为99.16%（见表6）。

表 6　湖南省总体和样本地区农村居民基本医疗保险参保率

样本	参保率	均值(%)	标准差	最小值	最大值
全样本	全村居民医保参保率	94.73	7.23	70	100
	村内脱贫人口医保参保率	99.82	24.30	0	100
安乡县	全村居民医保参保率	98.33	0.74	98	100
	村内脱贫人口医保参保率	100	0	100	100
洪江市	全村居民医保参保率	94.17	5.34	85	100
	村内脱贫人口医保参保率	100	0	100	100
零陵区	全村居民医保参保率	95.83	7.5	80	100
	村内脱贫人口医保参保率	84.16	35.4	5	100
新宁县	全村居民医保参保率	91.66	6.24	80	100
	村内脱贫人口医保参保率	83.33	37.27	0	100
长沙县	全村居民医保参保率	93.67	10.72	70	100
	村内脱贫人口医保参保率	99.16	1.86	95	100

第二，低保户医保缴费负担较轻。如表 7 所示，2023 年，农村一般户医保缴费额平均值为 368 元，农村低保户缴费额平均值为 159.66 元。低保户的缴费额度是一般户的 43.38%，长沙县有 66.66% 的行政村的低保户不用缴纳医保费，这项对低保户的医保费用进行财政补贴的政策对于保障农村低保户群体的健康水平、降低其因病致贫可能性有积极作用。

表 7　一般户与低保户医保缴费额平均值对比情况

单位：元

农户	均值	标准差	最小值	最大值
一般户	368	14.69	350	380
低保户	159.66	62.99	0	190

第三，脱贫户和防返贫监测户享受的医保待遇在不同区域间存在差异。分区域来看，2023 年脱贫户和防返贫监测户能否享受大病报销的特惠政策方面，安乡县的政策比较一致，即两个群体不享受特惠，待遇与一般户相同。洪江市对后一个群体有优待政策，防返贫监测户基本能够享受低保户同等的特惠政策。零陵区对这两个群体的政策偏中性，即便有特惠政策，待遇

也普遍弱于低保户。新宁县对两个群体的政策比较一致，总体上优惠政策与低保户一致。长沙县脱贫户基本上与一般户待遇一致，防返贫监测户普遍能享受优待，但待遇弱于低保户。

（二）其他农村公共服务发展现状

1. 农村基础教育发展现状

第一，农村学前教育条件不断改善。近年来，国家加大了对学前教育的投入力度，不断增加学前教育学位供给。从调查情况来看，有 40% 的村有幼儿园。其中，长沙县、新宁县有幼儿园的村占比为 66.66%，安乡县和零陵区有幼儿园的村占比为 16.66%，洪江市有幼儿园的村占比为 33.33%。农村幼儿园以公立园为主，在有幼儿园的行政村里，73.38% 的村有公立园，20.76% 的村有私立园，5.86% 的村有普惠性民办幼儿园。

第二，农村义务教育学校布局不断优化。为适应人口变化，不少地区不断优化义务教育学校布局。和过去村村有小学的情形不同，有小学的村大幅减少。从调查样本总体情况看，只有 33.33% 的村有小学，其中，安乡县样本村中小学数为 0，洪江市和零陵区有小学的村占比为 16.67%，新宁县和长沙县都为 66.67%。

第三，有孩子在上幼儿园的农户占比较小。从调查情况看，家里有孩子在上幼儿园的农户占比仅有 10.86%，其中，安乡县为 13.46%，洪江市为 11.54%，零陵区为 11.76%，新宁县为 15.38%，长沙县为 16.67%。相较之下，家里有孩子在接受义务教育的农户总体占比相对较高，达 28.97%，其中长沙县有孩子在接受义务教育的农户占比最大，达 37.50%。有孩子在上幼儿园和在接受义务教育的农户占比差异在一定程度上显示未来几年学龄儿童减少的可能性较大。

第四，农村孩子入学向乡镇和县城集中的特征比较明显。农户家里有孩子在上幼儿园的，在县城上的占 33.33%，在本乡镇集镇上的占 23.08%，在本村上的占 22% 左右。分区域看，安乡县、洪江市、零陵区、新宁县和长沙县在县城或本乡镇集镇上的总计占比分别为 57.14%、66.66%、83.33%、25%、

58.33%。零陵区占比最高，比占比最低的新宁县高出近 60 个百分点。

家里有孩子在上小学（初中）的，孩子在县城上学的农户占比最大，为 36.54%，在本乡镇集镇上的占 29.81%，在本村上的占 12.50%。分区域看，安乡县、洪江市、零陵区、新宁县和长沙县农村孩子在本乡镇集镇上或县城接受义务教育的农户总计占比分别为 66.66%、68.75%、71.43%、64.00%、62.96%。

因大部分农村孩子在村外就读，有孩子住校的农户占比也较高。总体上，表示义务教育阶段孩子住校的农户占比为 21.15%，其中，安乡县、洪江市、零陵区、新宁县和长沙县有孩子住校的农户占比分别为 40.00%、6.25%、19.05%、16.00%、25.93%。

2. 农村居家养老服务发展现状

第一，农村居家养老服务设施不断完善。在国家相关政策的支持和引导下，各地逐步建立居家养老服务中心。从调查情况看，截至 2024 年上半年，有 30% 的村建有居家养老服务中心，绝大部分在正常运营，占总数的 66.67%。其中，安乡县的样本村尚未建立居家养老服务中心，洪江市和零陵区的样本村有居家养老服务中心但没有正常运营，新宁县居家养老服务中心建设率较高，但正常运营情况一般，长沙县超过 80% 的村有居家养老服务中心且运营正常（见表 8）。从运营主体看，由村委会运营的居家养老服务中心占据主流，高达 83% 的村由村委会运营，17% 的村由其他主体运营。

表 8　湖南样本地区农村居家养老服务中心设置情况

单位：%

样本地区	有	无
安乡县	0	100
洪江市	16.67	83.33
零陵区	16.67	83.33
新宁县	33.33	66.67
长沙县	83.33	16.67
总计	30	70

第二，居家养老服务中心运营资金主要来自政府和集体经济组织。从2023 年的情况看，居家养老服务中心的运营费用平均为 4 万元，最少的为 1 万元，最多的为 10 万元，超过 90%的运营经费来自政府补助和集体经济投入，其中政府补助经费占比为 58.33%，老人及其亲属缴纳费用为 0。

二 农村公共服务发展面临的主要问题

根据调查，当前农村公共服务发展中存在明显的区域差异，并且公共服务供需不匹配和资金保障水平不足等问题也较为突出。

（一）农村公共服务区域发展不均衡

区域差距较为显著，长沙县的公共服务发展水平相对较高，而安乡县、洪江市、零陵区等地明显滞后。例如，长沙县财政补贴力度大，大部分行政村的低保户免缴医保费用。而洪江市、零陵区和新宁县的低保户仍需承担不低的医保费用。此外，居家养老服务中心的覆盖率也是长沙县最高的，安乡县的主要公共服务设施则相对欠缺，在样本村中，安乡县竟无一家居家养老服务中心，其村级幼儿园覆盖率也不足 17%，为所有调查区域中最低的。

（二）农村公共服务供求匹配度不高

一方面，大部分村提供的公共服务内容不够丰富。例如，调研数据显示，在运营的居家养老服务中心中，可以提供文化娱乐服务的占 100%，能提供日间照料服务的仅占 33.33%，能提供就餐配餐服务的占 16.67%，能提供紧急救助服务的占 50%，能提供康复护理服务的为 0，有保洁服务的占50%。随着农村空心化和老龄化程度的加深，农村老人对就餐、紧急救助、看护护理等服务的需求还将不断增加，居家养老服务内容有待进一步丰富。

另一方面，农村公共服务质量不高，不能很好地满足农村居民需求。例如，调查数据显示，37.50%的农村居民认为义务教育学校的教学水平亟须提升，这是农户对农村教育发展的首要关注点。其次是学校伙食条件，有36.54%的受访者认为需改进（见表9）。此外，教学设施和住宿条件等方面虽然也存在不足，但在学校基础设施不断改善的背景下，其重要性被逐渐弱化。这表明，随着硬件条件逐步达标，提高教育质量已成为农村教育发展的核心目标和关键任务。然而，农村教育质量提升的一个主要瓶颈在于教师队伍建设。农村学校普遍面临"招不到、留不住"优秀教师的困境。这一现象与农村基础设施不完善、生活条件相对较差密切相关。优质教师资源的匮乏成为农村义务教育发展的显著短板，直接影响了农村教育的可持续发展。

表9　农户对学校的评价情况

单位：%

地区	教学水平	教学设施	住宿条件	伙食条件	其他
安乡县	33.33	13.33	0.00	6.67	60.00
洪江市	43.75	12.50	0.00	37.50	25.00
零陵区	42.86	19.05	19.05	47.62	23.80
新宁县	24.00	8.00	8.00	40.00	44.00
长沙县	44.44	33.33	11.11	40.74	37.04
总计	37.50	18.27	8.65	36.54	37.50

（三）农村公共服务发展资金保障水平不高

一方面，资金来源渠道较为单一，容易导致公共服务设施建设和运营陷入困境。例如，居家养老服务中心建设和运营资金来源渠道狭窄，主要来自政府和集体经济组织，一旦政府财政困难、集体经济收入下降，会影响居家养老服务中心的建设和运营。

另一方面，政府投入不足会加重农村居民负担。例如，孩子就读幼儿园，每个月需要缴纳较多的费用。上幼儿园每月缴纳费用的平均水平是728.36元，最少的是0元，最多的是3200元；分幼儿园所在区域看，在本村、本乡镇外村、乡镇镇上、本县城上幼儿园的平均费用依次增加，在本村上每月将近 800 元，在县城上每月 1000 元左右，如果在本县城外的其他地方上幼儿园，费用更高，每月将近 1500 元。分区域看，长沙县上幼儿园每月缴费水平最高，为 1046 元，其后依次是洪江市的 1008 元、零陵区的 894.17 元、安乡县的 328 元和新宁县的 267.88 元，长沙县缴费水平是新宁县的 4 倍左右。平均每个月将近 1000 元的学前教育费用，在农村居民每月收入中占了相当比重，尤其是对主要从事农业生产和就业人数较少的农村家庭来说，学前教育费用是一项沉重负担。根据调查，2020~2023 年，农村一般户医保缴费额平均值从 310 元上升至 368 元，增长 18.71%。

三　小　结

湖南农村公共服务体系逐步完善，但仍存在区域发展不均衡、服务内容和质量的供需不匹配、资金保障不稳定等方面的问题。为了更好地促进湖南农村公共服务的均衡发展、提高服务质量，本报告提出以下几方面的对策建议。

（一）加大政策支持与财政投入力度，保障农村公共服务的可持续发展

第一，加大财政投入力度。进一步加大对农村医疗、教育、养老等公共服务的财政支持力度，尤其是加大对偏远贫困地区的重点扶持力度。通过定向补贴、专项资金等方式，确保基础设施建设和公共服务的长期可持续发展。

第二，优化资金分配。在资金分配上，应更加注重区域间的均衡性，将更多的资金引导到公共服务发展滞后的地区，特别是安乡县、零陵区等经济基础薄弱的区域，解决基础设施薄弱、服务覆盖不足等问题。

第三，支持社会资本参与。通过税收减免、金融支持等政策引导社会资本和民间力量参与农村公共服务的建设与运营，探索多元化的资金投入模式。

（二）促进区域均衡发展，缩小城乡差距

第一，制定差异化政策。根据不同地区的经济发展水平、人口结构和社会需求，制定差异化的发展政策。对于经济基础较好的长株潭核心区，可以进一步提高公共服务的质量；而对经济欠发达的区域，则要优先加强基础设施建设和服务覆盖，确保基本公共服务的普及性和可达性。

第二，加强基础设施建设。偏远地区的基础设施建设亟须加强，特别是农村医疗、教育和养老等服务领域。建议加强农村医疗卫生机构、学校及居家养老服务中心等基础设施的建设，通过政府主导、市场参与的模式，加快服务设施的布局与建设。

第三，加强公共服务的定向支持。对于贫困地区，国家和地方政府应通过专项补贴、财政奖补、项目倾斜等方式，定向支持其公共服务建设。在提升公共服务水平的同时，也要注重这些地区社会保障体系的完善，确保农村居民能享有公平的公共服务。

（三）丰富服务内容，提升服务质量

第一，丰富居家养老服务内容。针对农村日益增长的老龄化人口，应进一步拓展居家养老服务的内容，包括助餐、紧急救助、康复护理等。持续引导和扶持居家养老服务中心增加日间照料、生活照护、康复护理等专业服务，以满足老年人多层次、多样化的需求。

第二，提升教育质量。农村教师资源匮乏，依然是农村教育发展的瓶颈。为此，应通过加大教师引进和培养力度，提高农村学校的教学质量。具体措施包括：提高农村教师的待遇、生活水平，制定激励政策，吸引更多优秀人才进入农村从事教育；加强远程教育资源的建设，利用现代化信息技术弥补教师不足、提升教育质量。

第三，提升医疗服务水平。基层医疗服务水平应进一步提升，不仅要加强硬件设施的建设，还应注重提高医疗服务的质量和人员的专业水平。可以通过定期培训、医联体建设、数智化建设、远程医疗服务等方式，提高基层医疗服务的能力。此外，扩大医疗保险的覆盖面、降低农村居民的医疗负担，也是提升医疗服务质量的重要措施。

（四）加强农村人才队伍建设，破解人才短缺瓶颈

第一，优化人才引进政策。通过改善农村生活环境、提高待遇、提供职业发展机会等方式，吸引更多优秀人才到农村工作，特别是在教育和医疗领域。可以通过设立专项奖补、提供学费补贴等方式，鼓励大学毕业生到农村工作。

第二，加强本地人才培养。除引进人才外，还应注重本地人才的培养。通过建立职业技能培训、在线教育平台，发放政府奖学金等方式，提升农村居民的整体素质，满足当地公共服务领域的需求。

第三，优化人才激励机制。为激发人才在农村工作的积极性，应设立更加灵活的人才激励机制，包括提高薪酬待遇、提供住房补贴、设立职业晋升通道等，激励人才长期扎根农村。

农村基层党组织建设的现状分析

马贵舫*

摘　要： 本报告从农村基层党组织规模和结构、发展党员情况、党组织干部特别是村党组织书记队伍特征、党组织活动和经费来源、村党组织书记与村委会主任"一肩挑"状况、村党组织书记年收入等方面分析了农村基层党组织建设现状。研究发现，村党组织书记学历普遍较高，女性党员在乡村公共治理中的话语权较高；党员队伍老龄化比较严重，农村外出务工人员入党意愿较强；党员流出比例偏高，但相对发达地区流出率较发展中地区低；外出务工人员、生产经营大户、个体工商户和退伍军人是村党组织书记的重要候选群体，村支"两委"任职锻炼是村党组织书记培养的重要渠道；村党组织书记收入差距较大，表明各地经济社会发展与村集体经济发展水平各异；农村基层党组织活动经费来源较为单一，多样化渠道有待拓展；村党组织书记、村委会主任"一肩挑"推进较快，政策落地落细有力。

关键词： 农村基层党建　党建引领　人才振兴　公共治理

习近平总书记指出，"乡村要振兴，关键是把基层党组织建好、建强。

---

　　* 马贵舫，法学硕士，湖南省社会科学院（湖南省人民政府发展研究中心）农村发展研究所（湖南省人才资源研究中心）研究员，研究方向为人才战略与政策。

基层党组织要成为群众致富的领路人，确保党的惠民政策落地见效，真正成为战斗堡垒"。①中国式现代化发展离不开农业农村现代化，农业农村现代化的重要根本是实现乡村振兴，实现乡村振兴的关键在党，关键在于强化农村基层党组织建设，加强和改进党对农村基层工作的全面领导，提高农村基层党组织建设质量，把基层党组织建设为农村百姓致富的领路人、农村惠民政策的落实人和真正战斗堡垒。近年来，农村基层党组织建设面临的环境发生一系列变化，但由于缺乏系统性数据，对湖南农村基层党组织建设的讨论大多停留在理论与政策层面，缺少对宏观现状的准确把控。本报告从党组织规模与结构、党组织干部队伍特征、党组织活动与经费来源、村党组织书记和村委会主任"一肩挑"推进状况等方面对湖南农村基层党组织建设的现状进行了系统分析和梳理，为有关部门制定政策、强化农村基层党组织建设提供了微观基础与现实依据。

一　农村基层党组织规模与结构

（一）农村基层党组织规模

湖南省各市州、县市区农村基层党组织规模存在较大差异。中国乡村振兴综合调查湖南省调查数据显示，从基层党组织的建制来看，30.00%的农村基层党组织建制是党支部，63.33%是党总支，6.67%是党委（见图1）；从基层组织数量来看，样本村共有基层组织86个，其中9个村基层组织数量为1个，1个村基层组织数量多达9个；从党员人数来看，人数最少的村只有15名党员，人数最多的村有325名党员。

农村基层党组织党员人数与村户籍人口数量高度相关，户籍人口中党员的比例是反映基层党组织发展规模的重要指标。从这一指标看，2023年，在党员比例最低的村中，只有1.83%的村民是党员，而在党员比例最高的

---

① 程宇昌：《乡村振兴关键是把基层党组织建好建强》，人民网-中国共产党新闻网，2023年11月15日。

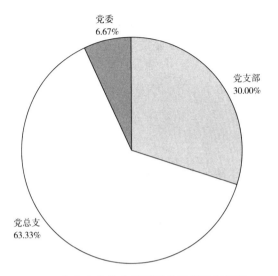

党委
6.67%

党支部
30.00%

党总支
63.33%

图1 湖南省总体农村基层党组织建制情况

村中，有6.5%的村民是党员。湖南省村党员比例均值为3.33%。

不同地区的农村基层党组织规模水平存在较大差距。分县（市、区）来看，2023年安乡县党员比例最低的村党员比例为1.83%，最高的村为3.95%，均值为2.94%；洪江市党员比例最低的村党员比例为2.52%，最高的村为6.50%，均值为3.41%；零陵区党员比例最低的村党员比例为1.93%，最高的村为3.80%，均值为3.17%；新宁县党员比例最低的村党员比例为1.90%，最高的村为3.39%，均值为2.52%；长沙县党员比例最低的村党员比例为3.22%，最高的村为5.02%，均值为4.01%（见图2）。可以看到，长沙县农村党员比例较高，而新宁县比例较低。

分村规模①来看，小规模村中党员比例最低的村这一比例为1.93%，最高的村为6.50%，均值为3.30%；中小规模村中最低党员比例为2.33%，最高的为4.78%，均值为3.34%；中等规模村中最低党员比例为2.38%，最高的为4.64%，均值为3.41%；中大规模村中最低党员比例为1.90%，

---

① 村规模按照户籍人口低于1000人、1000～1999人、2000～2999人、3000～3999人、4000人及以上划分为小规模村、中小规模村、中等规模村、中大规模村、大规模村。

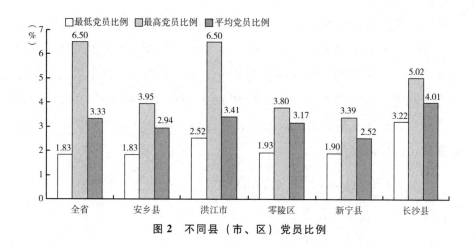

图 2 不同县（市、区）党员比例

最高的为 3.39%，均值为 2.80%；大规模村中最低党员比例为 1.83%，最高的为 5.02%，均值为 3.51%（见图 3）。总体来看，村规模与党员比例正相关，呈现人口规模越大的村党员比例越高的趋势。

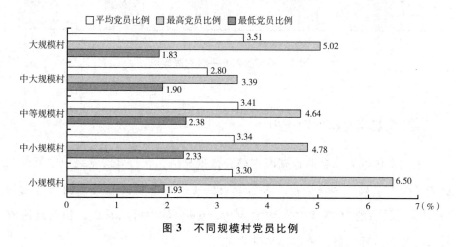

图 3 不同规模村党员比例

分收入水平①来看，低收入村中党员比例最低的这一比例为 2.87%，最高的为 4.78%，均值为 3.53%；中低收入村中最低党员比例为

---

① 村庄收入水平按人均可支配收入 10000 元及以下、10001~15000 元、15001~20000 元、20001~30000 元、30000 元以上划分为低收入村、中低收入村、中等收入村、中高收入村、高收入村。

2.96%，最高的为 6.50%，均值为 3.92%；中等收入村中最低党员比例为 2.33%，最高的为 5.02%，均值为 3.45%；中高收入村中最低党员比例为 1.83%，最高的为 3.89%，均值为 2.81%；高收入村中最低党员比例为 1.90%，最高的为 4.17%，均值为 3.37%（见图 4）。值得注意的是，村收入水平与基层党组织建设关系趋势不明显，总体上收入较低的村党员比例反而较高。

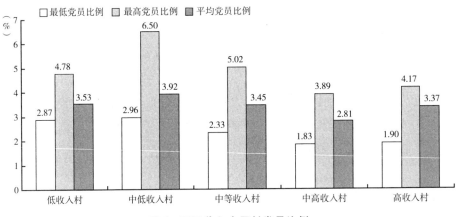

图 4　不同收入水平村党员比例

（二）基层党员性别结构

中国乡村振兴综合调查湖南省调查数据显示，农村基层党组织中男性党员占了绝大多数。总体来看，参与调查的样本村中男性党员比例最低的为 56.19%，最高的为 95.59%，均值为 75.60%。从中可以看出，当前湖南农村参与公共治理的群体依然以男性为主。

分县（市、区）来看，安乡县农村基层男性党员比例最低的村这一指标为 59.14%，最高的为 95.59%，均值为 86.03%；洪江市农村基层男性党员比例最低的村这一指标为 62.16%，最高的为 86.96%，均值为 78.07%；零陵区农村基层男性党员比例最低的村这一指标为 73.33%，最高的为 92.00%，均值为 85.39%；新宁县男性党员比例最低的村这一指标为

71.62%，最高的为 92.86%，均值为 80.73%；长沙县男性党员比例最低的村该指标为 56.19%，最高的为 74.80%，均值为 66.36%（见图5）。对比可以发现，在各地农村基层党组织中，长沙县女性党员比重相对更高，女性参与农村公共事务决策的声音相对更大。

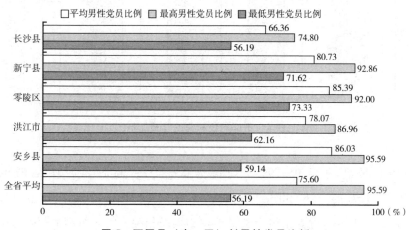

图5　不同县（市、区）村男性党员比例

分村规模来看，小规模村中男性党员比例最低的村这一指标为 64.52%，最高的为 92.00%，均值为 78.85%；中小规模村中男性党员比例最低的村该指标为 83.02%，最高的为 92.68%，均值为 76.02%；中等规模村中最低的村该指标为 59.14%，最高的为 90.91%，均值为 75.25%；中大规模村中最低的为 71.62%，最高的为 85.11%，均值为 78.16%；大规模村最低的为 56.19%，最高的为 95.59%，均值为 72.72%（见图6）。总体来看，村规模与女性党员比例弱相关，呈现人口规模越大的村女性党员比例相对越高的趋势，说明在规模较大的村中，女性的话语权相对较重。

分收入水平来看，低收入村中男性党员比例最低的村这一指标为 62.16%，最高的为 86.05%，均值为 78.07%；中低收入村中最低的为 56.19%，最高的为 84.21%，均值为 66.11%；中等收入村中最低的为 59.14%，最高的为 92.86%，均值为 73.72%；中高收入村中最低的为

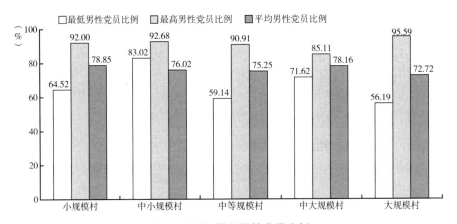

图 6　不同规模村男性党员比例

73.33%，最高的为 95.59%，均值为 89.41%；高收入村中最低的为 60.00%，最高的为 74.80%，均值为 65.21%（见图 7）。对比均值可以发现，村收入水平与村党组织中党员性别结构弱相关，收入越高的村女性党员比例相对越高，说明随着农村经济发展水平提高，女性参与农村治理的意识和热情在逐渐增强。

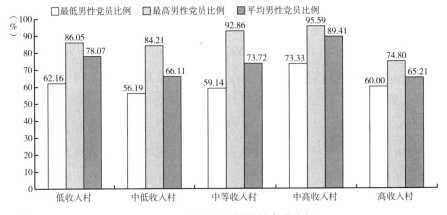

图 7　不同收入水平村男性党员比例

（三）基层党员年龄结构

抽样调查数据显示，各村级基层党组织中，党员年龄普遍偏大。在所有样本村中，30周岁以下党员比例为11.15%，60周岁以上党员比例为51.10%。

分县（市、区）来看，安乡县农村30周岁以下党员比例为5.69%，60周岁以上党员比例为58.54%；洪江市农村30周岁以下党员比例为4.23%，60周岁以上党员比例为46.68%；零陵区农村30周岁以下党员比例为6.74%，60周岁以上党员比例为43.45%；新宁县农村30周岁以下党员比例为7.80%，60周岁以上党员比例为42.89%；长沙县农村30周岁以下党员比例为18.19%，60周岁以上党员比例为53.51%（见图8）。对比可以发现，总体上农村党员年龄整体偏大，30周岁以下党员比例普遍较小。

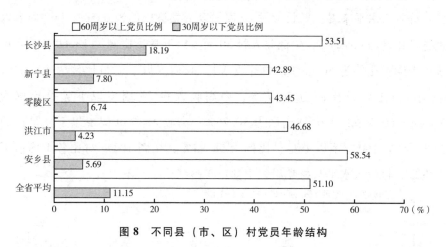

图8 不同县（市、区）村党员年龄结构

分村规模来看，小规模村30周岁以下党员比例为2.88%，60周岁以上党员比例为50.96%；中小规模村30周岁以下党员比例为7.14%，60周岁以上党员比例为46.89%；中等规模村30周岁以下党员比例为3.79%，60周岁以上党员比例为51.70%；中大规模村30周岁以下党员比例为13.63%，60周岁以上党员比例为48.70%；大规模村30周岁以下党员比例为

13.91%，60 周岁以上党员比例为 52.46%（见图 9）。对比可以发现，规模较大的村 30 周岁以下党员比例明显高于规模较小的村。

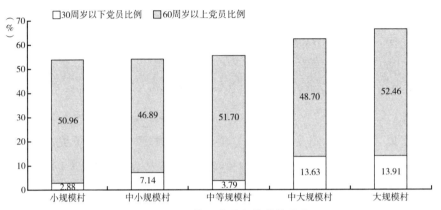

图9　不同规模村党员年龄结构分布

分收入水平来看，低收入村 30 周岁以下党员比例为 6.56%，60 周岁以上党员比例为 45.25%；中低收入村 30 周岁以下党员比例为 13.60%，60 周岁以上党员比例为 50.63%；中等收入村 30 周岁以下党员比例为 10.71%，60 周岁以上党员比例为 50.77%；中高收入村 30 周岁以下党员比例为 5.64%，60 周岁以上党员比例为 50.76%；高收入村 30 周岁以下党员比例为 22.24%，60 周岁以上党员比例为 58.94%（见图 10）。对比各组均值可以发现，村收入水平与村党组织中党员年龄结构关联不大。

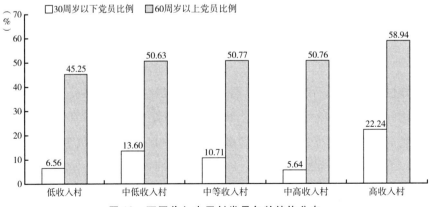

图10　不同收入水平村党员年龄结构分布

（四）近年新发展党员情况

中国乡村振兴综合调查湖南省调查数据显示，2017~2023 年，样本村中有 0.49% 的村民递交了入党申请书，0.24% 的村民被批准入党，新党员入党时平均年龄为 34 周岁。其中，申请入党人数最多的村有 42 人递交了入党申请书，实际发展党员最多的村有 18 人入党；有个别村村民递交入党申请书的比例只有 0.16%，正式入党的比例也只有 0.10%，党员队伍建设缓慢；有的村村民递交入党申请书的比例达到 2.10%，正式入党的比例达到 1.05%，党员队伍建设成效显著。新党员入党时平均年龄最小的村平均年龄为 27 周岁，最大的村为 45 周岁。

分县（市、区）来看，安乡县农村申请入党村民比例均值为 0.29%，实际入党比例均值为 0.21%，新党员年龄均值为 32 周岁；洪江市申请入党村民比例均值为 0.55%，实际入党比例均值为 0.24%，新党员年龄均值为 35 周岁；零陵区申请入党村民比例均值为 0.66%，实际入党比例均值为 0.34%，新党员年龄均值为 35 周岁；新宁县申请入党村民比例均值为 0.58%，实际入党比例均值为 0.24%，新党员年龄均值为 36 周岁；长沙县申请入党村民比例均值为 0.49%，实际入党比例均值为 0.23%，新党员年龄均值为 32 周岁（见图 11）。可以发现，洪江市、零陵区、新宁县等地农民入党意愿较强，而安乡县、长沙县等地农民入党意愿较弱。从年龄上看，则是安乡县、长沙县新党员入党时的年龄较其他县（市、区）稍小，表明这些地区年轻人入党的意愿稍强。

在新发展的党员中，43.33% 的是农村外出务工人员，26.67% 的是生产经营大户，23.33% 的是个体工商户，6.67% 的是企业主，36.67% 的是退伍军人，63.33% 的是村"两委"干部，6.67% 的是村医/农技等专业人员，自媒体从业者和返乡大学生各占 3.33%，普通村民占 63.33%（见图 12）。

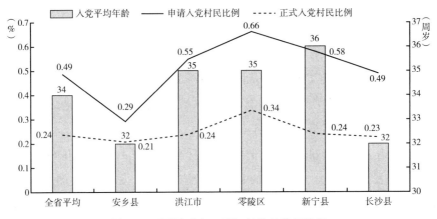

图 11　不同县（市、区）村党员发展情况

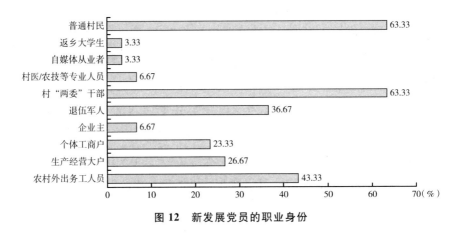

图 12　新发展党员的职业身份

（五）流出党员情况

中国乡村振兴综合调查湖南省调查数据显示，2023 年，样本村共流出党员 566 名，占党员总数的 18.29%。

分县（市、区）来看，安乡县农村党员流出率最高的村这一比例达到 49.46%，最低的村比例为 15.15%，平均流出率为 36.90%；洪江市农村党员流出率最高的村为 45.16%，最低的村为 0，平均流出率为 22.13%；零陵区流出率最高的村为 47.06%，最低的村为 1.69%，平均流出率为 20.97%；新宁县最高的村为 36.89%，最低的村为 18.09%，平均流出率为 31.19%；长沙县最高的村为 12.31%，最低的村为 0，平均流出率为 3.81%（见图 13）。

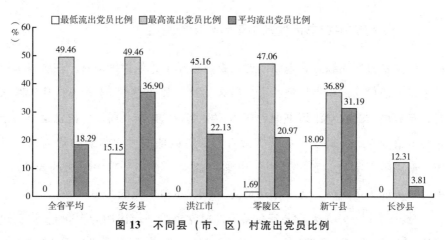

图 13 不同县（市、区）村流出党员比例

分收入水平来看，低收入村平均流动党员比例为 24.35%，中低收入村比例为 5.86%，中等收入村比例为 13.22%，中高收入村比例为 31.22%，高收入村比例为 12.17%（见图 14）。对比各组均值可以发现，总体上村庄收入水平与村流动党员比例有较弱的反向关联。

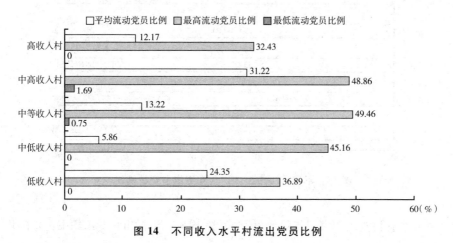

图 14 不同收入水平村流出党员比例

二　农村基层党组织干部状况

（一）村党组织书记性别、年龄与学历特征

中国乡村振兴综合调查湖南省调查数据显示，从性别来看，在农村基层党组织担任村党组织书记的绝大多数是男性，比重达到83.33%；从年龄来看，年龄最小的村党组织书记为32周岁，最大的为60周岁，村党组织书记年龄均值为50.63周岁；从学历来看，学历最低的村党组织书记为初中学历，最高的为本科学历，其中初中学历的为6.67%，高中学历的为30%，中专学历的为3.33%，大专学历的为50%，本科学历的为10%。

分县（市、区）来看，安乡县男性村党组织书记比例为100%，洪江市该比例为66.67%，零陵区该比例为83.33%，新宁县该比例为100%，长沙县该比例为66.67%（见图15）。可见，农村基层党组织领导职务中男性占主导地位。

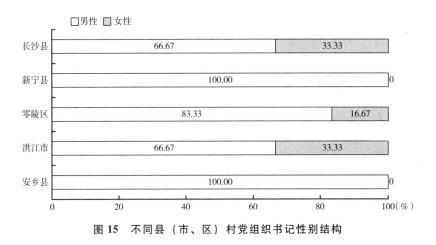

图15　不同县（市、区）村党组织书记性别结构

安乡县村党组织书记年龄均值为52.33周岁，洪江市村党组织书记年龄均值为48周岁，零陵区村党组织书记年龄均值为49.33周岁，新宁县村党组织

书记年龄均值为 49.50 周岁，长沙县村党组织书记年龄均值为 54 周岁（见图 16）。洪江市村党组织书记相对年轻，安乡县、长沙县村党组织书记年龄相对偏大，农村基层党组织干部队伍年轻化进程有待加快。

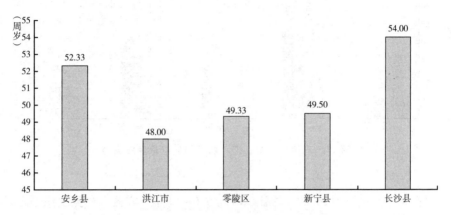

图 16　不同县（市、区）村党组织书记年龄结构

安乡县初中学历的村党组织书记比重为 16.67%，高中学历的为 16.67%，大专学历的为 66.67%；洪江市高中学历的村党组织书记比重为 50%，大专学历的为 33.33%，本科学历的为 16.67%；零陵区初中学历的为 16.67%，高中学历的为 33.33%，大专学历的为 33.33%，本科学历的为 16.67%；新宁县高中学历的为 50%，中专学历的为 16.67%，大专学历的为 33.33%；长沙县大专学历的村党组织书记比重为 83.33%，本科学历的为 16.67%（见图 17）。对比可以发现，经济相对发达的长沙县村党组织书记学历水平相对较高，均为大专及以上学历。

（二）村党组织书记任职情况

1. 村党组织书记任职时长地区差异

分县（市、区）来看，安乡县村党组织书记任职时长均值为 11.33 年，33.33% 的村党组织书记任职时间在 5 年及以下，16.67% 的任职时间在 6~10 年，16.67% 的任职时间在 11~20 年，33.33% 的任职时间在 20 年以上；洪江市村党组织书记任职时间均值为 4.33 年，83.33% 的村党组织书记任职

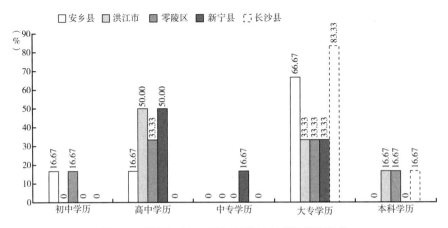

图 17 不同县（市、区）村党组织书记学历结构

时间在 5 年及以下，16.67%的任职时间在 6～10 年；零陵区村党组织书记任职时间均值为 8.67 年，33.33%的村党组织书记任职时间在 5 年及以下，16.67%的任职时间在 6～10 年，50%的任职时间在 11～20 年；新宁县村党组织书记任职时间均值为 5.50 年，66.67%的村党组织书记任职时间在 5 年及以下，16.67%的任职时间在 6～10 年，16.67%的任职时间在 11～20 年；长沙县村党组织书记任职时间均值 12.33 年，66.67%的村党组织书记任职时间在 5 年及以下，33.33%的任职时间在 20 年以上（见图 18 和图 19）。对比发现，洪江市与新宁县、长沙县新上任的村党组织书记较多。

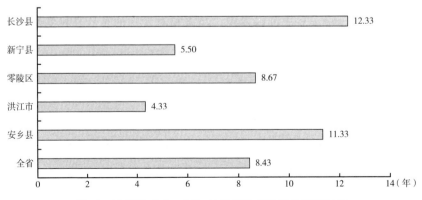

图 18 不同县（市、区）村党组织书记平均任职时长

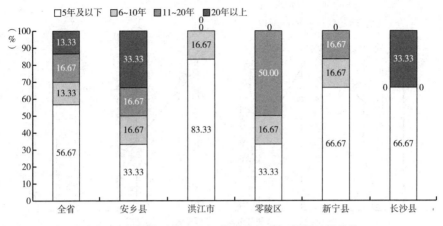

图 19　不同县（市、区）村党组织书记任职时长结构

2. 村党组织书记和村委会主任"一肩挑"推进情况

2019 年，中央印发了《中国共产党农村工作条例》，全面推行村党组织书记、村委会主任"一肩挑"。经过几年的发展，当前湖南农村"一肩挑"的比例已经相当高。中国乡村振兴综合调查湖南省调查数据显示，到 2023 年，所有样本村村党组织书记兼任村委会主任的比例达到 93.33%。分县（市、区）来看，安乡县、新宁县、长沙县村党组织书记、村委会主任均为"一肩挑"，表明这些地方村党组织书记在村集体中的权威更重，村内权力更加集中；洪江市、零陵区样本村"一肩挑"的村党组织书记比例为 83.33%（见图 20）。总体上看，在中央政策引导和省、市州、县（市、区）各级政府积极推动下，湖南绝大部分村当前已经实现了村党组织书记和村委会主任"一肩挑"，加强了党对农村工作的全面领导，增强了农村基层党组织的凝聚力、战斗力、号召力。

村党组织书记"一肩挑"时间差异很大，时间最短的村党组织书记是 2023 年才开始兼任村委会主任的，而时间最长的则从 2005 年就开始兼任了。目前，"一肩挑"村党组织书记平均兼任时间为 5.29 年，其中，71.43% 的村党组织书记兼任时间在 5 年及以下，17.86% 的村党组织书记兼任时间在 6~10 年，10.71% 的村党组织书记兼任时间在 10 年以上（见图 21）。

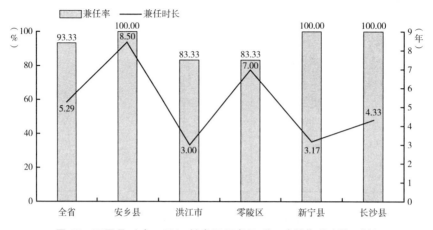

图20 不同县（市、区）村党组织书记"一肩挑"比例与时长

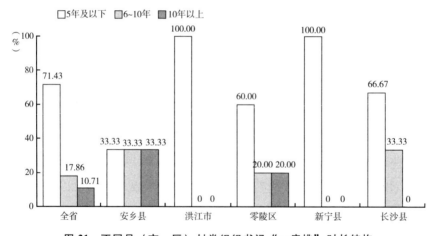

图21 不同县（市、区）村党组织书记"一肩挑"时长结构

　　分县（市、区）来看，安乡县村党组织书记平均兼任时间为8.50年，33.33%的兼任时间在5年及以下，33.33%的兼任时间在6~10年，33.33%的兼任时间在10年以上；洪江市村党组织书记平均兼任时间为3年，兼任时间均在5年及以下；零陵区村党组织书记平均兼任时间为7年，60%的兼任时间在5年及以下，20%的兼任时间在6~10年，20%的在10年以上；新宁县村党组织书记平均兼任时间为3.17年，兼任时间均在5年及以下；长沙县村党组

织书记平均兼任时间为4.33年，66.67%的兼任时间在5年及以下，33.33%的兼任时间在6~10年。从全省情况看，村党组织书记在5年内开始兼任村委会主任的占大多数，说明中央鼓励村党组织书记"一肩挑"的政策落实情况较好，执行比较到位。

（三）村党组织书记任职前工作经历

村党组织书记在任职之前的职业经历有较大差别。中国乡村振兴综合调查湖南省调查数据显示，10%的村党组织书记以前是外出务工人员，6.67%的是生产经营大户，16.67%的是个体工商户，10%的是企业主，13.33%的是退伍军人，63.33%的是村"两委"干部，3.33%的是村医或农技等专业人员，6.67%的是其他（辅警或下岗职工），33.33%的有创办或经营企业的经历（其中，40%的村党组织书记目前仍在经营自己的企业）（见图22）。从中可以看出，一大半的村党组织书记任职之前都有过在村"两委"工作的经历，可见，当前培养村党组织书记有比较一致的程序，在就任村党组织书记之前会有一段适应村党组织工作内容、积累工作经验的时间。

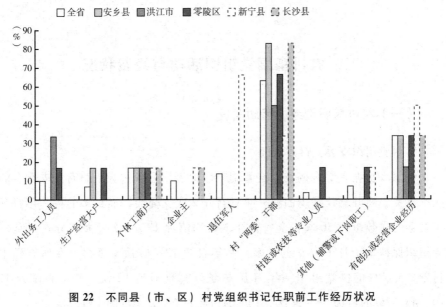

图22 不同县（市、区）村党组织书记任职前工作经历状况

分县（市、区）来看，安乡县 16.67% 的村党组织书记以前是生产经营大户，16.67% 是个体工商户，83.33% 是村"两委"干部，33.33% 的有创办或经营企业经历（目前都没有经营自己的企业）；洪江市 33.33% 的村党组织书记以前是外出务工人员，16.67% 的是个体工商户，50% 是村"两委"干部，16.67% 的有创办或经营企业经历（目前都没有经营自己的企业）；零陵区 16.67% 的村党组织书记以前是外出务工人员，16.67% 的是生产经营大户，16.67% 的是个体工商户，66.67% 是村"两委"干部，16.67% 的是村医或农技等专业人员，16.67 的是其他（辅警或下岗职工），33.33% 的有创办或经营企业经历（目前仍在经营自己的企业）；新宁县 16.67% 的村党组织书记以前是个体工商户，16.67% 的是企业主，66.67% 的是退伍军人，33.33% 的是村"两委"干部，16.67% 的是其他（辅警或下岗职工），50% 的有创办或经营企业经历（66.67% 的目前仍在经营自己的企业）；长沙县 16.67% 的村党组织书记以前是个体工商户，16.67% 的是企业主，83.33% 的是村"两委"干部，33.33% 的有创办或经营企业经历（目前都没有经营自己的企业）。从中可以发现，在村"两委"工作是培养村党组织书记的主要途径。

三　农村基层党组织活动与经费状况

（一）农村基层党组织活动情况

1.村党组织支委会召开情况

中国乡村振兴综合调查湖南省调查数据显示，各村党组织召开支委会的频率不一。召开会议最少的村一年只召开 2 次支委会，而最多的村一年召开支委会的次数多达 50 次，全省各样本村均值为 17.73 次。大部分农村基层党组织保持 1 个月 1~2 次的频率，一年召开 12~24 次支委会。在所有样本村中，6.67% 的村党组织一年召开支委会次数不到 12 次，40% 的村为 12 次，43.33% 的村为 13~24 次，10% 的村超过 24 次（见图 23）。

分县（市、区）来看，安乡县村党组织每年召开支委会次数均值为17.17次，33.33%的村次数为12次，66.67%的村为13~24次；洪江市村党组织每年召开支委会次数均值为14.33次，50%的村开会次数为12次，50%的村为13~24次；零陵区村党组织每年召开支委会次数均值为18.67次，16.67%的村开会次数不足12次，33.33%的村为12次，33.33%的村为13~24次，16.67%的村超过24次；新宁县村党组织每年召开支委会次数均值为15.50次，33.33%的村开会次数为12次，66.67%的村为13~24次；长沙县村党组织每年召开支委会次数均值为23次，16.67%的村开会次数不足12次，50%的村为12次，33.33%的村超过24次。对比发现，经济比较发达的长沙县村党组织召开支委会更为频繁。

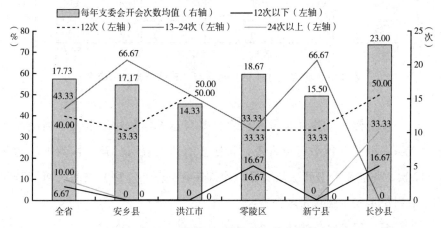

图23 不同县（市、区）村党组织年度支委会频次

2. 村级重大事项决策实行"四议两公开"情况

村支委会和"四议两公开"在功能定位上有所差别，支委会主要针对日常"小事"而开，而"四议两公开"主要针对重大事项而议，二者是一个互补的关系。中国乡村振兴综合调查湖南省调查数据显示，2017~2023年，30个样本村共实行"四议两公开"828次，村均27.6次，但各村实行"四议两公开"的次数极不平衡，有的村共有85次之多，也有的村1次都没有。

分县（市、区）来看，安乡县实行"四议两公开"191次，村均31.83次；洪江市实行"四议两公开"174次，村均29次；零陵区实行"四议两公开"121次，村均20.17次；新宁县实行"四议两公开"119次，村均19.83次；长沙县实行"四议两公开"223次，村均37.17次（见图24）。

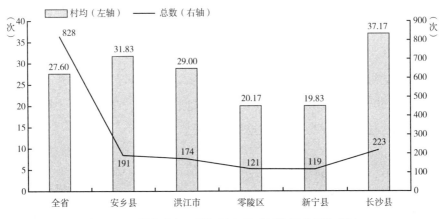

图24　不同县（市、区）村实行"四议两公开"频次

进一步观察5个县（市、区）农村基层近6年来村级重大事项决策实行"四议两公开"次数可以发现，长沙县的"四议两公开"次数平均达到37.17次，与支委会召开次数一样，均排在各县（市、区）之首，可能表明该县农村决策民主化水平较高。

3.村党组织换届与党员大会召开情况

中国乡村振兴综合调查湖南省调查数据显示，30个样本村党组织换届时间集中在2020年、2021年两年，2020年、2021年各占50%。同时，党员大会基本集中在每年的6月、7月召开，只有2个村党员大会在年末召开。

4.其他相关情况

2023年，所有样本村党组织均正常开展"三会一课"活动，所有村党组织书记参加县（市、区）、乡镇街道等上级组织的培训活动均不少于一次。另外，各样本村共有95名党员受到乡镇街道及以上表彰，平均每村

3.17 名（见图 25）。

分县（市、区）来看，安乡县样本村受表彰党员 10 名，村均人数 1.67 名；洪江市受表彰党员 16 名，村均人数 2.67 名；零陵区受表彰党员 16 名，村均人数 2.67 名；新宁县受表彰党员 31 名，村均人数 5.17 名；长沙县受表彰党员 22 名，村均人数为 3.67 名。这表明新宁县、长沙县农村党员激励机制比较健全。

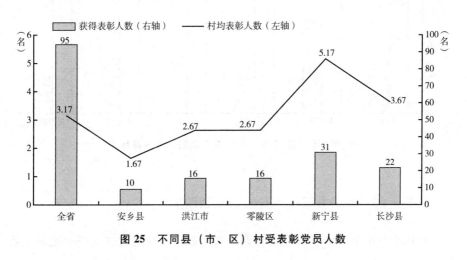

图 25　不同县（市、区）村受表彰党员人数

（二）基层党组织运转经费来源

在基层党组织运转经费来源方面，获得财政补助的村相对较多，而获得其他专项经费支持的村相对较少。就样本村而言，2023 年村"两委"获得财政补助的村比重为 86.67%，获得其他专项经费的村比重为 26.67%，同时获得两类经费支持的村占比为 26.67%。

分县（市、区）来看，安乡县在对村"两委"进行经费支持上做得更好，所有村均获得财政补助，50%的村得到了其他专项经费补助；洪江市 83.33%的村获得财政补助，16.67%的村得到其他专项经费补助；零陵区 83.33%的村获得财政补助，但没有村获得其他专项经费补助；新宁县 83.33%的村获得财政补助，一半的村获得其他专项经费补助；长沙县

83.33%的村获得财政补助，16.67%的村获得其他专项经费补助（见图26）。

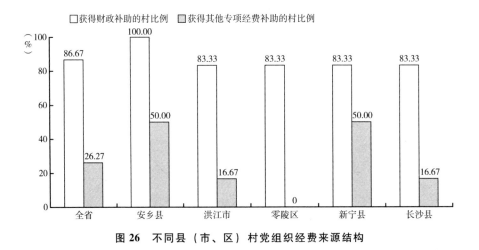

图26 不同县（市、区）村党组织经费来源结构

（三）村党组织书记收入及经费来源情况

中国乡村振兴综合调查湖南省调查数据显示，各村村党组织书记的年收入差距较大。在全省30个样本村中，收入最低的村党组织书记年收入只有2.96万元，收入最高的村党组织书记年收入为11万元，村党组织书记年收入均值为4.95万元。其中，46.67%的村党组织书记年收入在4万元以下，36.67%的村党组织书记年收入在4万~6万元，16.67%的村党组织书记年收入在6万元以上。村党组织书记的收入绝大多数来自上级财政拨款，仅有13.33%的村会给村党组织书记额外支付部分工资。

分县（市、区）来看，安乡县村党组织书记的收入均值为4.4万元，16.67%的村党组织书记年收入在4万元以下，83.33%的村党组织书记年收入在4万~6万元，83.33%的村党组织书记年收入来自上级财政拨款；洪江市村党组织书记的收入均值为3.82万元，83.33%的村党组织书记年收入在4万元以下，16.67%的村党组织书记年收入在4万~6万元，所有村党组织书记年收入来自上级财政拨款；零陵区村党组织书记的收入均值为5.24万元，50%的村党组织书记年收入在 4 万元以下，33.33%的村党组织书记年收入在 4 万~6 万元，16.67%的村党组织书记年收入在 6 万元以上，所有村党组织书记年收入来自上级财政拨款；新宁县村党组织书记的收入均值为 3.59 万元，83.33%的村党组织书记年收入在 4 万元以下，16.67%的村党组织书记年收入在 4 万~6 万元，所有村党组织书记年收入来自上级财政拨款；长沙县村党组织书记的收入均值为 7.68 万元，33.33%的村党组织书记年收入在 4 万~6 万元，66.67%的村党组织书记年收入在 6 万元以上，50%的村党组织书记的年收入全部来自上级财政拨款（见图 27）。

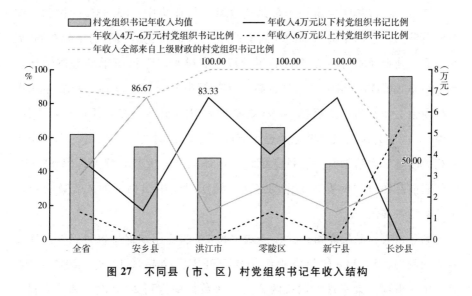

图 27 不同县（市、区）村党组织书记年收入结构

可以发现，经济越发达的地区，村党组织书记收入越高，表明村党组织书记收入水平与当地经济发展水平密切相关。

四 小 结

本报告对湖南省农村基层党组织的总体情况进行了分析和研判，重点分析了农村基层党组织的规模与结构、干部情况、村党组织书记村委会主任"一肩挑"情况、村党组织活动开展与经费来源情况等方面内容，基本结论如下。

第一，农村基层党组织健康、稳定发展。农村村级党组织平均党员数量为 103.13 人，党员占村户籍人口比重平均为 3.33%。农村党员以男性为主，各村男性党员占比平均达到 75.6%。党员性别结构与经济发展水平高度相关，收入越高的村女性党员比例越高。农村党员年龄总体偏大，30 周岁以下党员比重仅为 11.15%，60 周岁党员比重则高达 51.1%。农村基层党组织对优秀年轻人有较大吸引力，2017～2023 年入党的新党员平均年龄为 34 周岁。同时，流出党员现象也不容忽视，2023 年，流出党员占比达 18.29%。

第二，农村基层党组织干部结构合理、权能集中。83.33% 的村党组织书记为男性，平均年龄为 50.63 周岁；93.33% 的村党组织书记年龄在 60 周岁以下，处于经验与精力兼备的年龄段。农村基层党组织干部普遍学历较高，93.33% 的村党组织书记具备高中（包括中专）以上学历。村党组织书记村委会主任普遍"一肩挑"，93.33% 的村党组织书记都兼任村委会主任，其中 71.43% 的村党组织书记是近 5 年内开始兼任村委会主任的，表明中央的相关政策落实落细有力。村党组织书记任职前经历差异较大，但 63.33% 的任职前有在村"两委"工作的经历，说明村党组织书记的成长路径有一定的共性特征。

第三，农村基层党组织比较活跃。40% 的村党组织保持每月召开一次支委会的频率，53.33% 的村党组织一年召开支委会超过 12 次。2017～2023 年，重大事项决策实行"四议两公开"次数村均达到 27.6 次，表明农村基层决策民主化水平较高。农村基层党组织运转经费主要来自上级财政补助，仅 26.67% 获得过其他专项经费支持，说明农村基层组织运转经费来源渠道有待进一步拓展。村党组织书记年收入差异较大，最低的只有 2.96 万元，最高的为 11 万元，均值为 4.95 万元，绝大部分来自上级财政拨款，仅 13.33% 的村集体会给村党组织书记支付额外工资。

培育文明乡风

张小乙[*]

摘　要： 湖南作为农业大省，高度重视农村文明乡风建设。调研显示，农村人情消费往来频繁，以婚丧嫁娶、新生儿出生等为主，人情支出负担重。民间互助互惠传统仍有生命力，红白喜事、农业生产等方面互助普遍。矛盾纠纷较少，多为土地纠纷、邻里纠纷等内部矛盾，多通过村里调解解决。但也存在人情往来负担重、请客送礼办事风气及矛盾纠纷解决方式需关注等问题，需进一步引导和改善。

关键词： 乡风文明建设　农村人情消费　美丽乡村

　　湖南作为传统农业大省，农村人口多、面积广，在数千年的传统农业生产和农村生活中形成的传统道德、习俗以及村规民约等行为模式和社会规范，至今依然发挥着重要的社会关系规范和调整作用，并被烙上了独特鲜明的湖湘特色，是湖湘传统乡土文化的重要组成部分。随着经济社会的快速变迁与转型，传统的农业生产方式和生活方式发生了根本性的变化，传统的乡土社会行为规范也随着赖以生存的环境和土壤变化而不断进行着调适和与时俱进，并继续在乡村发挥着价值导向和行为规范的重要作用。党的十八大以

---

　*　张小乙，管理学硕士，湖南省社会科学院（湖南省人民政府发展研究中心）农村发展研究所（湖南省人才资源研究中心）助理研究员，研究方向为休闲农业、农村文化与科技融合。

来，湖南乡风文明建设加速，坚持把推进乡风文明与美丽乡村建设等重点工作结合起来，与农村社会治理和基层组织建设结合起来，取得了明显成效。习近平总书记明确指出："乡村振兴既要塑形，也要铸魂。要深入挖掘、继承、创新优秀传统乡土文化，弘扬新风正气，推进移风易俗，培育文明乡风、良好家风、淳朴民风，焕发乡村文明新气象。"① 本报告基于2024年中国乡村振兴综合调查湖南省调查数据，对文明乡风建设状况进行观察和分析，从人情消费往来、民间互助互惠、矛盾纠纷解决三个维度来观察和分析湖南当前文明乡风建设的基本状况和存在的问题。

一　文明乡风建设的现状

（一）人情消费往来

作为礼仪之邦的一部分，湖南农村历来崇尚礼尚往来，人情便是礼尚往来的重要载体，是农村熟人社会人际交往维系的重要纽带，往往支配着农村社会关系的总体格局，除继续发挥以往的维护农村社会人际关系等原有功能价值外，随着经济社会的发展，农村人情也随着市场经济的飞速发展而扮演着新的功能角色。人情兼具利益与非利益的特点，人情与礼物礼金相伴随，近年来，农村人情支出总量不断水涨船高。调查数据分析结果显示，人情支出是村民人情交往的重要表达方式，当前农村人情支出依然沿袭传统格局。总体来看，仍然以婚丧嫁娶为主。

受访农户在2023年发生的重要事件依次为丧事（3.58%）、新生儿出生（3.03%）、过生日（3.03%）、婚嫁（2.48%）、孩子升学（2.48%）、其他（1.10%）（见表1）。在所有发生人情支出的重要事件中，丧事、新生儿出生和过生日是人情支出中的三个主要因素，丧事人情类别占人情支出总户次

---

① 中共中央党史和文献研究院：《习近平关于社会主义精神文明建设论述摘编》，中央文献出版社，2022。

的 22.81%，新生儿出生和过生日均占比 19.30%，婚嫁和孩子升学均占比 15.79%，其他类占比 7.02%（见图 1）。

表 1　湖南省样本地区受访农户经历的重要事件

单位：%

类别	占比
丧事	3.58
新生儿出生	3.03
过生日	3.03
婚嫁	2.48
孩子升学	2.48
其他	1.10

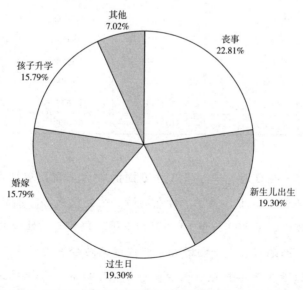

图 1　湖南省样本地区受访农户人情支出类别结构情况

从家庭人情实际支出来看，包括实物和现金。2023 年受访农户因为上述重要事件在宴请、办仪式等方面的花费总支出分布范围较广（见表 2），从 300 元至 20 余万元不等，户数与人情支出金额呈负相关性，即随着支出金额增大，户数逐渐减少，整体来看，人情支出以 110000 元以下为主，占总户数的 91.18%，其中 10000 元及以下户数最多，110000 元以上户数较少，占 8.82%。

从均值来看，受访农户 2023 年在宴请、举办仪式等人情方面合计支出 1634400 元，户均 48070.59 元。

表 2 湖南省样本地区受访农户人情支出分布情况

单位：%，元

人情支出区间	占比	合计	均值
10000 元及以下	26.47	12400	1377.78
10001～30000 元	23.53	177000	22125.00
30001～50000 元	17.65	280000	46666.67
50001～70000 元	5.88	130000	65000.00
70001～90000 元	8.82	235000	78333.33
90001～110000 元	8.82	300000	100000.00
110001～130000 元	2.94	130000	130000.00
130001～150000 元	2.94	150000	150000.00
150000 元以上	2.94	220000	220000.00
合计	100	1634400	48070.59

从受访农户在宴请、举办仪式等方面的收入来看，包括实物和现金，2023 年受访农户因为上述重要事件在宴请、举办仪式等方面获得的收入同样分布范围较广，从 800 元至 10 余万元不等，户数与人情收入金额亦总体呈负相关性，即随着收入金额增大，户数逐渐减少。整体来看，人情支出以 30000 元以下为第一梯队，占总户数的 52.94%，其中 10000 元及以下户数最多，30001～110000 元为第二梯队，占总户数的 41.18%，11 万元以上户数较少，为第三梯队，占 5.88%。从均值来看，受访地区 2023 年在宴请、举办仪式等人情方面合计收入 1577300 元，户均 46391.18 元（见表 3）。

表 3 湖南省样本地区受访农户人情收入分布情况

单位：%，元

人情支出	占比	合计	均值
10000 元及以下	32.35	57300	5209.09
10001~30000 元	20.59	166000	23714.29
30001~50000 元	8.82	125000	41666.67
50001~70000 元	11.76	269000	67250.00
70001~90000 元	11.76	330000	82500.00
90001~110000 元	8.82	330000	110000.00
110001~130000 元	0	0	0
130001~150000 元	5.88	300000	150000.00
合计	100	1577300	46391.18

（二）民间互助互惠

传统农业生产生活多以家庭为单位，但因传统农业生产力低下、公共服务缺失和单个家庭的劳动力限制，村庄内部的互助互惠等一直是湖南乡村村落的重要合作和联结方式，至今依然不仅发挥着不可替代的促进生产生活的产业功能，更因此承担了维系乡村社会秩序的社会作用。以"帮工"为例，帮工一直是湖南小农社会中村民之间的重要互助方式，这种互助方式以乡村最富有的劳动力资源交换为基础，村民在农事生产、红白喜事、房屋修建以及其他群体性活动及日常生活中诸多方面结成各种互助合作关系，并从中实现人情交换和互助互惠。此次调查发现，尽管城镇化、市场经济对传统农村社会的互助互惠传统产生了一定冲击，但农村互助互惠传统依然具有强大的生命力。统计结果显示，2023 年受访者在红白喜事和农业生产上与村民邻里之间的互助互惠普遍存在，分别占到受访者总数的 64.74% 和 47.93%（见图 2）。此外，有 17.91% 的受访者表示在建房方面参与过互助互惠活动，有 8.26% 的受访者表示在借款方面与邻里之间存在互助互惠行为，有 16.53% 的受访者表示在其他方面与邻里之间存在互助互惠行为，其他方面包括多种情况，如日常生活中对邻居家庭成员的照顾，对外出就业家庭房屋的管护，对生病、年老邻居的帮扶，为邻居修水管、家具、电器等，对困难邻居家庭的捐款捐物，等等。

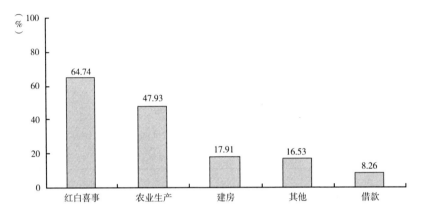

图2 湖南省样本地区受访者与邻里之间互助互惠情况

（三）矛盾纠纷解决

农村社会矛盾、邻里纠纷既关系到群众的切身权益，又影响农村社会和谐稳定，是乡村文明的重要内容，从本次调查结果来看，除1.38%的受访农户对该问题未作出选择外，自2022年至调查时的2024年7月的两年半时间里，97.52%的受访农户表示没有经历过任何严重纠纷事件，1.38%的受访农户表示经历过严重纠纷事件，纠纷主要为土地纠纷、邻里纠纷、家庭纠纷及债务纠纷（见图3）。

对于经历过严重矛盾纠纷事件的受访者，其纠纷解决途径主要包括"法律途径"（20%）、"村里调解"（40%）。此外，20%的受访者"没采取任何行动"，还有20%的受访者采取了其他行动，但问题尚未解决（见图4）。

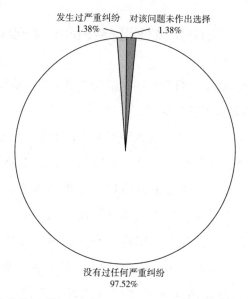

图 3　湖南省样本地区受访者家庭 2022 年至 2024 年 7 月发生严重纠纷的情况

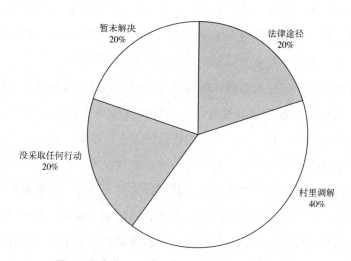

图 4　湖南省样本地区受访者家庭纠纷解决途径

二 文明乡风建设存在的主要问题

以上述调查统计数据分析为基础，结合调研中的座谈和访谈，笔者发现当前文明乡风建设存在以下主要问题。

一是以红白喜事大操大办为主的农村人情往来支出负担重。

人情消费名目繁多。当前，农村地区的人情消费项目繁多，几乎涵盖了生活的各个方面。从传统的婚丧嫁娶、生子庆生，到现代的升学乔迁、开业庆典，乃至日常生活中的节日活动，都成为人情往来的重要场合。这些红白喜事，往往是一个家庭的头等大事，这些场合往往需要设宴请客、赠送礼金。调查结果表明，2023年受访者家庭红白喜事等重要事件的平均支出金额高达4.8万元，对主客双方都会带来不小的经济压力。

礼金数额逐年攀升。随着生活水平的提高，农村地区的人情礼金数额也逐年攀升。在一些地区，婚丧嫁娶的礼金标准已高达数万元，即便是普通生日庆祝或节日活动，礼金数额也在几百元至数千元不等。

宴席规模不断扩大。当前农村红白喜事的操办规模普遍较大。婚礼费用包括婚宴、婚庆布置、婚车租赁、摄影摄像等多个方面。丧礼费用同样不菲，除传统丧葬支出外，一些研究表明，随着生产生活方式的转变，乡村红白喜事习俗发生了明显变化，村民开始减少祭拜仪式，在习俗中增加大量的展演环节，许多展演环节极为繁复，甚至持续三天三夜。需求刺激下，竟产生和发展起了一个相关的服务产业，有学者通过湘东麻乡，发现短短十余年便冒出多家服务于红白喜事的民间组织，包括职业团艺术组、歌舞队及特色戏班，一场展演费用在2000~5000元[①]，一场丧礼普通家庭花费在3万~6万元，条件好的家庭花费更高。

---

① 杨帆：《参与者视角下乡村红白喜事展演的主体、特征及价值——基于湘东麻乡的田野考察》，《艺术探索》2024年第3期。

此外，红白喜事攀比之风依然盛行。面子心理驱使下，农村地区的红白喜事操办在酒席档次、婚庆布置、随礼数额等方面竞相攀比，不仅加重了家庭的经济负担，也助长了社会不良风气。

二是矛盾纠纷解决方式需要进一步关注。

本次受访家庭反馈的严重纠纷主要包括邻里纠纷、土地纠纷、家庭纠纷和债务纠纷，基本属于单纯内部矛盾纠纷，邻里纠纷通常为日常生活矛盾，如建房、圈舍改建等占地、挡光、排水问题；土地纠纷属于土地、林业等资源经营、分配调整引发的矛盾；而债务纠纷则纯属经济纠纷。从纠纷解决方式来看，村民在矛盾双方无法和解私了的情况下，通常需要选择并接受外部第三方的干预。调查表明，村民通常选择村里调解，即选择由村支"两委"成员参与矛盾纠纷化解。一方面，可能在一定程度上有利于避免矛盾纠纷进一步升级，另一方面，走司法途径相对而言流程过于复杂，时间成本与经济成本高昂，因此，对于村民而言，村里调解也许并非最理想的途径，但肯定是最方便、最经济的途径。从受访者反馈来看，家庭纠纷更加棘手，"清官难断家务事"，很难找到相对有效率的第三方来介入处理，可能是当前乡村矛盾纠纷化解的难点。从债务纠纷来看，随着乡村振兴进程的不断推进，乡村产业发展和涉农资金的日益活跃，日益增加的乡村经济纠纷需要引起关注和重视。

三　小　结

乡风文明是乡村振兴的灵魂，为乡村发展提供了精神动力和文化支撑，确保乡村振兴既有物质富裕，又有精神富有，有助于传承和弘扬优秀传统文化和道德观念，增强农民对家乡的认同感和归属感，激发他们参与乡村建设的积极性。

首先，多措并举促进农村红白喜事回归理性节俭的良好风尚。农村红白喜事大操大办现象是一个复杂的社会问题，涉及经济、文化、心理等多个方面。强化宣传教育、建立健全管理机制、发挥党员干部带头作用以及推动文化创新与发展等措施可以有效遏制这一现象，促进农村精神文明建设和经济社会和谐发展。一是强化宣传教育。树立红白喜事节俭新风，加强对农民群众的勤俭节约、艰苦奋斗教育，引导大家树立正确的消费观和价值观。大力推进先进典型示范，推广文明节俭的红白喜事典型案例，发挥示范引领作用，激发农民群众的学习热情。二是建立健全管理机制，完善红白理事会。督促各村建立健全红白理事会等群众自治组织，明确职责，配强人员，加强管理和监督。可酌情制定量化细则，根据当地实际情况，制定红白喜事操办的具体量化细则和标准，合理控制规模和标准。三是发挥党员干部带头作用，做好文明乡风表率，各级党员干部应带头简办红白喜事，发挥示范带动作用。强化责任追究，对违规操办红白喜事的党员干部进行严肃处理并公开通报批评。四是推动文化创新与发展，丰富文化活动，当前农村空心化问题突出，一些大操大办也源于群众公共文化需求难以得到满足，只能通过操办红白喜事的文化娱乐活动获得精神满足，因此，要加大对农村文化建设的投入力度，通过举办文艺演出、送戏下乡等活动满足群众不断增长的文化需求，同时增强他们自觉抵制低俗文化的能力。

其次，要加强农村法治建设和基层廉政建设。从加强农村法治建设来看，需要从基层政府、村民群众两端同时发力并形成合力，要加强教育宣传引导，应加大对农民的宣传教育力度，引导他们树立正确的价值观、法治观和道德观，认识到请客送礼的危害性和法律后果，增强他们的法律意识和自律意识。要完善制度建设，加大相关监督处罚力度，加大对农村干部的监督和管理力度，防止他们利用职权进行索贿受贿等违法行为。要发挥社会监督作用，形成合力共治局面，进一步畅通举报渠道，加大对举报人的保护和奖励力度，积极发挥新闻媒体和社会组织的监督作用等。

最后，要建立农村矛盾纠纷预防机制和多元化解机制。坚持防治结合的原则，从预防机制建设来看，学习和实践"浦江经验"，积极关注并解决民生问题，解决就业、医疗、教育等实际困难，从源头上减少矛盾纠纷。从妥善解决矛盾纠纷来看，要学习和实践新时代"枫桥经验"，坚持党建引领，尊重人民主体地位，强化村级治理能力和治理机制建设，实现内部矛盾内部化解、就地化解和及时化解，努力实现矛盾纠纷小事不出村、大事不出镇、矛盾不上交等治理目标。

农民篇

农村居民收入与收入分配

周　静[*]

摘　要： 本报告基于中国乡村振兴综合调查湖南省调查数据，分析了湖南省
农村居民的收入水平、构成及分配状况。研究发现如下。一是湖南
省农村居民的两大收入来源是经营净收入和工资性收入，分别占比
34.1%和30%。二是不同地区农村居民收入结构存在显著差异，长
沙县在工资性收入和财产净收入方面表现突出，其中工资性收入占
比高达41.1%，安乡县和新宁县的家庭经营净收入占比均超过
39%，反映出家庭经营活动在当地经济中的核心地位，而洪江市和
零陵区则以转移净收入为主导，这可能与抽样样本年龄结构有关。
三是农村居民之间存在显著收入差异，高收入组是低收入组的7.6
倍，因此需要关注收入分配的公平性问题。四是受教育程度对农村
居民的收入水平有显著影响。高受教育程度组人均纯收入是低受教
育程度组的2.5倍左右，是中受教育程度组的1.8倍左右，影响其
差距的主要原因是工资性收入的差异。

关键词： 农村居民　收入水平　收入分配

通过乡村振兴改善农村居民收入是一项重要工作。在中国式现代化进程

---
*　周静，管理学博士，湖南省社会科学院（湖南省人民政府发展研究中心）农村发展研究所
（湖南省人才资源研究中心）副研究员，研究方向为农业经济理论与政策。

中，农业、农村和农民问题——"三农"问题，始终占据着举足轻重的地位。党和国家对此给予了高度重视，党的二十大报告明确指出，要"着力促进全体人民共同富裕，特别是增加低收入者收入和扩大中等收入群体"，不仅为"三农"工作指明了方向，也为农村居民收入提升提供了政策支持和行动指南。

在此背景下，本报告主要利用 2024 年中国乡村振兴综合调查湖南省调查数据，分析 2023 年居民收入与收入分配状况，具体包括样本地区农村居民的收入状况，特别是从收入水平、收入结构和收入分配三个维度进行分析。通过对湖南省样本地区农村居民的数据进行详细梳理，评估推进乡村全面振兴情况，并为切实提高农村居民收入、实现共同富裕提供建议。本报告从地区、收入组别和受教育程度等角度进行比较分析，以期展示农村居民收入状况的全貌，并为"十五五"时期"三农"工作的政策制定提供科学依据和实践指导，助力中国农村在新时代实现更加均衡和全面的发展。

一 农村居民收入水平、收入结构及收入分配状况

根据 2024 年中国乡村振兴综合调查湖南省调查的农户数据，本报告深入分析了 2023 年湖南省农村居民的收入水平、收入结构及收入分配状况，如图 1 所示，样本地区农村居民的收入呈多元化结构。值得注意的是，工资性收入虽占总收入的 30%，但新的变化是：家庭经营净收入以 34.1% 的更高比例，凸显其作为主要收入来源的地位。这一现象与当前经济环境紧密相关，部分劳动力回流乡村，增强了农业生产和家庭经营活动在农村经济中的核心作用。此外，财产净收入虽仅占 1.6%，却标志着农村居民逐步涉足资产增值领域，拓宽了收入途径。转移净收入占比高达 34.2%，除了反映农村老龄化趋势越来越明显，还彰显了国家政策在提升农村居民收入水平方面的重要作用。

可见，农村居民的收入构成多元且动态平衡，既体现了农业就业与非农

就业并重的趋势，又深刻揭示了在当前经济环境下家庭经营性活动的核心地位，以及国家政策对农村经济发展的显著推动作用。农业作为传统支柱产业，为农村居民提供了稳定收入，而城镇化进程与产业结构调整带来的非农就业机会则为农民增收开辟了新路径。同时，家庭经营性活动，无论是传统农牧业还是新兴乡村旅游、农村电商，均成为农村居民增收致富的关键。国家通过惠农措施、财政投入与金融服务优化，为农村经济注入强劲动力，不仅促进了经济增长，更提升了农村居民生活水平。这一系列因素共同作用，塑造了农村居民收入构成的多样性与均衡性，为乡村振兴战略的深入实施和农村经济的持续繁荣奠定了坚实基础。

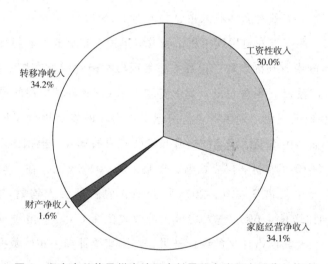

图1　湖南省总体及样本地区农村居民人均可支配收入构成

　　首先，分析湖南省样本地区农村居民总体收入水平。如表1显示，2023年，湖南省样本地区农村居民人均可支配收入为22023.029元。根据湖南省统计局发布的数据，2010年湖南省农村居民人均可支配收入为5622元，2023年湖南省农村居民人均可支配收入为20921元，相较于2010年实现了291.73%的显著增长，这一令人瞩目的成就，不仅为实现党的二十大所描绘的到2035年农业现代化和农村居民人均可支配收入显著提升的宏伟蓝图打下了坚实的基础，而且充分展现了农村经济的强劲增长势头和农民生活水平的显著提高。这些成就不仅是对全面建成小康社会目标的有力支撑，也为乡村振兴战略的深入实施提供了坚实的基石。

其次，分析样本地区农村居民收入的构成。根据表1，在构成2023年湖南省样本地区农村居民总收入的各分项收入中，转移净收入和家庭经营净收入数额最高，分别为7536.681元和7509.502元；其次是工资性收入，为6615.230元；财产净收入最少，仅占1.6%。工资性收入、家庭经营净收入、财产净收入和转移净收入分别占总收入的30%、34.1%、1.6%和34.2%，工资性收入、家庭经营净收入和转移净收入是当前农村居民收入的三大主要来源。在家庭经营净收入中，家庭非农经营净收入占有较多份额，达22.2%，家庭农业经营净收入占总收入的11.8%。

近年来，湖南省农村房屋出租市场发展迅速。根据农业农村部的统计数据，2022年湖南省在固定资产投资方面表现出积极的增长态势。具体来看，全年固定资产投资（不含农户）比上年增长了6.6%，其中民间投资增长了8.5%。这些数据表明，湖南省农村房屋出租市场的发展得到了投资增长的有力支撑，显示出市场活跃度的提升和发展潜力的释放。根据国家统计局发布的数据，2010年农村居民人均财产净收入为202.25元，在人均可支配收入5919.01元中仅占3.42%；2023年湖南省农村居民人均财产净收入为2701元，同比增长4.6%，占人均可支配收入的1.6%。本报告对于农村居民财产净收入及其所占比例的统计结果，与国家统计局公布的数据存在细微差异，这很可能是由于本次调查的研究样本聚焦于在农村地区长期居住超过6个月的典型农村居民。

在分析2023年农村居民人均可支配收入构成时，可以看到转移净收入占据显著的比重。具体来看，转移净收入中的私人净转移支付以4613.457元的贡献占据了总收入的20.9%，成为转移净收入中最大的组成部分。这表明，农村居民从家庭其他成员的寄回和赡养收入中获得了相当一部分收入。政府补贴收入也占据了相当的比例，其中，社会保障补贴收入以2646.836元占据了总收入的12%，而政府补贴收入总体上占据了13.3%。在社会保障补贴收入中，养老金或退休金年收入以1698.002元占据了

7.7%，医疗报销年收入为 694.087 元，占据了 3.2%。此外，耕地地力保护补贴年收入、生态保护补贴年收入以及规模经营补贴年收入等政策性补贴也是农村居民收入的重要来源，尽管它们各自的比例较小。这些数据反映了政府在支持农村居民收入方面发挥的重要作用，以及家庭内部转移支付在农村居民收入结构中的重要地位。

最后，分析农村居民收入分配状况以及各分项收入对总收入分配的贡献度。2023 年湖南省农村居民的基尼系数为 0.4591，相较于 2010 年的 0.3783 有了显著提高，增长了约 20%。这一变化表明，尽管湖南省农村居民人均可支配收入水平有了大幅提高，但收入分配的不均等程度也在增加，这可能与收入增长的不平衡性有关。从各分项收入的基尼系数来看，家庭非农经营净收入、其他财产净收入和规模经营补贴年收入的基尼系数较高，分别为 0.672、0.798 和 0.701，说明这些收入来源在分配上较为不均。特别是其他财产净收入，基尼系数高达 0.798，表明财产净收入的分配极度不均。而最低生活保障金年收入和其他社会救助年收入的基尼系数为负值，分别为 -0.325 和 -0.090，这可能意味着这些转移净收入在一定程度上有助于减少收入不平等。工资性收入和财产净收入的基尼系数分别为 0.446 和 0.454，相对较高，表明这些收入来源在分配上也存在一定程度的不均等。转移净收入的基尼系数为 0.159，相对较低，显示了转移净收入在减少收入不平等方面起到了一定作用。综上所述，2023 年湖南省样本地区农村居民的收入分配不平等状况有所加剧，特别是在非农经营净收入和财产净收入这两个方面。

政府补贴和转移支付在缓解湖南省农村居民收入不均的问题上发挥了一定的积极作用，为低收入群体提供了必要的生活保障和支持，在一定程度上缩小了收入差距，但当前，农村居民之间的收入差距依然显著。因此，必须采取更为有力且有效的措施，以全面促进收入分配的公平。包括但不限于：加大教育投入，特别是农村地区的基础教育，通过提升农村居民的整体素质和技能水平，增强其就业竞争力和创业能力；优化产业结构，引导农村经济向更高效、更可持续的方向发展，为农村居民创造更多高收入的工作机会；完善社会保障体系，确保每一位农村居民都能享受到基本的生活保障和公共服务；加强税收调节，通过合理的税收政策来平衡不同收入群体的利益关系，抑制过高收入，提升低收入群体的生活水平。

通过这些综合措施的实施，促进收入分配格局更加公平、合理，让每一位农村居民都能分享经济发展的成果，共同迈向全面小康和共同富裕。

表 1　湖南省样本地区农村居民人均可支配收入水平及构成

收入类别	收入数额（元）	收入份额（%）	基尼系数
工资性收入	6615.230	30.0	0.446
家庭经营净收入	7509.502	34.1	0.532
家庭农业经营净收入	2604.451	11.8	0.279
种植业经营净收入	1898.050	8.6	0.391
养殖业经营净收入	171.522	0.8	-0.112
林果业经营净收入	430.256	2.0	-0.130
渔业经营净收入	104.622	0.5	0.562
家庭非农经营净收入	4888.059	22.2	0.672
财产净收入	361.616	1.6	0.454
土地流转收入	86.641	0.4	0.042
房屋出租年收入	128.867	0.6	0.529
金融资产利息、理财等收益年收入	54.497	0.2	0.494
从村集体资产分得的收入年收入	22.342	0.1	0.555
其他财产净收入	68.410	0.3	0.798
转移净收入	7536.681	34.2	0.159
政府补贴收入	2923.223	13.3	0.166
政府农业补贴	243.260	1.1	0.279
耕地地力保护补贴年收入	174.631	0.8	0.053
规模经营补贴年收入	30.218	0.1	0.701
土地流转（规模经营）补贴年收入	38.411	0.2	0.076
社会保障补贴收入	2646.836	12.0	0.175
养老金或退休金年收入	1698.002	7.7	0.220

收入类别	收入数额（元）	收入份额（%）	基尼系数
医疗报销年收入	694.087	3.2	0.192
最低生活保障金年收入	92.485	0.4	-0.325
其他社会救助年收入	162.263	0.7	-0.090
其他政策性补贴	33.127	0.2	-0.344
政策性生活补贴年收入	5.593	0.0	-0.557
学生教育资助补贴年收入	27.534	0.1	-0.301
私人净转移支付	4613.457	20.9	0.155
外出非常住成员寄回带回收入年收入	2256.951	10.2	0.379
赡养收入年收入	2092.114	9.5	-0.124
其他经常性转移性年收入	264.392	1.2	0.457
人均可支配收入	22023.029	100.0	0.378

二　分地区组农村居民收入水平及收入结构差异比较

根据 2023 年抽样农户的收入数据，长沙县以 33826.910 元的人均可支配收入领跑，远超全省平均水平，其中工资性收入占比高达 41.1%，凸显了其在非农就业领域的强劲收入能力。与此同时，安乡县和新宁县的家庭经营净收入占比均超过 39%，反映出家庭经营活动在当地经济中的核心地位。洪江市则以 55.5% 的转移净收入占比脱颖而出，这可能与该地区抽样样本年龄结构有关。相较之下，零陵区的财产净收入占比仅为 0.5%，这可能指向该地区农村居民在财产净收入方面的潜在增长空间。这些数据揭示了湖南省内不同地区农村居民收入结构的显著差异，其中长沙县在工资性收入和财产净收入方面表现突出，而洪江市和零陵区则均以转移净收入为主导（见表2）。

综合上述分析，湖南省样本地区农村居民的收入状况和结构在不同地区之间表现出不均衡性，这与当地经济发展水平、产业结构和政策支持等因素均相关。

表2　湖南省样本地区农村居民人均可支配收入水平及收入结构差异比较

单位：元，%

样本	工资性收入		家庭经营净收入		财产净收入		转移净收入		人均可支配收入	
	数额	百分比	数额	百分比	数额	百分比	数额	百分比	数额	百分比
总体	6615.230	30.0	7509.502	34.1	361.616	1.6	7536.681	34.2	22023.029	100.0
安乡县	5888.016	23.4	9948.495	39.5	540.983	2.1	8786.481	34.9	25163.970	100.0
新宁县	5455.222	24.8	10913.820	49.7	358.400	1.6	5252.316	23.9	21979.760	100.0
洪江市	3325.213	22.3	3251.391	21.8	71.713	0.5	8278.132	55.5	14926.450	100.0
长沙县	13896.170	41.1	11151.780	33.0	727.609	2.2	8051.359	23.8	33826.910	100.0
零陵区	3858.099	29.7	1865.423	14.4	65.131	0.5	7201.957	55.4	12990.610	100.0

三　分收入组农村居民人均可支配收入水平及收入结构差异比较

本部分将全部样本农户按照收入高低分成低收入组、中等偏下收入组、中等收入组、中等偏上收入组、高收入组五组，对其收入水平与收入结构差异进行比较分析。表3和图2列出了各收入组的收入水平及收入结构差异，下面对其进行简要分析。

首先，从表3的数据中可以清晰地看到，农村居民的收入水平呈现随着收入组别的提升而显著提高的态势。具体而言，低收入组的人均可支配收入仅为6453.009元，这一数字凸显了该组别农村居民在经济上的相对困境。而高收入组情况则截然不同，其人均可支配收入高达48976.130元，这一数字不仅是低收入组的近7.6倍，更直观地反映了湖南省农村居民之间存在的显著收入差异。这种巨大的收入差异，无疑揭示了农村居民在经济发展过程中的收入不平等现象。因此，深入分析收入差异的来源，并采取相应的政策措施加以应对，对于推动湖南省农村的全面振兴和共同富裕具有至关重要的意义。

其次，在中等偏下收入组、中等收入组、中等偏上收入组与低收入组之间的收入差距中，工资性收入差距一直占有最大的比例，占组别收入差距的55%~60%。家庭经营净收入差距大约占组别收入差距的1/3，而财产净收入差距和转移净收入差距占比较小，两者之和不到10%。然而，在高收入组与低收入组之间的收入差距中，家庭经营净收入差距占有最高的比例，基本占全部收入差距的一半；其次才是工资性收入差距，占了大约40%。

再次，随着收入水平的提高，工资性收入在低收入组、中等偏下收入组、中等收入组、中等偏上收入组农村居民收入中所占的比例逐渐上升。这表明对于农村的广大中等收入群体来说，工资性收入是最大比例的收入来源，占到总收入的一半左右。家庭经营净收入在各收入组中所占的比例大体相等，保持在总收入的1/3左右。财产净收入和转移净收入所占比重随着收入水平的提高而逐渐降低，尤其是转移净收入，从低收入组的27.60%下降到高收入组的7.37%，说明低收入群体更多地依赖于政府补贴收入。

最后，值得注意的是，在高收入组农村居民的收入构成中，家庭经营净收入占据了主导地位，其占比接近总收入的一半，显著高于其他收入组。紧随其后的是工资性收入，也构成了高收入群体的重要收入来源。相比之下，财产净收入和转移净收入在高收入组中的占比却是各收入组中最低的，这进一步凸显了高收入群体在收入获取方式上的独特性。这一现象表明，高收入农村居民更倾向于通过自主经营家庭产业或企业来获取收入，而非依赖雇佣劳动或政府补贴等外部因素。这反映了他们较强的经营能力、资源整合能力以及对市场机遇的敏锐洞察力。因此，在促进农村居民收入增长的策略制定中，应充分考虑高收入群体的这一特点，通过优化营商环境、提供政策支持和加强技能培训等措施，进一步激发他们的创业活力和经营潜力，从而带动整个农村经济的持续发展。

综上所述，2023年样本地区农村居民的收入水平和收入结构存在显著差异，这些差异不仅体现在收入水平上，也体现在收入来源和结构上。这些信息对于理解和解决农村居民收入不平等问题具有重要意义，并为制定相关政策提供了数据支持。

表3　湖南省样本地区农村人均可支配收入水平及收入结构差异比较

单位：元，%

收入分组	工资性收入		家庭经营净收入		财产净收入		转移净收入		人均可支配收入	
	数额	百分比	数额	百分比	数额	百分比	数额	百分比	数额	百分比
总体	6615.230	30.0	7509.502	34.1	361.616	1.6	7536.681	34.2	22023.029	100.0
低收入组（I）	609.919	9.5	1012.905	15.7	67.917	1.1	4762.269	73.8	6453.009	100.0
中等偏下收入组（II）	3501.913	28.0	3784.880	30.3	105.975	0.8	5114.228	40.9	12507.000	100.0
中等收入组（III）	4309.481	22.9	4877.803	26.0	409.818	2.2	9195.992	48.9	18793.090	100.0
中等偏上收入组（IV）	9873.528	41.8	5072.241	21.5	276.188	1.2	8419.204	35.6	23641.160	100.0
高收入组（V）	14879.760	30.4	22906.190	46.8	952.994	1.9	10237.190	20.9	48976.130	100.0
（II）-（I）	2891.994	47.8	2771.975	45.8	38.059	0.6	351.959	5.8	6053.991	100.0
（III）-（I）	3699.562	30.0	3864.898	31.3	341.902	2.8	4433.723	35.9	12340.081	100.0
（IV）-（I）	9263.609	53.9	4059.336	23.6	208.271	1.2	3656.935	21.3	17188.151	100.0
（V）-（I）	14269.841	33.6	21893.285	51.5	885.077	2.1	5474.921	12.9	42523.121	100.0

此外，根据图3展示的数据，可以观察到2023年样本农户不同收入组占总收入的比例分布情况。总体来看，高收入组占总收入的比例最高，达到44.37%，几乎占据了全部收入的一半，这表明高收入组在农村居民收入分配中占据了主导地位。中等偏上收入组和中等收入组分别占据了21.42%和17.03%，两者加起来超过总收入的1/3，显示了中等收入群体的稳定存在。中等偏下收入组和低收入组的比例相对较低，分别为11.33%和5.85%，这反映出低收入群体在收入分配中所占的份额较小。这些数据揭示了农村居民收入分配的不均衡性，高收入组占据了较大的收入份额，而低收入组所占份额则相对较少，中等收入群体则在两者之间。这种收入分配结构提示需要关

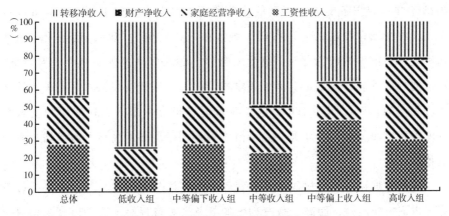

图 2   湖南省样本地区农村居民收入份额

注收入分配的公平性，采取措施提高低收入群体的收入水平，同时保持中等收入群体的稳定增长，以促进社会的整体和谐与经济发展的均衡。

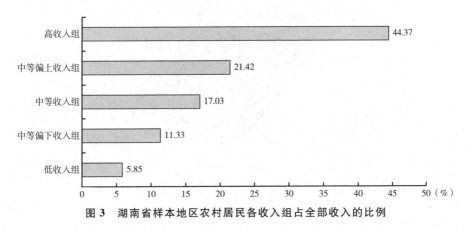

图 3   湖南省样本地区农村居民各收入组占全部收入的比例

四   分受教育程度组农村居民收入水平
及收入结构差异比较

参考已有文献，本报告将大学专科及以上视为高受教育程度，高中和初中视为中等受教育程度，小学及以下视为低受教育程度。根据图 4 所展示的

2023 年样本农户各受教育程度的比例数据，可以得出以下结论：样本农户中，中等受教育程度的人口占据了绝大多数，比例为 70%，这表明高中和初中教育在该地区较为普及。高受教育程度的人口比例为 11%，相对较低，这可能与高等教育资源的分布、入学机会以及地区经济发展水平有关。低受教育程度的人口比例为 19%，这意味着仍有相当一部分农村居民的受教育程度停留在小学及以下水平，这部分人可能面临更多的就业和收入增长方面的挑战。

这些数据揭示了农村居民受教育程度的整体分布情况，其中中等受教育程度占据主导地位，而高受教育程度的普及率有待提高。这种教育结构对于制定教育政策、优化教育资源分配、提高农村居民的整体教育水平以及促进社会经济发展具有重要意义。需要关注提高高等教育的普及率，同时确保基础教育的质量和覆盖面，以减少教育不平等，促进社会公平和经济发展。

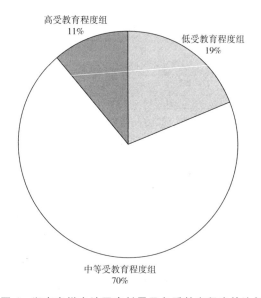

图 4　湖南省样本地区农村居民各受教育程度的比例

根据表 4 和图 5 对 2023 年分受教育程度组农村居民的收入水平及收入结构差异进行分析。总体来看，高受教育程度组的人均可支配收入显著高于低受教育程度组和中等受教育程度组。高受教育程度组的人均可支配收入为38072.80元，是低受教育程度组的2.5倍左右、中等受教育程度组的1.8倍左右。这表明受教育程度对农村居民的收入水平有显著影响，受教育程度越高，收入水平也越高。

表4 湖南省样本地区农村居民收入水平及收入结构差异比较

单位：元，%

收入分组	工资性收入		家庭经营净收入		财产净收入		转移净收入		人均可支配收入	
教育分组	数额	百分比	数额	百分比	数额	百分比	数额	百分比	数额	百分比
总体	6615.230	30.0	7509.502	34.1	361.616	1.6	7536.681	34.2	22023.029	100.0
低受教育程度组（I）	4425.815	28.8	4741.448	30.9	84.180	0.5	6104.606	39.8	15356.050	100.0
中等受教育程度组（II）	5630.724	26.6	7590.034	35.8	329.868	1.6	7623.224	36.0	21173.850	100.0
高受教育程度组（III）	16200.400	42.6	11525.090	30.3	1007.552	2.6	9339.764	24.5	38072.800	100.0
（II）-（I）	1204.909	20.7	2848.586	49.0	245.689	4.2	1518.618	26.1	5817.800	100.0
（III）-（I）	11774.585	51.8	6783.642	29.9	923.372	4.1	3235.158	14.2	22716.750	100.0

首先，在工资性收入差异方面，工资性收入在不同受教育程度组中占比不同，高受教育程度组的工资性收入占比最高，达到42.6%，而低受教育程度组和中等受教育程度组的工资性收入占比分别为28.8%和26.6%。这一差异主要归因于受教育程度对就业选择和收入水平的深远影响。高受教育程度的农村居民，凭借丰富的专业知识、技能和较强的学习能力，在就业市场上更具竞争力，更容易获得高薪的非农工作机会，从而推高了其工资性收入占比。相反，低受教育程度组的农村居民由于专业技能和知识的匮乏，往往只能从事低收入、低技能的劳动密集型工作，导致其工资性收入相对较低。因此，加大农村教育投入，提升农村居民的教育水平，对

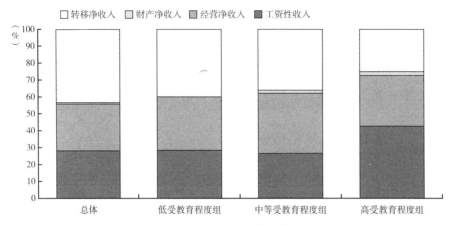

图 5　湖南省样本地区分受教育程度组农村居民收入份额

于拓宽其就业渠道、提高工资性收入以及促进农村经济全面发展具有重要意义。

其次，在家庭经营净收入差异方面，不同受教育程度组的农村居民表现各异。低受教育程度组的家庭经营净收入占比达30.9%，显示出该群体对家庭经营的高度依赖；而高受教育程度组虽紧随其后，占比为30.3%，但相对较低的比例可能反映了他们更多元化的收入来源。中等受教育程度组则在这一指标上表现突出，家庭经营净收入占比高达35.8%，这可能得益于他们在平衡家庭经营与非农工作方面的较强能力。这些差异可能与不同受教育程度农村居民在家庭经营活动的参与度、经营效率及资源利用能力上的不同有关。因此，在推动农村居民收入增长时，需根据各受教育程度组的特点制定差异化政策，如加强低受教育程度组的农业技术培训、鼓励高受教育程度组多元化收入来源，以及引导中等受教育程度组优化资源配置，以实现家庭经营与非农工作的有机结合，进一步提升整体收入水平。

再次，在财产净收入差异方面，高受教育程度组的农村居民财产净收入占比高达2.6%，远高于低受教育程度组的0.5%和中等受教育程度组的1.6%。这一数据对比深刻揭示了受教育程度与财产净收入获取能力之间的正相关关系。高受教育程度的农村居民，凭借丰富的知识、广阔的视野和强大的分析决策能力，在识别和把握投资机会、管理和运营资产方面表现更为出色，因此更有可能通过拥有和经营各类资产获得稳定的财产性收入。相比之下，低受教育程度组的农村居民由于受教育水平和认知能力的限制，难以有效识别和利用市场机会，缺乏资产管理和运营的专业技能，在财产净收入获取上处于劣势。因此，在推动农村居民收入增长的过程中，应高度重视财产净收入的拓展，并加大对农村教育的投入，通过教育赋能提升农村居民的资产管理和运营能力，从而实现收入的多元化和可持续增长，为乡村振兴和共同富裕目标的实现奠定坚实基础。

最后，在转移净收入方面，调查发现了一个显著的现象：转移净收入在低受教育程度组中的占比高达39.8%，这一比例远高于其他受教育程度组，尤其是在与高受教育程度组对比时更为明显，后者转移净收入的占比仅为24.5%。这一数据差异深刻揭示了受教育程度与转移净收入依赖度之间的关系，即低受教育程度的农村居民更倾向于依赖政府补贴、社会保障等转移净收入来维持生活。这可能意味着，由于受教育水平的限制，低受教育程度的农村居民在就业市场上往往面临更大的挑战，难以获得稳定且高收入的工作机会。因此，他们更多地依赖于政府提供的各类转移性支付来保障基本生活需求。相比之下，高受教育程度的农村居民由于具备更强的知识技能和竞争力，更容易获得高薪工作，从而降低了对转移净收入的依赖。

综上所述，随着受教育程度的提高，工资性收入在总收入中的占比增加，而转移净收入的占比减少。这表明受教育程度可能通过提高个人的工资性收入能力，减少对转移净收入的依赖。受教育程度对湖南省农村居民的收入水平和收入结构有显著影响。高受教育程度的农村居民往往有更高的收入水平和更多样化的收入来源，而低受教育程度的农村居民则更多依赖家庭经营净收入和转移净收入。这些差异提示政策制定者需要重视农村教育，通过提高农村居民的教育水平来促进收入增长和收入结构优化。

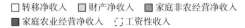

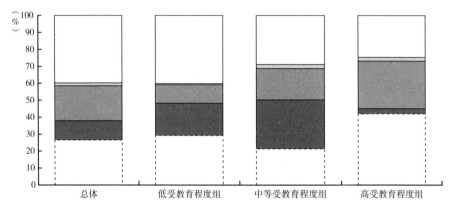

图 6　湖南省样本地区分受教育程度组农村居民收入份额

五　小　结

本报告首先对样本农户的整体收入水平、收入结构和收入分配状况进行了分析。结果显示，农村居民的人均可支配收入有了显著提升，但收入分配的不均衡性仍然存在。工资性收入、经营净收入、财产净收入和转移净收入构成了农村居民的主要收入来源，其中经营净收入占据较大比重。

其次对湖南省不同地区农村居民的收入水平和收入结构进行了比较。发现长沙县的人均可支配收入水平最高，而洪江市的转移净收入占比最高。不同地区的收入结构差异显著，这可能与当地的经济发展水平、产业结构和政策支持有关。这些差异反映了地区间经济发展的不均衡性，为制定区域发展政策提供了依据。

再次对不同收入组的农村居民进行了比较。高收入组的人均可支配收入远高于其他组别，且经营净收入占比较高。低收入组则更多依赖转移净收入。这些发现揭示了不同收入组之间在收入来源和结构上的差异，对于制定有针对性的收入增长政策具有重要意义。

最后，分析了不同受教育程度组农村居民的收入水平和结构。高受教育程度的农村居民人均可支配收入最高，而低受教育程度的居民则依赖更多的转移净收入。受教育程度对收入水平和结构有显著影响，需要重视农村教育，提高教育水平以促进收入增长和社会公平。

总体而言，本报告通过对农村居民的收入状况进行多维度的分析，为理解全面建成小康社会的目标完成情况提供了视角，并为实施乡村振兴战略、提高农民收入、实现共同富裕提供了对策建议，如下。

第一，加强收入分配调节，缩小农村居民收入差距。建议通过税收调节、社会保障制度完善等措施，加强对高收入群体的税收征管，同时提高低收入群体的转移净收入，如加大农村低保、养老保险等社会保障力度，以缩小农村居民之间的收入差距。此外，应鼓励和支持农村居民多元化发展收入来源，特别是提高工资性收入和经营净收入，以降低对单一收入来源的依赖，从而实现收入的均衡增长。

第二，制定差异化区域发展政策，促进地区间经济均衡发展。针对湖南省不同地区农村居民收入水平和结构的显著差异，建议制定差异化的区域发展政策。对于经济发达、人均可支配收入较高的地区，如长沙县，应进一步优化产业结构、提升产业附加值，同时加强社会保障政策的完善，确保高收入群体的收入稳定增长。对于经济相对落后、转移净收入占比较高的地区，应加大扶持力度，提高社会保障政策的覆盖面和效益，同时引导当地居民发展特色产业，提高经营净收入，缩小地区间的经济差距。

第三，加大农村教育投入，提高农村居民受教育水平。受教育程度对农村居民的收入水平和结构具有显著影响。因此，建议加大对农村教育的投入，提高教育质量，扩大教育资源覆盖范围。具体措施包括：加强农村学校基础设施建设，加大师资力量，优化课程设置，鼓励农村居民接受高等教育和职业培训。通过提高农村居民的受教育水平，增强其就业竞争力和创业能力，从而促进收入增长，实现共同富裕。同时，这也有助于提升农村居民的整体素质，促进社会公平与和谐发展。

综上所述，为全面提升湖南省农村居民的生活水平，实现乡村振兴与共同富裕的宏伟目标，需从多维度入手：既要关注收入分配的公平性，通过政策调控缩小收入差距；又要因地制宜，制定差异化的区域发展策略，促进地区间的均衡发展；更需重视农村教育，通过加大教育投入，提高农村居民的受教育水平，为其收入增长和社会公平奠定坚实基础。这些综合措施的实施，有望为湖南省农村居民创造一个更加繁荣、公平、可持续的发展环境。

农村居民支出状况与消费评价

周　静*

摘　要： 农村居民的支出状况与消费结构，是反映农村经济发展水平与居民生活质量的重要指标。本报告基于 2024 年中国乡村振兴综合调查湖南省调查数据，研究发现如下。一是样本农户户均总支出达到50504.32 元，反映了农村居民在追求更高层次生活品质上的显著投入。二是农村居民消费升级明显。在农村居民户均支出中，非食物消费支出达 54%，占总支出的"半壁江山"。在非食物消费支出中，文教娱乐及服务支出尤为显著。三是从消费差距看，高收入组是低收入组消费的两倍多，反映出收入是决定消费支出的重要因素。四是农村居民的消费结构随着收入的增加而逐渐优化，呈现从生存型消费向发展型和享受型消费转变的趋势。

关键词： 农民居民　支出结构　消费评价

　　随着收入的增加，农村居民的支出结构发生了显著变化。从低收入组到高收入组，家庭总支出大幅提升，非食物消费支出的比重也随之增加。这种变化不仅体现在消费数量的增加上，更体现在消费质量的提升和消费观念的转变上。高收入组在财产性支出、转移性支出以及购买生产性资产

---

　　* 周静，管理学博士，湖南省社会科学院（湖南省人民政府发展研究中心）农村发展研究所（湖南省人才资源研究中心）副研究员，研究方向为农业经济理论与政策。

支出上的表现尤为突出，这反映了他们更强的经济实力和更丰富的理财选择。进一步分析农村居民的消费结构，可以发现，生存型消费、发展型消费和享受型消费各有侧重。生存型消费虽然仍占据一定比例，但发展型消费和享受型消费的份额正在逐渐增加。特别是随着收入的提升和家庭成员受教育程度的提高，农村居民在追求生活品质提升和个人发展方面的消费趋势日益增强。

农村居民的支出状况与消费结构是农村经济社会发展的重要反映。通过深入分析这些数据，可以更好地理解农村居民的消费行为和生活方式，为制定更加符合农村实际的政策措施提供有力依据。同时，也应看到，随着农村经济的不断发展和居民收入的持续增加，农村居民的消费结构将继续优化升级，为农村经济社会的全面发展注入新的活力。①

一 农村居民支出状况

（一）农村居民户均支出状况

表 1 与图 1 的数据展示，2023 年样本农户的家庭年均总支出达到50504.32 元，其消费模式呈现多元化特征。值得注意的是，非食物消费支出以 27329.88 元占据了总支出的"半壁江山"，占比高达 54.11%，体现了当前消费结构的转型升级与居民生活质量的显著提升；转移性支出为9738.95 元，占比 19.28%，体现了居民对于社会保障、教育、医疗等公共服务领域的重视与投入增加，反映了居民在追求更高层次生活品质的同时，也更加注重未来的保障与发展。

---

① 2024 年湖南省乡村振兴综合调查共抽取了湖南省 5 个县（市、区）30 个行政村的农户样本开展问卷调查。在本报告分析中，依次舍弃分项消费数据小于 0 的异常值，最后使用了部分有效农户样本。

表 1　湖南省样本地区农村居民户均支出情况

单位：元，%

分类	支出数额	支出份额
食物类消费支出	1009.73	2.00
家庭非食物消费支出	27329.88	54.11
衣着消费支出	2416.29	4.78
居住消费支出	3498.42	6.93
电器、家具及日用品支出	2727.54	5.40
医疗保健消费支出	5066.12	10.03
交通通信消费支出	4786.99	9.48
文教娱乐及服务支出	7232.99	14.32
在校教育支出	6163.90	12.20
校外教育支出	704.64	1.40
其他商品和服务消费支出	2238.25	4.43
财产性支出	1296.20	2.57
生活借款利息支出	474.62	0.94
宅基地使用费	0.00	0.00
土地出租管理或中介费	0.00	0.00
承包租赁村集体资产支出	6.08	0.01
其他财产性支出	572.34	1.13
转移性支出	9738.95	19.28
个人所得税	184.38	0.37
缴纳医疗保险费	1129.57	2.24
缴纳养老保险费	1113.40	2.20
缴纳其他社会保险费用	189.00	0.37
赡养支出	1203.34	2.38
给其他户的婚丧嫁娶等重大事件礼金支出	5826.64	11.54
其他经常转移支出	1057.05	2.09
购买生产性资产支出	1431.95	2.84
总支出	50504.32	100.00

　　在非食物消费支出中，几个关键领域的支出尤为显著，共同勾勒出农村居民消费升级的轮廓。其中，文教娱乐及服务支出达到7232.99元，占比14.32%，在校教育支出6163.90元，占比12.20%，反映了其作为

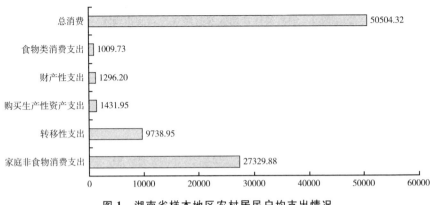

图1　湖南省样本地区农村居民户均支出情况

教育体系核心部分所获得的高度重视与投入；而校外教育支出仅为704.64元，占比较少，在一定程度上体现了"双减"政策对减轻学生校外培训负担的有效影响。值得关注的是医疗保健消费支出，其数额为5066.12元，占比达到10.03%，这一比例不仅体现了农村居民对健康维护的深切关注，也提供了一个探讨政策优化的切入点。鉴于医疗保健支出在农村居民消费中的重要地位，通过完善医保体系、提高报销比例、拓宽医疗服务覆盖范围，不仅能有效减轻农村居民的医疗负担，还能进一步激发其在健康领域的消费潜力，促进农村经济的全面发展与居民生活质量的持续提升。

　　表2和图2数据显示，2023年，从低收入组到高收入组，农村居民家庭总支出从22828.24元增长至95571.86元。随着收入增加，家庭支出总额也大幅提升。非食物消费支出在各收入组中均占主导地位，且随着收入增加而大幅增加。食物消费支出虽然总额增加，但在总支出中的比重逐渐降低。财产性支出方面，高收入组表现尤为突出，特别是生活借款利息和土地承包支出。转移性支出也随收入增加而增加，主要体现在医疗保险、养老保险、赡养支出及礼金支出上。购买生产性资产支出的比重虽然较低，但高收入组的支出明显高于低收入组。总体而言，农村居民家庭支出结构随收入增加而发生变化，反映出消费观念和理财观念的转变。

表 2　湖南省样本地区农村居民户均支出及分收入组对比情况

单位：元，%

支出类别	低收入组		中低收入组		中收入组		中高收入组		高收入组	
	支出数额	支出份额	支出数额	支出份额	支出数额	支出份额	支出数额	支出份额	支出数额	支出份额
食物类消费支出	627.97	2.75	723.64	2.22	885.81	2.30	1118.99	1.76	1702.76	1.78
家庭非食物消费支出	9907.36	43.40	18126.24	55.56	19363.80	50.34	35857.67	56.28	53795.31	56.29
衣着消费支出	613.03	2.69	1959.85	6.01	1773.49	4.61	2786.36	4.37	4987.69	5.22
居住消费支出	2034.70	8.91	2397.27	7.35	2547.73	6.62	3885.61	6.10	6674.92	6.98
电器、家具及日用品支出	820.94	3.60	3017.88	9.25	1340.58	3.48	3299.70	5.18	5196.00	5.44
医疗保健消费支出	3575.39	15.66	5098.46	15.63	4495.65	11.69	6201.94	9.73	5972.88	6.25
交通通信消费支出	1487.85	6.52	2348.67	7.20	3018.30	7.85	6119.21	9.60	11055.91	11.57
文教娱乐及服务支出	1339.39	5.87	2875.33	8.81	5204.39	13.53	10577.58	16.60	16305.69	17.06
在校教育支出	1101.52	4.83	2542.79	7.79	4472.58	11.63	9295.76	14.59	13518.31	14.14
校外教育支出	215.15	0.94	194.67	0.60	453.03	1.18	969.70	1.52	1705.85	1.78
其他商品和服务消费支出	934.39	4.09	281.82	0.86	1056.65	2.75	3202.42	5.03	5769.45	6.04

续表

支出类别	低收入组		中低收入组		中收入组		中高收入组		高收入组	
	支出数额	支出份额	支出数额	支出份额	支出数额	支出份额	支出数额	支出份额	支出数额	支出份额
财产性支出	499.24	2.19	318.18	0.98	57.58	0.15	2219.70	3.48	3418.46	3.58
生活借款利息支出	449.24	1.97	303.03	0.93	57.58	0.15	250.00	0.39	1326.15	1.39
宅基地使用费	0.00	0.00	0.00	0.00	0.00	0.00	0.00	0.00	0.00	0.00
土地出租管理或中介费	0.00	0.00	0.00	0.00	0.00	0.00	0.00	0.00	0.00	0.00
承包租赁村集体资产支出	0.00	0.00	0.00	0.00	0.00	0.00	0.00	0.00	30.77	0.03
其他财产性支出	50.00	0.22	15.15	0.05	0.00	0.00	1969.70	3.09	830.77	0.87
转移性支出	4851.50	21.25	5299.64	16.24	8584.23	22.31	11954.47	18.76	18132.08	18.97
个人所得税	0.00	0.00	1.52	0.00	3.03	0.01	154.55	0.24	771.69	0.81
缴纳医疗保险费	1041.06	4.56	877.12	2.69	889.53	2.31	1147.68	1.80	1701.14	1.78
缴纳养老保险费	206.67	0.91	630.30	1.93	520.42	1.35	1459.55	2.29	2775.26	2.90
缴纳其他社会保险费用	42.42	0.19	12.88	0.04	0.00	0.00	235.61	0.37	661.23	0.69

续表

支出类别	低收入组		中低收入组		中收入组		中高收入组		高收入组	
	支出数额	支出份额	支出数额	支出份额	支出数额	支出份额	支出数额	支出份额	支出数额	支出份额
赡养支出	556.06	2.44	298.48	0.91	1233.33	3.21	1607.58	2.52	2338.46	2.45
给其他户的婚丧嫁娶等重大事件礼金支出	2887.88	12.65	3121.46	9.57	6266.67	16.29	6696.97	10.51	10226.89	10.70
其他经常转移支出	22.27	0.10	426.21	1.31	158.48	0.41	4151.64	6.52	518.46	0.54
购买生产性资产支出	58.48	0.26	135.61	0.42	227.27	0.59	2287.88	3.59	4496.92	4.71
总支出	22828.24	100.00	32624.32	100.00	38468.62	100.00	63711.43	100.00	95571.86	100.00

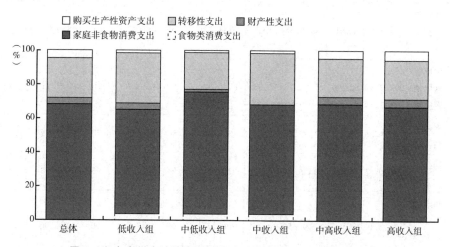

图 2 湖南省样本地区农村居民户均支出及分收入组对比情况

　　表3和图3揭示了安乡县、新宁县、洪江市、长沙县、零陵区5个地区农村居民家庭支出的整体概况，展现出显著的地区差异。其中，长沙县以84667.91元的总支出居第一位，这一数字是支出最低样本县（市）的两倍多，显示出地区间经济发展水平和消费能力的巨大差异。在支出结构上，家庭非食物消费支出是各地区的主要支出部分，占比均在50%以上，其中长沙县支出最多，达到44250.71元，占比52.26%。食物类消费支出占比相对较低，各地区均在2%左右。此外，长沙县在衣着、居住等消费上也均表现出较高的支出水平。值得注意的是，洪江市在医疗保健上的支出最多，达到5964.08元，占比16.91%，反映出该地区农村居民对医疗保健的重视或医疗保健服务的可及性较高。而长沙县的交通通信消费支出则远高于其他地区，达到11021.77元，显示出该地区在交通通信方面的较高消费水平。总的来说，各地区农村居民家庭支出存在差异，支出结构也各有特点。

表3　湖南省样本地区农村居民户均支出及分地区组对比情况

单位：元，%

支出分类	安乡县		新宁县		洪江市		长沙县		零陵区	
	支出数额	支出份额	支出数额	支出份额	支出数额	支出份额	支出数额	支出份额	支出数额	支出份额
食物类消费支出	813.58	1.61	1120.36	2.27	754.23	2.14	1551.76	1.83	859.80	2.47
家庭非食物消费支出	29722.80	58.95	25202.73	51.08	18225.80	51.67	44250.71	52.26	20027.11	57.44
衣着消费支出	2259.86	4.48	2572.66	5.21	1359.85	3.86	4825.81	5.70	1225.91	3.52
居住消费支出	3020.85	5.99	4425.31	8.97	2201.44	6.24	5034.36	5.95	2967.50	8.51
电器、家具及日用品支出	4125.92	8.18	2193.59	4.45	2008.33	5.69	4147.74	4.90	1126.06	3.23

续表

支出分类	安乡县		新宁县		洪江市		长沙县		零陵区	
	支出数额	支出份额	支出数额	支出份额	支出数额	支出份额	支出数额	支出份额	支出数额	支出份额
医疗保健消费支出	4753.14	9.43	3825.47	7.75	5964.08	16.91	5887.26	6.95	4936.52	14.16
交通通信消费支出	3218.18	6.38	4399.36	8.92	3268.42	9.27	11021.77	13.02	2512.18	7.21
文教娱乐及服务支出	9692.96	19.22	6557.00	13.29	3185.36	9.03	10701.13	12.64	6031.82	17.30
在校教育支出	8522.54	16.90	6325.75	12.82	2637.67	7.48	7945.00	9.38	5322.73	15.27
校外教育支出	936.62	1.86	45.31	0.09	487.09	1.38	1577.10	1.86	492.42	1.41
其他商品和服务消费支出	2534.82	5.03	2120.75	4.30	346.05	0.98	4409.58	5.21	1885.61	5.41
财产性支出	888.73	1.76	1698.44	3.44	257.58	0.73	3448.39	4.07	361.36	1.04
生活借款利息支出	888.73	1.76	448.44	0.91	257.58	0.73	432.26	0.51	361.36	1.04
宅基地使用费	0.00	0.00	0.00	0.00	0.00	0.00	0.00	0.00	0.00	0.00
土地出租管理或中介费	0.00	0.00	0.00	0.00	0.00	0.00	0.00	0.00	0.00	0.00
承包租赁村集体资产支出	0.00	0.00	0.00	0.00	0.00	0.00	32.26	0.04	0.00	0.00

续表

支出分类	安乡县		新宁县		洪江市		长沙县		零陵区	
	支出数额	支出份额	支出数额	支出份额	支出数额	支出份额	支出数额	支出份额	支出数额	支出份额
其他财产性支出	0.00	0.00	0.00	0.00	0.00	0.00	2983.87	3.52	50.00	0.14
转移性支出	9914.42	19.66	9342.06	18.94	7543.79	21.39	17993.39	21.25	4376.03	12.55
个人所得税	16.90	0.03	390.00	0.79	1.52	0.00	551.61	0.65	3.03	0.01
缴纳医疗保险费	1109.44	2.20	1138.75	2.31	1230.76	3.49	1270.69	1.50	908.59	2.61
缴纳养老保险费	2404.70	4.77	810.92	1.64	671.94	1.90	1284.74	1.52	298.11	0.86
缴纳其他社会保险费用	119.72	0.24	4.69	0.01	18.18	0.05	796.45	0.94	42.42	0.12
赡养支出	1149.30	2.28	1015.63	2.06	731.82	2.07	2174.19	2.57	1003.03	2.88
给其他户的婚丧嫁娶等重大事件礼金支出	5642.25	11.19	5941.63	12.04	3925.76	11.13	11998.39	14.17	2016.67	5.78
其他经常转移支出	3428.17	6.80	18.75	0.04	1275.46	3.62	280.77	0.33	23.94	0.07
购买生产性资产支出	3478.87	6.90	1668.75	3.38	44.70	0.13	0.00	0.00	1732.73	4.97
总支出	50422.45	100.00	49334.90	100.00	35273.24	100.00	84667.91	100.00	34864.41	100.00

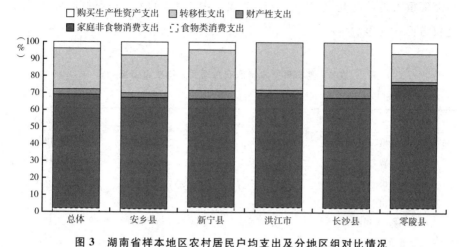

图3　湖南省样本地区农村居民户均支出及分地区组对比情况

（二）农村居民人均支出状况

表4和图4数据显示，2023年样本农户家庭人均总支出为16600.01元。在各项支出中，家庭非食物消费支出以8650.27元位居首位，占人均消费总支出的52.11%，在农村居民家庭支出中占据主导地位；食物类消费支出为348.04元，占比仅为2.09%；衣着消费支出为775.19元，占比4.67%；居住消费支出为1202.26元，占比7.24%；电器、家具及日用品支出为898.24元，占比5.41%。

在医疗保健方面，人均支出为2018.69元，占比12.16%，是除家庭非食物消费外支出数额较高的一项。交通通信消费支出为1494.38元，占比9.00%；文教娱乐及服务支出为1796.57元，占比10.82%，是农村居民在精神文化生活方面的投入。在校教育支出为1506.57元，占比9.08%，体现了农村居民对教育的重视。

在财产性支出方面，人均支出为319.31元，占比1.92%，其中生活借款利息支出为132.48元，占比0.80%，其他财产性支出为124.52元，占比0.75%。转移性支出为3432.79元，占比20.68%，其中，给其他户的婚丧嫁娶等重大事件礼金支出为2145.07元，占比12.92%，是农村居民在社交礼仪方面的支出。

表4　湖南省样本地区农村居民人均支出情况

单位：元，%

支出类型	支出数额	支出份额
食物类消费支出	348.04	2.10
家庭非食物消费支出	8650.27	52.11
衣着消费支出	775.19	4.67
居住消费支出	1202.26	7.24
电器、家具及日用品支出	898.24	5.41
医疗保健消费支出	2018.69	12.16
交通通信消费支出	1494.38	9.00
文教娱乐及服务支出	1796.57	10.82
在校教育支出	1506.57	9.08
校外教育支出	178.98	1.08
其他商品和服务消费支出	638.33	3.85
财产性支出	319.31	1.92
生活借款利息支出	132.48	0.80
宅基地使用费	0.00	0.00
土地出租管理或中介费	0.00	0.00
承包租赁村集体资产支出	1.52	0.01
其他财产性支出	124.52	0.75
转移性支出	3432.79	20.68
个人所得税	52.00	0.31
缴纳医疗保险费	357.00	2.15
缴纳养老保险费	339.96	2.05
缴纳其他社会保险费用	68.16	0.41
赡养支出	426.18	2.57
给其他户的婚丧嫁娶等重大事件礼金支出	2145.07	12.92
其他经常转移支出	378.82	2.28
购买生产性资产支出	405.78	2.44
总支出	16600.01	100.00

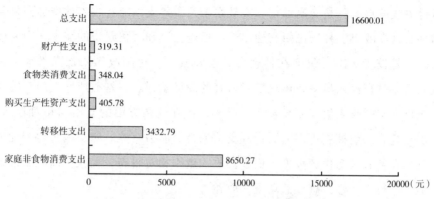

图 4 湖南省样本地区农村居民人均支出情况

此外，农村居民在缴纳医疗保险费、养老保险费以及其他社会保险费用方面也有一定支出，分别为 357.00 元、339.96 元和 68.16 元，占比分别为 2.15%、2.05% 和 0.41%。购买生产性资产支出为 405.78 元，占比 2.44%，反映了农村居民在生产性投入方面的情况。

抽样调查数据显示，农村居民家庭支出结构多样，但非食物消费支出占据主导地位，同时医疗保健、教育、交通通信以及文教娱乐等方面的支出也占有一定比例，显示出农村居民生活水平的提高和消费结构的升级。

表 5 和图 5 展示了农村居民人均支出及分收入组对比情况。

从总支出数额来看，随着收入组别的提高，农村居民家庭人均总支出呈现显著的递增趋势。低收入组人均总支出为 9975.95 元，而高收入组则达到 25779.50 元，是低收入组的两倍多。以上数据反映出收入是决定消费支出的重要因素。

在支出构成上，各收入组均表现出一定的共性，但也存在显著差异。家庭非食物消费支出在所有收入组中均占据较大份额，且随着收入的增加，其占比也逐渐提高。特别是高收入组，家庭非食物消费支出占比高达 54%，显示出高收入家庭在非基本生活需求上的更多投入。与此同时，食物类消费支出在总支出中的份额则相对较低，且随着收入的增加而略有下降，这反映了农村居民生活水平的提升和消费结构的优化。在具体支出项目中，有几个值得关注的点。一是交通通信和文教娱乐及服务支出随着收入的增加而显著增加，这反映出农村居民对交通出行、信息交流和文化娱乐的需求在不断增长。二是教育支出（包括在校教育和校外教育）也随收入增加而增加，高收入组对教育投入最多，体现了对教育的高度重视。三是财产性支出和转移性支出在不同收入组间差异较大，高收入组在这两方面的支出均相对较高，可能与高收入组拥有更多的财产和更强的社交能力有关。四是购买生产性资产支出在低收入组份额极低，而在高收入组则相对较高，反映出高收入组更有能力进行生产性投资以获取更多收益。

表5　湖南省样本地区农村居民人均支出及分收入组对比情况

单位：元，%

支出分类	低收入组		中低收入组		中收入组		中高收入组		高收入组	
	支出数额	支出份额	支出数额	支出份额	支出数额	支出份额	支出数额	支出份额	支出数额	支出份额
食物类消费支出	286.35	2.87	311.57	2.29	360.16	2.48	316.28	1.64	467.64	1.81
家庭非食物消费支出	4182.05	41.92	7330.22	53.92	6806.83	46.80	11082.46	57.59	13929.80	54.03
衣着消费支出	292.45	2.93	725.52	5.34	717.15	4.93	777.69	4.04	1372.18	5.32
居住消费支出	1035.25	10.38	983.18	7.23	1028.64	7.07	1174.04	6.10	1799.21	6.98
电器、家具及日用品支出	463.95	4.65	1107.01	8.14	485.48	3.34	911.59	4.74	1532.79	5.95
医疗保健消费支出	1441.99	14.45	2508.10	18.45	1714.24	11.79	3115.92	16.19	1302.33	5.05
交通通信消费支出	628.05	6.30	879.54	6.47	1066.30	7.33	1748.75	9.09	3174.70	12.31

支出分类	低收入组		中低收入组		中收入组		中高收入组		高收入组	
	支出数额	支出份额	支出数额	支出份额	支出数额	支出份额	支出数额	支出份额	支出数额	支出份额
文教娱乐及服务支出	307.83	3.09	980.44	7.21	1425.64	9.80	2424.28	12.60	3876.18	15.04
在校教育支出	255.05	2.56	848.94	6.24	1169.99	8.04	2087.61	10.85	3196.88	12.40
校外教育支出	43.94	0.44	85.16	0.63	148.08	1.02	250.31	1.30	370.33	1.44
其他商品和服务消费支出	214.04	2.15	107.03	0.79	386.19	2.66	981.22	5.10	1516.48	5.88
财产性支出	155.18	1.56	99.75	0.73	27.27	0.19	451.52	2.35	871.19	3.38
生活借款利息支出	138.01	1.38	94.70	0.70	27.27	0.19	57.58	0.30	348.11	1.35
宅基地使用费	0.00	0.00	0.00	0.00	0.00	0.00	0.00	0.00	0.00	0.00
土地出租管理或中介费	0.00	0.00	0.00	0.00	0.00	0.00	0.00	0.00	0.00	0.00
承包租赁村集体资产支出	0.00	0.00	0.00	0.00	0.00	0.00	0.00	0.00	7.69	0.03
其他财产性支出	17.17	0.17	5.05	0.04	0.00	0.00	393.94	2.05	207.69	0.81
转移性支出	2185.75	21.91	2354.06	17.32	3435.05	23.62	3846.37	19.99	5372.09	20.84

续表

支出分类	低收入组		中低收入组		中收入组		中高收入组		高收入组	
	支出数额	支出份额	支出数额	支出份额	支出数额	支出份额	支出数额	支出份额	支出数额	支出份额
个人所得税	0.00	0.00	0.76	0.01	3.03	0.02	35.14	0.18	223.65	0.87
缴纳医疗保险费	378.71	3.80	324.20	2.38	334.43	2.30	308.72	1.60	440.20	1.71
缴纳养老保险费	87.93	0.88	206.02	1.52	199.36	1.37	423.81	2.20	789.47	3.06
缴纳其他社会保险费用	21.21	0.21	5.43	0.04	0.00	0.00	71.74	0.37	245.10	0.95
赡养支出	227.53	2.28	216.92	1.60	518.18	3.56	447.03	2.32	725.80	2.82
给其他户的婚丧嫁娶等重大事件礼金支出	1431.06	14.35	1405.61	10.34	2545.46	17.50	2267.66	11.78	3089.90	11.99
其他经常转移支出	6.21	0.06	211.34	1.55	50.15	0.34	1463.72	7.61	159.36	0.62
购买生产性资产支出	26.72	0.27	56.44	0.42	78.28	0.54	760.61	3.95	1117.62	4.34
总支出	9975.95	100.00	13595.35	100.00	14545.24	100.00	19243.09	100.00	25779.50	100.00

综上所述，不同收入组农村居民家庭人均支出及其构成存在显著差异，这既体现了收入对消费支出的决定性影响，也反映了农村居民消费结构和生

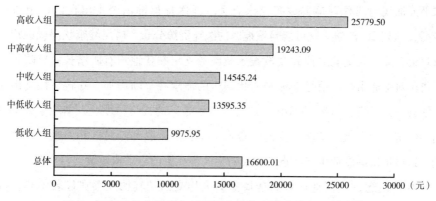

图 5　湖南省样本地区农村居民人均支出及分收入组对比情况

活品质的提升趋势。随着收入的增加，农村居民在非食物消费、交通通信、文教娱乐、教育以及财产性支出等方面的需求逐渐增加，而食物类消费支出的份额则相对较低。

根据表 6 和图 6 可以观察到安乡县、新宁县、洪江市、长沙县和零陵区 5 个样本（市）县农村居民家庭人均支出及其构成的几个关键特点。

首先，从总支出数额来看，各地区之间存在显著差异。长沙县的总支出最高，达到 24610.78 元，而洪江市则相对较低，为 14703.17 元。这反映了不同地区经济发展水平、居民收入状况以及消费习惯的差异。

其次，在支出构成上，家庭非食物消费支出在各地均占据较大份额，是农村居民家庭支出的主要部分。调研样本地区的家庭非食物消费支出占比均为 50% 左右，这表明随着农村经济的发展，农村居民在非基本生活需求上的投入正在增加。

在具体支出项目中，有几个值得关注的点。①食物类消费支出在总支出中的份额相对较低，且各地区之间差异不大。这反映了农村居民生活水平的提高和消费结构的优化，食物已不再是家庭支出的主要部分。②衣着消费支出在各地均有一定比例，但份额相对稳定。这表明农村居民在衣着方面的消费需求相对稳定，没有随着收入的增加而显著增长。③居住消费支出在部分地区（如新宁县和零陵区）占比较高，这可能与这些地区的住房条件、房价水平或居民对居住环境的改善需求有关。④医疗保健消费支出在洪江市占比最高，达到 25.89%，这可能与该地区的医疗资源分布、居民健康状况或医疗保障政策有关。⑤交通通信和文教娱乐及服务支出在各地均有所增长，反映了农村居民对交通出行、信息交流和文化娱乐的需求在不断增加。⑥转移性支出在长沙县占比最高，达到 23.57%，这可能与该地区的社交习惯、人情往来或家庭间的经济支持有关。⑦购买生产性资产支出在安乡县和零陵区相对较高，这可能与这些地区的农业生产特点、农民对生产性投资的需求或政策支持有关。

综上所述，不同地区农村居民家庭人均支出及其构成存在显著差异，这既体现了地区经济发展水平、居民收入状况和消费习惯的不同，也反映了农村居民消费结构和生活品质的提升趋势。随着农村经济的发展和居民收入的增加，农村居民在非食物消费、交通通信、文教娱乐以及生产性投资等方面的需求将继续增长。

表6 湖南省样本地区农村居民人均支出及分地区组对比情况

单位：元，%

支出分类	安乡县		新宁县		洪江市		长沙县		零陵区	
	支出数额	支出份额	支出数额	支出份额	支出数额	支出份额	支出数额	支出份额	支出数额	支出份额
食物类消费支出	332.62	1.86	307.02	2.28	303.33	2.06	459.36	1.87	344.52	2.72
家庭非食物消费支出	9735.73	54.49	6674.73	49.61	7882.80	53.61	12404.60	50.40	6638.93	52.44
衣着消费支出	796.48	4.46	706.55	5.25	507.85	3.45	1415.86	5.75	484.34	3.83
居住消费支出	1140.93	6.39	1244.87	9.25	844.24	5.74	1549.88	6.30	1258.36	9.94
电器、家具及日用品支出	1483.90	8.31	655.08	4.87	640.40	4.36	1207.97	4.91	470.88	3.72

续表

支出分类	安乡县		新宁县		洪江市		长沙县		零陵区	
	支出数额	支出份额	支出数额	支出份额	支出数额	支出份额	支出数额	支出份额	支出数额	支出份额
医疗保健消费支出	1779.21	9.96	1145.84	8.52	3806.09	25.89	1749.79	7.11	1587.90	12.54
交通通信消费支出	1174.68	6.57	1188.57	8.83	1171.84	7.97	3196.81	12.99	858.10	6.78
文教娱乐及服务支出	2507.02	14.03	1470.40	10.93	768.03	5.22	2586.48	10.51	1635.10	12.92
在校教育支出	2235.19	12.51	1411.53	10.49	631.11	4.29	1833.97	7.45	1382.83	10.92
校外教育支出	213.62	1.20	10.83	0.08	104.10	0.71	390.27	1.59	181.19	1.43
其他商品和服务消费支出	878.42	4.92	426.32	3.17	140.74	0.96	1260.58	5.12	498.71	3.94
财产性支出	278.64	1.56	398.21	2.96	79.55	0.54	765.73	3.11	106.94	0.84
生活借款利息支出	278.64	1.56	85.71	0.64	79.55	0.54	115.19	0.47	89.77	0.71
宅基地使用费	0.00	0.00	0.00	0.00	0.00	0.00	0.00	0.00	0.00	0.00
土地出租管理或中介费	0.00	0.00	0.00	0.00	0.00	0.00	0.00	0.00	0.00	0.00
承包租赁村集体资产支出	0.00	0.00	0.00	0.00	0.00	0.00	8.06	0.03	0.00	0.00

支出分类	安乡县		新宁县		洪江市		长沙县		零陵区	
	支出数额	支出份额	支出数额	支出份额	支出数额	支出份额	支出数额	支出份额	支出数额	支出份额
其他财产性支出	0.00	0.00	0.00	0.00	0.00	0.00	642.47	2.61	17.17	0.14
转移性支出	3813.00	21.34	2760.29	20.52	3040.24	20.68	5800.15	23.57	1844.55	14.57
个人所得税	4.23	0.02	92.95	0.69	0.76	0.01	171.10	0.70	3.03	0.02
缴纳医疗保险费	384.88	2.15	311.00	2.31	391.10	2.66	356.13	1.45	338.33	2.67
缴纳养老保险费	811.33	4.54	199.24	1.48	198.25	1.35	335.07	1.36	115.61	0.91
缴纳其他社会保险费用	30.40	0.17	0.67	0.00	6.06	0.04	297.14	1.21	21.21	0.17
赡养支出	461.31	2.58	286.50	2.13	280.45	1.91	638.96	2.60	469.70	3.71
给其他户的婚丧嫁娶等重大事件礼金支出	2318.31	12.98	1857.26	13.81	1682.47	11.44	4123.34	16.75	842.05	6.65
其他经常转移支出	1144.37	6.40	6.35	0.05	582.05	3.96	67.03	0.27	6.14	0.05
购买生产性资产支出	1159.62	6.49	329.09	2.45	10.98	0.07	0.00	0.00	445.15	3.52
总支出	17867.16	100.00	13453.28	100.00	14703.17	100.00	24610.78	100.00	12659.82	100.00

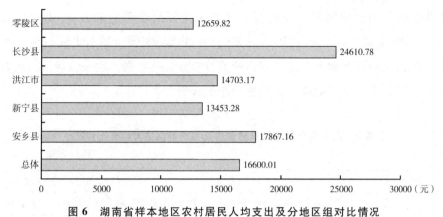

图6　湖南省样本地区农村居民人均支出及分地区组对比情况

二　农村居民消费结构

借鉴已有研究并结合问卷信息，本报告对农村居民家庭支出进行了细致分类。为了更全面地理解消费行为的多样性和层次性，将消费支出划分为生存型消费、发展型消费和享受型消费三大类。这样的分类不仅有助于更清晰地看到农村居民在不同生活领域的支出情况，还能揭示他们生活质量和消费观念的变迁。具体来说，生存型消费包括食品支出、衣着支出和居住支出，这是满足基本生活需求的必要支出；发展型消费则涵盖了电器、家具及日用品支出，医疗保健消费支出，体现了居民对提高生活品质和自身发展的追求；而享受型消费，如交通通信消费支出、文教娱乐及服务支出，则更多地反映了居民在精神文化层面的消费需求和享受生活的态度。将三种消费类型中的各类分项支出加总得出各消费类型的总支出情况，用家庭人均消费额来进行分析。接下来，将基于这一分类，对各地区的农村居民家庭支出进行深入比较和分析。

表7展现了湖南省农村居民的消费结构呈现多元化特点，其中生存型消费、发展型消费和享受型消费各有侧重。总消费数额为9171.69元，其中生存型消费占据25.35%的份额，数额为2325.48元，体现了农村居民满足基

本生活需求的消费情况；发展型消费和享受型消费则分别占据 31.80% 和 42.84% 的份额，数额分别为 2916.93 元和 3929.28 元，显示出农村居民在追求生活品质提升和个人发展方面的消费趋势日益增强。这一消费结构反映了农村居民生活水平的提升和消费观念的转变。

表 7　湖南省样本地区农村居民三大消费类型人均支出情况

单位：元，%

消费类型	生存型消费		发展型消费		享受型消费		总消费
	消费数额	消费份额	消费数额	消费份额	消费数额	消费份额	消费数额
总样本	2325.48	25.35	2916.93	31.80	3929.28	42.84	9171.69
按照收入分组							
低收入组	1614.05	34.56	1905.94	40.81	1149.92	24.62	4669.91
中低收入组	2020.27	26.57	3615.11	47.55	1967.02	25.87	7602.40
中收入组	2105.95	29.32	2199.72	30.62	2878.13	40.06	7183.80
中高收入组	2268.01	19.81	4027.51	35.18	5154.25	45.02	11449.77
高收入组	3639.03	24.19	2835.13	18.85	8567.36	56.96	15041.51
按照地区分组							
安乡县	2270.034	22.49	3263.11	32.33	4560.12	45.18	10093.26
新宁县	2258.442	31.61	1800.92	25.21	3085.29	43.18	7144.65
洪江市	1655.424	20.23	4446.50	54.34	2080.61	25.43	8182.53
长沙县	3425.094	25.51	2957.76	22.03	7043.87	52.46	13426.73
零陵区	2087.219	29.24	2058.79	28.84	2991.91	41.92	7137.92
按照受教育程度分组-最高							
低受教育程度组	1275.40	50.53	875.93	34.70	372.67	14.76	2523.99
中等受教育程度组	2014.55	26.19	2911.20	37.84	2766.90	35.97	7692.65
高受教育程度组	2666.94	24.50	3032.17	27.86	5185.89	47.64	10885.00

　　表 7 结合图 7 展示了农村居民三大消费类型人均支出按收入分组情况。从不同收入组农村居民的消费结构数据中可以明显看出，随着收入水平的提高，农村居民的消费模式发生了显著变化。在低收入组，生存型消费占据主

导地位，支出份额高达 34.56%，显示出该组居民主要将资金用于满足基本生活需求。然而，随着收入增加到中低收入组、中收入组，生存型消费的支出份额逐渐下降，分别降至 26.57% 和 29.32%。特别是当收入达到中高收入组和高收入组时，享受型消费的支出份额显著跃升，分别达到 45.02% 和 56.96%，成为消费支出的主要组成部分，这凸显了农村居民在生活品质提升和享受型消费方面的需求日益增长。同时，发展型消费在各类收入组中也始终占据一定比例，反映了农村居民对个人发展和生活质量提升的持续追求。综上所述，农村居民的消费结构随着收入的增加而逐渐优化，呈现从生存型消费向发展型和享受型消费转变的趋势。

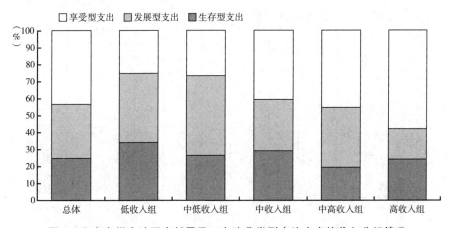

图 7　湖南省样本地区农村居民三大消费类型人均支出按收入分组情况

表 7 结合图 8 展示了农村居民三大消费类型人均支出按地区分组情况。从总消费额来看，长沙县以 13426.73 元的消费额遥遥领先，显示出该地区居民较高的消费能力和生活水平。相比之下，洪江市、新宁县、安乡县和零陵区的总消费额相对较低，但也在一定程度上反映了各自地区的经济状况和消费水平。在消费类型上，各地区均呈现多元化的消费特点。安乡县作为"中国长寿之乡"，其居民的生活方式确实有独到之处。这一点在消费支出结构上得到鲜明的体现。该地区的享受型消费占据了总消费的较大份额（45.18%），表明居民在满足基本生活需求的同时，也注重生活品质的提升

和享受。而新宁县则在生存型消费上投入较多（31.61%），这可能与该地区的经济发展水平、居民收入状况或消费习惯有关。此外，发展型消费在各地区也占有一定的比例，反映了居民对于个人成长、教育、技能提升等方面的重视。特别是在洪江市，发展型消费占据了总消费的半数以上（54.34%），这可能与该地区的教育资源、就业机会或居民对未来的投资预期有关。综上所述，各地区的消费情况呈现多样化的特点，既反映了地区间的经济差异和消费水平差异，也体现了居民在不同生活阶段和消费观念下的消费选择。这些数据为深入了解各地区的消费市场和居民生活状况提供了有价值的参考。

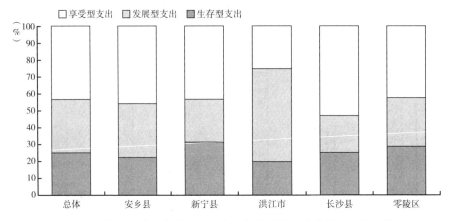

图 8　湖南省样本地区农村居民三大消费类型人均支出按地区分组情况

参考已有文献，本报告将大学专科及以上视为高受教育程度，将高中和初中视为中等受教育程度，将小学及以下视为低受教育程度。表 7 结合图 9 展示了农村居民三大消费类型人均支出按家庭成员受教育程度分组情况。根据家庭成员最高受教育程度分组的消费数据，不同受教育程度组在生存型、发展型和享受型消费上呈现显著差异。低受教育程度组的家庭消费以生存型为主，数额达 1275.40 元，占总消费的 50.53%，反映出该组家庭可能面临较大的经济压力，大部分支出用于满足基本生活需求。相比之下，中等受教育程度组的生存型消费虽然数额有所增加（2014.55 元），但份额降至

26.19%，而发展型消费成为重要部分，数额为 2911.20 元，份额达
37.84%。同时，享受型消费也开始占据一定比例。至于高受教育程度组，
虽然生存型消费仍占一定比例（24.50%），但发展型和享受型消费的数额
和份额均显著增加，尤其是享受型消费数额高达 5185.89 元，份额达
47.64%，成为消费中的主导部分。这些数据清晰地揭示了随着家庭成员最
高受教育程度的提升，家庭消费结构逐渐呈现从以生存型为主向发展型和享
受型转变的趋势。

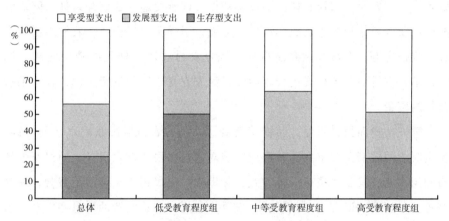

**图 9　湖南省样本地区农村居民三大消费类型人均支出
按家庭成员受教育程度分组情况**

三　小　结

抽样调查数据分析表明，农民收入仍有增长空间，要通过促进农村居民
收入多元化、优化农村消费环境、加强教育引导、完善社会保障体系以及推
动农村消费升级等措施，有效提升农村居民的消费能力和消费水平，为农村
经济社会的全面发展注入新的活力。

第一，促进农村居民收入多元化，提升整体消费能力。农村居民的支出
状况与消费结构是农村经济社会发展水平的晴雨表。针对当前农村居民非食

物消费支出占据主导地位，且随收入增加而消费结构不断优化的趋势，应首先致力于促进农村居民收入的多元化增长。通过鼓励农村创新创业、发展特色农业、提升农村劳动力技能水平等措施，拓宽农村居民的收入渠道，确保其有稳定的收入来源支撑起更高层次的消费需求。同时，优化农村金融环境，为农村居民提供便捷、低成本的金融服务，助力其财富增值。

第二，优化农村消费环境，激发消费潜力。针对农村居民在追求生活品质提升和个人发展方面的消费趋势，应加大对农村消费市场的投入、优化消费环境。一方面，加强农村基础设施建设，改善交通、通信等条件，降低农村居民获取商品和服务的成本；另一方面，引导和支持企业在农村地区开设分店或销售点，丰富农村商品市场，满足农村居民多样化的消费需求。同时，举办农村消费节、展销会等活动，激发农村居民的消费热情，促进消费市场的繁荣。

第三，加强教育引导，转变消费观念。随着农村居民收入水平的提高，消费观念的转变至关重要。政府应加强对农村居民的教育引导，通过举办消费知识讲座、发放消费指南等方式，帮助农村居民树立正确的消费观，使其避免盲目消费和浪费现象。同时，鼓励农村居民注重消费的质量和效益，引导其绿色、健康、智能消费，提升消费品质。

第四，完善社会保障体系，增强消费信心。农村居民在消费过程中往往面临较大的不确定性。因此，应进一步完善农村社会保障体系，提高农村居民的社会保障水平，消除其后顾之忧，增强其消费信心。加大财政投入、优化社保政策，确保农村居民在享受基本生活保障的同时，也能有更多的资金用于消费和投资。

第五，推动农村消费升级，引领农村经济社会发展。随着农村居民消费结构的不断优化升级，政府应积极推动农村消费升级，引领农村经济社会发展。培育农村消费热点、发展农村电商、推广绿色消费方式，促进农村居民消费结构的进一步优化升级。同时，加强农村消费市场监管，保障农村居民的消费权益，营造公平、公正、透明的消费环境。

深入持久开展农村人居环境整治

张小乙*

摘　要： 湖南深入持久开展农村人居环境整治，关注生活用水、生活污水处理、生活垃圾处理、厕所革命、农业废弃物回收利用等。农村饮水安全得到保障，多元化水源中自来水占比最高。污水处理逐步推进，但仍以直接排放为主。生活垃圾处理设施普及，分类收集初见成效。厕所革命加速推进，无害化卫生厕所广泛使用。农业废弃物回收体系建设有所成效，但仍面临一些阻碍。从安全饮水等五个方面的满意度测评来看，农村居民对生产生活方式的满意度较高。

关键词： 农村人居环境　厕所革命　农业废弃物回收

农村人居环境建设对于农村社会和经济发展具有重要意义，有利于提升农民生活质量、推动农村经济发展、保护农村生态环境、传承农村文化、促进社会和谐。2024 年 3 月，习近平总书记在湖南考察时强调，"要协同推进生态环境保护和绿色低碳发展"。[①] 近年来，湖南省委、省政府高度重视和大力提高农村人居环境质量。2022 年 11 月，湖南省委办公厅、省政府办公厅印发《湖南省乡村建设行动实施方案》，重点任务之一就是实施农村人居

---

* 张小乙，管理学硕士，湖南省社会科学院（湖南省人民政府发展研究中心）农村发展研究所（湖南省人才资源研究中心）助理研究员，研究方向为休闲农业、农村文化与科技融合。
① 《在更高起点上扎实推动中部地区崛起》，《湖南日报》2024 年 3 月 21 日。

环境整治提升行动。本报告基于中国乡村振兴综合调查湖南省调查数据，主要从生活用水、生活污水处理、生活垃圾处理、厕所革命、农业生产废弃物回收利用、人居环境满意度等六个方面，解析全省农村人居环境状况以及农村居民对生产生活方式的满意度，为相关决策提供理论支撑。

一　农村生活用水状况

农村生活用水事关广大农村居民的身体健康和生活质量，在脱贫攻坚"两不愁三保障"目标中，"不愁吃"首先要保障饮水安全。近年来，湖南积极推进农村供水规模化发展和小型农村供水工程标准化建设改造，农村生活用水设施质量和品质都在不断提高。

（一）农村日常饮用水来源

农村日常饮用水除满足饮用外，还用于洗菜、洗漱、洗澡等。从受访乡村来看，当前农村日常饮用水来源方式呈现多元化格局，以自来水、井水、山泉水三大水源为主体。具体来看，农村日常饮用水源的最大来源为自来水（47.66%）；其次是井水（33.88%）；再次是山泉水（15.15%）；沟塘河等地表水（0.28%）、窖水（0.28%）则占比极低，十分少见；其他水源包括纯净水和过滤水、桶装水和矿泉水、地下水等，占比为1.65%（见图1）。

（二）农村生活用水保障

农村生活用水保障主要关注三个方面。一是家庭用水需求满足情况。94.49%的受访农户表示能够满足，仅有4.41%的受访农户认为不能满足，总体来看，农村家庭生活用水得到了较好的保障。二是关于用水或取水的方便程度。96.97%的受访农户认为用水方便，1.93%的受访农户认为不方便。三是关于自来水的使用普及情况。从普及率来看，81.82%的受访农户表示已经使用自来水，从自来水接入时间来看，受访农户自来水使用

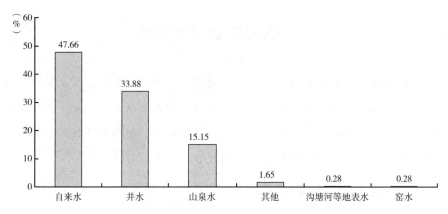

图1 湖南省样本地区农村日常饮用水主要来源

最早始于1980年，用户数量随着农村经济社会的不断发展而逐步增长，自2012年党的十八大开始，农村自来水用户数量保持快速平稳增长至今（见图2）。从农村自来水全年供水稳定性来看，全部受访自来水用户中，67.34%的受访农户表示全年未停过水；32.66%的用户表示经历过停水，停水时长从1天至38天不等。此外，还有17.08%的受访农户表示尚未安装使用自来水，当前主要使用的是山泉水、井水、窖水以及桶装纯净水等。

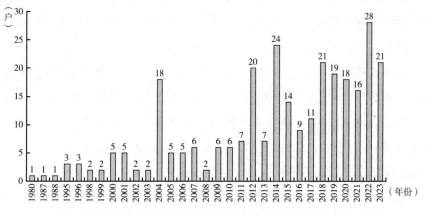

图2 湖南省样本地区受访农户自来水接入时间情况

二　农村生活污水处理

农村地区由于基础设施不足、居住分散，如何处理好生活污水是守护好三湘大地的青山绿水、蓝天净土的重要挑战。随着湖南省近年来不断加大对农村生活污水的治理力度，在项目实施、技术创新、政策推动和资金保障等方面都取得了显著进展，农村生活污水处理取得了较好成效。

（一）生活污水排放方式

本次调查问卷对污水排放分别在"农户问卷"和"村问卷"中设置了问题。首先，从"农户问卷"的反馈结果来看，目前，湖南省农村生活污水排放处理存在多元处置方式。总体来看，受经济社会发展水平和地理区域条件等因素制约，仍以未经任何处理的直接排放为主，占比为43.53%；污水进入城市污水管网的受访农户占比为16.80%；污水排入沼气池处理的受访农户占比为12.12%；污水排入人工湿地处理的受访农户占比为4.68%；污水排入自建污水井的受访农户占比为14.60%；以其他方式排放处理的受访农户占比为12.95%（见图3），其他方式包括"倒在菜园里""浇菜""过滤后排放"等。综合来看，农村生活污水处理取得了不少进步，过去农村生活污水直接排放的处理方式已经有了一定改观，城乡一体化的污水处理取得显著成效，农户环保意识有了显著提升。

其次，从"村问卷"反馈的数据来看，从受访乡村按占比多少对本村生活污水排放方式进行的排序来看，排在第一位的选项中选择"直接排放"占比最多，为43.33%，其次为自建污水井（池）（26.67%）、进入污水处理管网（16.67%）、沼气池（10.00%）、人工湿地（3.33%）；排在第二位的选项中，选择最多的排放方式为自建污水井（池）（40.00%），其次为人工湿地（16.67%）、沼气池（13.33%）、进入污水处理管网（6.67%）、直接排放（3.33%）、其他（3.33%）；排在第三位的选项中，选择最多的则为人工湿地（20.00%），其次为自建污水井（池）（16.67%）、其他

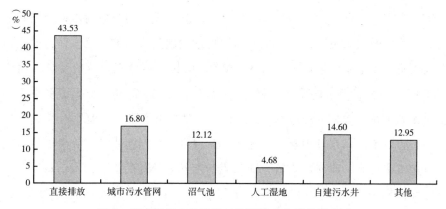

图3　湖南省样本地区农村生活污水主要排放方式

（16.67%）、直接排放（10.00%）。同样可以看出，受访乡村在以直接排放为主的同时，生活污水的多元处理与治理已经逐步开展起来。

（二）生活污水处理

随着农村生活污水处理设施的逐步推进，部分乡村和农户在不同水平和层次上开始有意识地开展对生活污水的处理，从本次对各村的调查问卷结果来看，一是生活污水处理工作开展方面，76.67%的乡村已有部分农户对生活污水进行过不同程度的处理，可见农村环保意识和环保处理能力在不断地提高和增强。二是生活污水处理设施推广方面，26.67%的受访乡村已经拥有污水处理设施，73.33%的受访乡村尚未有生活污水处理设施，有生活污水处理设施的受访乡村中，处理设施大多建设于2021～2023年，其中87.50%的处理设施为集中处理模式，其余12.50%的处理设施为分散处理模式。三是生活污水处理技术措施方面，大多同时采取工程措施和生态环境保护措施（75.00%），少数仅采取工程措施（25.00%），日处理生活污水能力达100吨以上的受访乡村占比为12.50%，日处理生活污水能力未超过100吨的受访乡村占比为87.50%。四是生活污水设施出资建设主体方面，已有处理设施的受访乡村均表示上级政府参与了出资建设，其中25.00%的受访乡村表示村集体也参与了出资建设，其中12.50%的受访乡村表示村民个体也参与了出资建设，即目前的生活污水处理设施因公益性质，上级政府是出资建设的最大主体。五是生活污水处理设施建成后的运营主体方面，由上级政府负责运营的受访乡村占 37.50%，由村集体负责运营的受访乡村占 37.50%，由村民负责的受访乡村占 12.50%，还有 12.50% 的受访乡村表示目前无人负责（见图 4）。六是生活污水处理费用收取，目前所有受访乡村都没有收取生活污水处理费，可能大部分群众对生活污水处理收费的认可度有待进一步提高，收费面临较大的障碍。七是未处理的生活污水治理障碍困难方面，52.50% 的受访乡村表示困难在于农村污水分布分散，收集难；17.50% 的受访乡村表示主要困难在于管网建设和维护费用太高；还有 30.00% 的受访乡村提出了其他的困难，如一些农户有生活污水不经处理二次利用等（见图 5）。

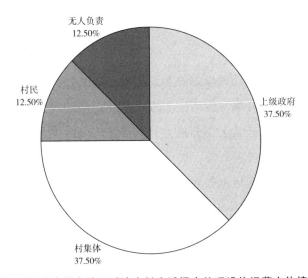

图 4　湖南省样本地区受访乡村生活污水处理设施运营主体情况

（三）养殖业污水、黑臭水体、工业污水等治理

从养殖业污水来看，近年来，湖南省积极推广"公司+基地""公司+农户"等养殖模式，通过大型养殖企业的带动，发展中小规模养殖，乡村养

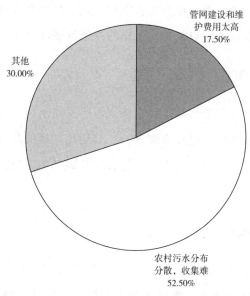

图 5　湖南省样本地区受访乡村未处理生活污水治理面临的主要困难障碍情况

殖业可谓面广量大，但环保问题特别是对所在地水污染问题需要妥善处理，从调查数据来看，全部 30 个受访乡村共建设养殖场 120 家，但对粪污进行了处理的养殖场仅 23 家，占比为 19.17%。

从黑臭水体来看，受访乡村均表示村内没有黑臭水体，16.67% 的受访乡村表示，在生活污水处理设施建设之前，村内存在 1~4 处不等的黑臭水体，经处理后目前已治理完毕。

从工业污水来看，受访乡村均表示，自 2022 年初以来至今没有出现过工业污染，没有因此产生工业垃圾和污水。

三　农村生活垃圾处理

农村生活垃圾处理一直是困扰农村人居环境的重要难题，农村生活垃圾的分类、收集、转运和处理方式是乡村人居环境质量改善的重要内容，近年来，湖南加强政策引导和支持、完善设施建设、推广垃圾分类、探索创新技术等，并将农村生活垃圾处理作为各市州实施乡村振兴战略实绩考核的重要内容，以期推动农村生活垃圾处理工作的持续发展和进步。

（一）基础设施

从生活垃圾收集和处理的基础设施来看，受访乡村均表示设置了公用垃圾桶，基本垃圾收集设施已经全面普及，公用垃圾桶的数量则呈现显著的差异，从数十个到上千个不等，可见乡村公用垃圾桶的定位和配置方式上有显著的差异。

（二）人员配置

从生活垃圾处理人员配置来看，96.67%的受访乡村有专人负责垃圾清运，尚有3.33%的受访乡村表示还没有安排专人负责。55.17%的受访乡村保洁员人数处于1~5人区间，27.59%的受访乡村保洁员人数处于6~10人区间，10.34%的受访乡村保洁员人数处于11~15人区间，6.90%的受访乡村保洁员人数在15人以上（见图6）。

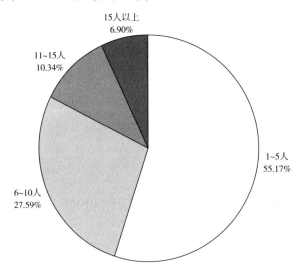

图6 湖南省样本地区受访乡村保洁员队伍人员规模情况

（三）分类收集

从生活垃圾分类来看，农村生活垃圾分类取得了不错的成效，75.76%的受访农户表示对生活垃圾进行了分类收集，其余 24.24% 的受访农户则表示尚未进行生活垃圾分类处置（见图 7）。

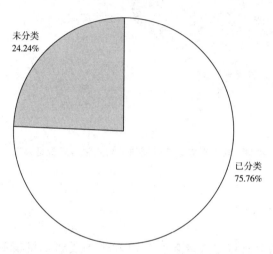

图7　湖南省样本地区受访农户生活垃圾分类情况

（四）处理方式

从生活垃圾处理方式来看，受访乡村均表示对生活垃圾进行了处理，但有 1.90% 的受访农户表示所在乡村并未开展生活垃圾统一处理，61.29% 的受访乡村表示生活垃圾实现了城镇环卫一体化处理，即生活垃圾转运城镇处理，19.35% 的受访乡村表示采取村里集中处理与转运城镇相结合的模式，16.13% 的受访乡村表示采取村里集中处理的模式，3.23% 的受访乡村表示采取村里集中处理和其他措施相结合的模式（见图 8）。

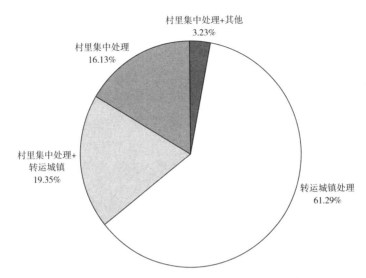

图8 湖南省样本地区受访乡村生活垃圾处理情况

（五）费用收取

从生活垃圾处理费用收取来看，40.00%的受访乡村表示向村民收取了生活垃圾处理费，其余60.00%的受访乡村尚未收费，在收费的乡村中，91.67%的受访乡村以户为单位按年度收取费用，收费标准每年自10元至120元不等，其中，9.09%的乡村收费标准为120元/年，9.09%的乡村收费标准为100元/年，36.36%的乡村收费标准为60元/年，9.09%的乡村收费标准为50元/年，9.09%的乡村收费标准为40元/年，18.18%的乡村收费标准为20元/年，9.09%的乡村收费标准为10元/年（见图9）。此外，还有8.33%的乡村采取按人头收费的方式，收费标准为每年10元/人。总体而言，当前农村生活垃圾处理收费多为象征性收费或低标准收费，处于逐步扩大推广和提升群众认可度的发展阶段，但依然能为农村生活垃圾处理提供一定的资金来源。

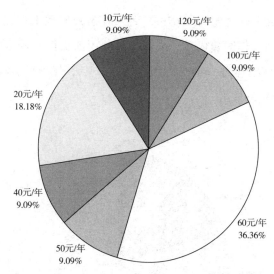

图 9　湖南省样本地区受访乡村以户为单位生活垃圾处理收费标准情况

四　农村厕所革命

农村厕所革命是对传统观念、生活方式和人居环境的重要变革。2022年 11 月，湖南省委办公厅、省政府办公厅印发的《湖南省乡村建设行动实施方案》明确提出，要扎实推进农村厕所革命，因地制宜选择改厕技术模式，实行"首厕过关制"，做到农村户厕愿改尽改，合理规划布局农村公厕。掌握和分析无害化卫生厕所的实际建设和使用情况，将为全省农村人居环境整治行动的深入推进提供更多的科学依据。

（一）农村户厕改造及使用情况

从以村为样本的"村问卷"的调查情况来看，按厕所革命的要求，受访乡村的户厕改造工作进度不一，100%完成户厕改造的受访乡村占比为26.67%，完成进度为 90%～99%的受访乡村占比为 40.00%，完成进度为80%～89%的受访乡村占比为 13.33%，完成进度为 70%～79%的受访乡村占比为 6.67%，完成进度为 60%～69%的受访乡村占比为 3.33%，完成进度为

40%~49%的受访乡村占比为 6.67%，尚未开启户厕改造的受访乡村占比为 3.33%（见图 10）。户厕建成后，全部投入使用的受访乡村达 65.25%，使用率达九成以上（不含全部）的受访乡村为 22.14%，使用率达八成以上九成以下的受访乡村为 9.39%。

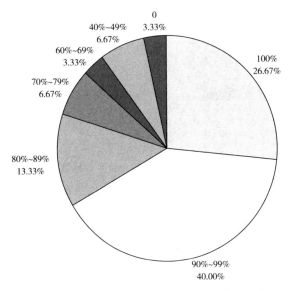

图 10　湖南省样本地区受访乡村户厕改造进度情况

从以户为样本的"户问卷"的调查情况来看，94.99%的受访农户修建了无害化卫生厕所，仅 5.01%的受访农户尚未修建，在已经修建无害化卫生厕所的受访农户中，均表示厕所能够日常使用，即日常使用率达 100%。从厕所改造模式来看，采用三格化粪池的受访农户占比为 75.07%，双瓮化粪池模式占比 15.84%，三联沼气池模式占比 2.64%，粪尿分集模式占比 1.47%，其他模式占比 4.99%（见图 11）。

从村集体厕改费用筹集来看，91.18%的受访农户表示未承担任何厕改费用，仅 8.82%的受访农户表示自身承担了部分厕改费用，承担的厕改费用自 100 元至 10000 元不等。从厕所定期清掏来看，96.67%的受访乡村表示清掏厕所费用由村民自负，3.33%的受访乡村表示村集体对此补贴了 50%。

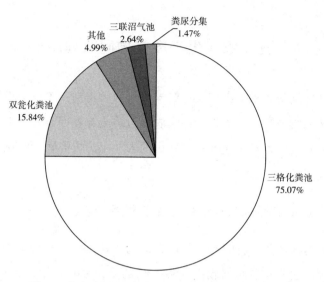

图 11　湖南省样本地区受访农户厕所改造模式情况

（二）农村公厕建设情况

随着公共空间的增加和公共活动需求的增长，不少乡村规划布局了农村公厕，53.33%的受访乡村表示建设了 1~4 个公厕，16.67%的受访乡村表示建设了 5~8 个公厕，此外，30.00%的受访乡村表示尚未建设公厕（见图 12）。

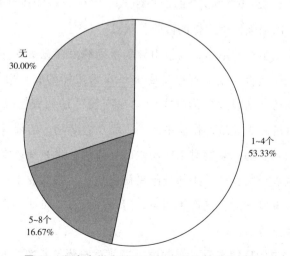

图 12　湖南省样本地区受访乡村公厕建设情况

五 农业生产废弃物回收利用

近年来，湖南省积极推进农业废弃物的回收再利用工作。积极开展农药包装废弃物回收处理试点工作，探索农药包装废弃物回收处理机制，加强农膜回收网点建设，推动了包括秸秆在内的农业生产废弃物无害化处理和资源化利用工作。

（一）废旧农膜或农药包装物回收利用

从以村为样本的"村问卷"的调查情况来看，43.33%的受访乡村表示已有废旧农膜或农药包装物回收点，56.67%的受访乡村表示还没建立回收点。建有回收站点的受访乡村，基本较好地从事了回收工作，废旧农膜的回收率为70%~100%，农药包装物的回收率为60%~100%，从回收主体来看，64.29%的受访乡村主要依靠保洁员来进行回收工作，21.42%的受访乡村对回收主体的排序为农民、保洁员，即以农膜、农药包装物的使用主体农民为主，以保洁员为辅，7.14%的受访乡村则依托回收公司负责回收工作。

为建立农业废弃物回收激励机制，20.00%的受访乡村开展了有偿回收，农药包装盒按0.05~0.5元/个的价格回收，农药包装袋按0.01~0.5元/个的价格回收，以增强使用主体的回收积极性。

农户是农业生产的主体，政策引导和激励约束措施是否有效，农业生产废弃物回收工作是否高效关键还是取决于作为主体的农户对回收工作的认知、配合和支持。从以农户为样本的"户问卷"的调查情况来看，多数受访农户表示自己的农业生产作业中产生了农药包装物，需要进行处理。部分受访农户认识到农药包装物对土壤产生破坏作用，少数受访农户认识到农药包装物会导致农作物减产，小部分的受访农户认识到农业生产废弃物对水源产生污染，挥发气味对空气产生污染，对身体有毒，可能会伤害捡拾农药包装玩要的小孩子等。

从受访农户的反馈来看，实践中，当前对农药包装物的处理面临比较复杂的情况，多数受访农户表示将农药包装物回收至固定点，少数受访农户表示采取农药包装物集中填埋焚烧、随地丢弃、就地填埋，极少数受访农户将农药包装物回收至农资市场，还有部分受访农户表示将农药包装物以其他方式处理，其他方式主要包括放入就近的垃圾桶或自家垃圾桶等。总体来看，在广大农户对农药包装物的危害性认知有了较大提升后，农药包装物的统一回收工作取得了一定成效，大多数受访农户已经能积极妥当地处理农药包装物，选择回收至固定点或农资市场等。

从对农药包装物回收存在的阻碍情况来看，少数受访农户认为存在阻碍。其中，近半数受访农户表示"不知道给谁"，少数受访农户表示"无所谓""离回收地远""不回收也没处罚""没有补贴没动力""邻居不回收"，亦有小部分受访农户选择"其他"选项，"其他"选项包括"价值低没人要""回收麻烦""不清楚"等。

（二）秸秆等处理利用情况

作为农业大省特别是水稻大省，湖南省秸秆资源丰富，秸秆是具有多种用途的可再生生物资源，在农民世代相传的农事智慧中，秸秆焚烧被视为一种有效的土地管理方式，但秸秆焚烧又因产生环境污染和带来火灾隐患等问题而备受关注和争议，本次调查主要关注秸秆回收再利用及存在的困难等。

从秸秆回收再利用来看，大部分受访农户表示自己的农业生产中会产生秸秆，其中，多数受访农户表示采取了秸秆粉碎还田作肥料的处理方式；少部分受访农户选择就地焚烧，秸秆处理后用作饲料原料，收集回家用作燃料；少部分受访农户表示将秸秆丢弃在路边或沟渠，或回收给加工饲料、肥料、燃料、原料等的企业或秸秆经纪人，或将秸秆处理后作食用菌等的栽培基料；亦有少部分受访农户表示采取了"其他"处理方式，"其他"处理方式包括作为围挡原料、堆积发酵还田、给家禽家畜搭窝等。

针对选择将秸秆丢弃或焚烧的受访农户，问卷收集了其原因，大多数受访农户表示秸秆无人回收，秸秆没有利用价值；部分受访农户表示没有足够的时间和精力，或者堆积场地有限；少部分受访农户表示秸秆运输麻烦且成本高，秸秆粉碎成本高；亦有少部分受访农户表示秸秆粉碎还田弊大于利，包括影响来年耕作等。

针对能积极处理回收再利用秸秆的受访农户，问卷也收集了其理由，33.33%的受访农户表示秸秆回收利用可以保护和改善环境，32.23%的受访农户表示秸秆可以作肥料降低种地成本，23.97%的受访农户表示政府禁止焚烧，15.98%的受访农户表示秸秆有利用价值，8.26%的受访农户表示秸秆可以回收利用增加收入，7.71%的受访农户表示秸秆可以作燃料减少开支，5.23%的受访农户表示秸秆可以作饲料等降低养殖成本，5.23%的受访农户选择其他（见图13），其他包括秸秆已经由收割机直接处理了或担心火灾隐患等。可见秸秆的回收利用有多重有利因素的促进等，普通群众的环保理念有所提升，秸秆的综合利用价值或经济价值无疑是促进回收利用的有利因素，政府干预也起到了推动作用。

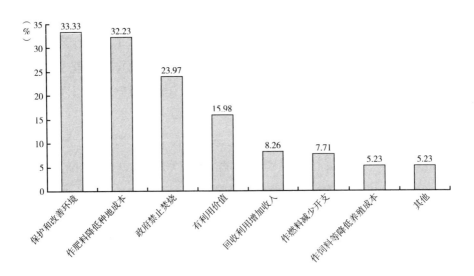

图 13　受访农户回收再利用秸秆的主要因素

六　农村居民对生产生活方式满意度

新时代农村的面貌正在经历前所未有的变革，农村居民的生产生活方式正逐步迈向多元化和现代化。在这样的背景下，了解并评估农村居民对当前生产生活方式的满意度，不仅是对农村发展现状的一次深刻审视，而且是对未来农村发展路径规划的重要依据。

（一）关于饮水安全状况的满意度

从图14可知，受访农户对饮水安全的满意度整体较高。具体来看，89.26%的受访农户给予了8分及以上评分，其中，55.65%的受访农户给予满分10分的高度评价。5.78%的受访农户给予6~7分的评分，对饮水安全表示基本满意。3.86%的受访农户给予了0~5分的评分，表示对饮水安全状况感到不太满意或者非常不满意。

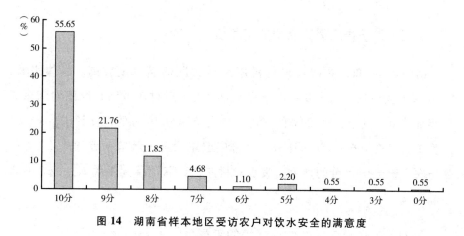

图14　湖南省样本地区受访农户对饮水安全的满意度

（二）关于生活垃圾处理状况的满意度

由图15可知，受访农户对生活垃圾处理状况的满意度整体较高。具体来看，高达92.84%的受访农户给予8~10分的评分，表示对生活垃圾处理状况感到满意或者非常满意，其中，56.75%的受访农户给予满分10分的高度评价。4.41%的受访农户给予6~7分的评分，对生活垃圾处理表示基本满意。1.65%的受访农户给予了0~5分的评分，表示对生活垃圾处理感到不太满意或者非常不满意。

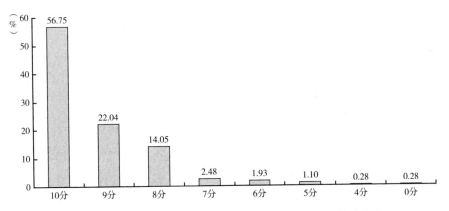

图 15 湖南省样本地区农村居民对生活垃圾处理状况的满意度

（三）关于村庄道路状况的满意度

由图16可知，受访农户对村庄道路状况的满意度较高。具体来看，84.02%的受访农户给予8~10分的评分，表示对村庄道路状况感到满意或者非常满意，其中，51.24%的受访农户给予满分10分的高度评价。9.09%的受访农户给予6~7分的评分，对村庄道路状况表示基本满意。5.79%的受访农户给予0~5分的评分，表示对村庄道路状况感到不太满意或者非常不满意。

（四）关于村庄整体生活环境的满意度

由图17可知，受访农户对村庄整体生活环境的满意度非常高。具体来看，91.18%的受访农户给予8~10分的评分，表示对村庄整体生活环境感到满意或者非常满意，其中，52.62%的受访农户给予满分10分的高度评

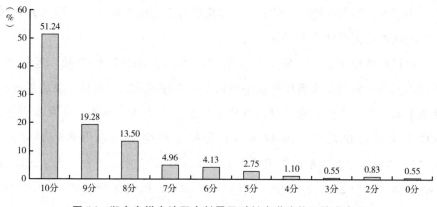

图 16 湖南省样本地区农村居民对村庄道路状况的满意度

价。5.79%的受访农户给予 6~7 分的评分,对村庄整体生活环境表示基本满意。1.93%的受访农户给予 3~5 分的评分,表示对村庄整体生活环境感到不太满意。

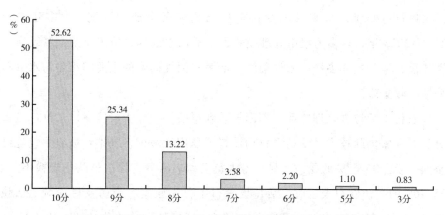

图 17 湖南省样本地区农村居民对村庄整体生活环境的满意度

七 小 结

农村人居环境建设对农村社会经济发展至关重要,它关乎农民生活质量的提升、农村经济的推动、生态环境的保护、农村文化的传承以及社会的和谐。2022 年 11 月印发的《湖南省乡村建设行动实施方案》中，明确将农村人居环境整治提升作为重点任务之一。

农村生活用水方面，安全饮水是"两不愁三保障"的基础。近年来，湖南积极推进农村供水规模化和小型供水工程标准化，农村饮水设施质量和品质不断提升。当前，农村日常饮用水来源以自来水、井水、山泉水为主，其中自来水占比最高，达 47.66%。农村家庭生活用水得到较好保障，94.49% 的受访农户表示能够满足需求，96.97% 认为用水方便。自来水普及率逐年提高，自 2012 年以来保持快速平稳增长，但仍有 17.08% 的受访农户未使用自来水。

农村生活污水处理是守护绿水青山的重要措施。近年来，湖南不断加大治理力度，取得了显著进步。农村生活污水排放处理存在多元方式，但直接排放仍占主导地位，占比 43.53%。不过，城乡一体化的污水处理取得了显著成效，农户环保意识有所提升。76.67% 的受访乡村已有部分农户对生活污水进行过处理，26.67% 的受访乡村已拥有污水处理设施，大多建设于2021~2023 年，且多为集中处理模式。生活污水处理设施主要由上级政府出资建设，运营主体多样。未处理的生活污水治理面临的主要困难是污水分布分散，收集难。

农村生活垃圾处理方面，湖南加强政策引导、完善设施建设、推广垃圾分类、探索创新技术。受访乡村均设置了公用垃圾桶，基本垃圾收集设施已全面普及。96.67% 的受访乡村有专人负责垃圾清运，保洁员队伍规模不一。75.76% 的受访农户表示对生活垃圾进行了分类收集。受访乡村均对生活垃圾进行了处理，61.29% 的受访农户实现了城镇环卫一体化处理。40.00% 的受访乡村向村民收取了生活垃圾处理费，收费标准不一，多为象征性收费或低标准收费。

农村厕所革命方面，湖南明确要求扎实推进农村厕所革命，因地制宜选择改厕技术模式。受访乡村户厕改造工作进度不一，但大多数乡村已完成或接近完成改造。94.99% 的受访农户修建了无害化卫生厕所，日常使用率达100%。公厕建设方面，70.00% 的受访乡村建造了公厕。

　　农业生产废弃物回收利用方面，建有回收站点的受访乡村较好地开展了回收工作。废旧农膜和农药包装的回收率不等，回收主体多样。为建立激励机制，部分受访乡村开展了有偿回收。受访农户对农药包装物的危害性认知有了较大提升，大多数能积极妥当地处理。秸秆回收再利用方面，受访农户采取了多种处理方式，包括粉碎还田、作饲料原料、作燃料等。

　　最后，农村居民对当前生产生活方式的满意度整体较高。受访农户对饮水安全和生活垃圾处理状况的满意度分别高达 89.26% 和 92.84%。这既是对农村发展现状的肯定，也为未来农村发展路径规划提供了重要依据。

农村乡村人才现状分析

张其贵[*]

摘　要： 本报告主要依托2024年中国乡村振兴综合调查湖南省调查的村问卷和户问卷两个样本数据，对农村乡村人才队伍建设进行了梳理和分析。结果如下。①在乡村人才队伍建设方面，全省农村各类乡村人才规模、结构存在较大的差异，现有的乡村人才总量或文化素质很难满足乡村振兴战略实施的现实需要，尤其是经营管理、乡村旅游、乡村规划、文化传承、民间工匠等方面的人才需求迫在眉睫。②在乡村教育卫生人才方面，受人口外移、撤点并校的强势挤压，乡村小学教育规模在逐年萎缩，学前教育在探索创办中呈现参差不齐现象，卫生医疗人才面临市场化加速和乡村振兴战略实施所带来的发展机遇和严峻挑战。③在乡村治理人才方面，过去乡村党组织书记连任多届、年龄老化、思想固化、知识不足的状况有所改观，年龄更小、学历更高、视野更广且拥有乡村治理经历的农村优秀人才更多地承担起带领村民干事创业的重要职责。尤其是驻村第一书记和选聘大学生村官的加入，直接给乡村治理带来了新鲜血液。但驻村第一书记和选聘大学生村官加入的覆盖面有限，后续支持政策有待完善。④在乡村人才培养方面，自高考制度恢复以来，尤其是实施"一村一名大学生计划"之后，

---

[*] 张其贵，法学硕士，湖南省社会科学院（湖南省人民政府发展研究中心）农村发展研究所（湖南省人才资源研究中心）副研究员，研究方向为农村人力资源与公共政策评估。

乡村"内生性"大学生培养效果显著，不仅为农村第一线培养了乡村振兴所需人才，也为农家子弟开辟了一条"跳农门"通道。近年来把"农门"练就成"龙门"、回乡创业、"农门成才之路"在希望的田野上蔚然兴起，但乡村人才单向流入城市的总体趋势未变。

关键词： 乡村人才　乡村治理　乡村振兴

乡村振兴，人才振兴是关键。习近平总书记谈到农业强国建设时强调："人才是最宝贵的资源，是加快建设农业强国的基础性、战略性支撑。一些农村发展乏力，关键在于缺人才，缺发展引路人、产业带头人、政策明白人。"[1]

农业农村现代化是实施乡村振兴战略的总目标。乡村振兴这篇"大文章"，始终是各类人才干事创业、发挥才能、实现作为的广阔天地，亟待广大人才大施所能、大展才华、大显身手。党的二十届三中全会指出，坚持农业农村优先发展，培养乡村新产业新业态，推动乡村全面振兴。结合湖南农村的发展实际，实现乡村全面振兴，人才振兴是基础，必须从根本上树立"人才是第一资源"的理念，充分认识农民在乡村振兴中的主体地位，真正地把乡村人才振兴放在乡村振兴的重要位置，培育产生一大批新型农民，打造一支强大的乡村振兴人才队伍，为加快推进农业农村现代化提供坚实人才支撑。

近年来，随着经济社会环境发生一系列变化，湖南农村乡村人才队伍建设克服了诸多困难、突破了一些瓶颈，取得了一定成效。本报告主要根据2024年中国乡村振兴综合调查湖南省调查村问卷和户问卷两个样本数据，从农村乡村人才基本情况、乡村教育卫生人才情况、乡村治理人才情况、乡村人才培养及流动情况等方面对农村乡村人才队伍建设的现状进行梳理和分析。

---

① 习近平：《加快建设农业强国　推进农业农村现代化》，《求是》2023年第6期。

一　农村乡村人才基本情况

（一）农村乡村人才的界定和统计范畴

2021 年，中共中央、国务院印发了《关于加快推进乡村人才振兴的意见》，提出要坚持农业农村优先发展，坚持把乡村人力资本开发放在首要位置，大力培养本土人才，引导城市人才下乡，推动专业人才服务乡村，吸引各类人才在乡村振兴中建功立业，健全乡村人才工作体制机制，强化人才振兴保障措施，培养造就一支懂农业、爱农村、爱农民的"三农"工作队伍。概言之，在农村，坚持德才兼备原则，把"懂农业、爱农村、爱农民"和"服务乡村""在乡村振兴中建功立业"作为衡量乡村人才的主要标准，不唯学历、不唯职称、不唯资历、不唯身份，不拘一格培养和聚集乡村振兴所需要的各类人才。

2024 年中国乡村振兴综合调查湖南省调查，对于农村乡村人才，采用抽样调查的方式，统计范围为：一是农业产业人才（如种粮大户、专业大户、家庭农场主、合作社领办人、农业企业家等，种粮大户指的是经营耕地面积 50 亩以上，专业大户、规模经营户指的是年销售收入 10 万元以上的）；二是第二、三产业人才（如农村企业创新人员、农村电商、乡村工匠等）；三是农业农村科技方面人才（如农业技术人员、"田秀才"、"土专家"等）；四是乡村公共服务人才（如教育文化旅游、医疗卫生和乡村规划建设人才等）；五是乡村治理人才（如村党组织书记、驻村第一书记、大学生村官等）。

（二）农村乡村人才规模与结构

2024 年全省农村各类乡村人才规模存在较大的差异。其中，包含教育服务、医疗卫生和文旅规划人才等在内的乡村公共服务人才最为集中，占比 67.97%。其他的依次是，农业产业人才（12.91%）、乡村治理人才

（8.33%）、科技方面人才（7.68%）和二、三产业人才（3.10%）（见图 1）。在乡村公共服务人才结构中，教育服务人才占比最高，为78.1%；医疗卫生人才居第二位，占比 16.3%；文旅规划人才占比仅为5.5%（见图 2）。

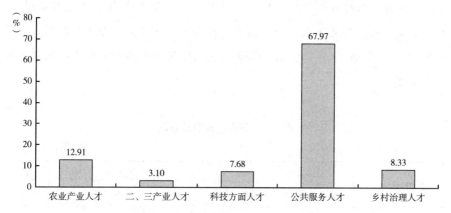

图 1　农村各类乡村人才占比情况

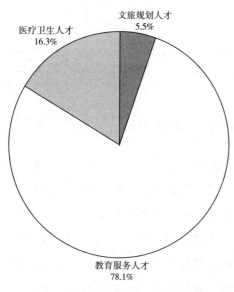

图 2　乡村公共服务人才结构情况

从乡村人才拥有量方面分析，人口千人拥有量为 8.2 人，劳动力千人拥有量为 12.6 人，每个行政村拥有量为 20.4 人。从乡村各类人才拥有量分布来看，二、三产业人才（企业创新人员、农村电商、乡村工匠等）和文旅规划人才（文化旅游、乡村规划建设人才），无论是人口、劳动力的千人拥有量还是每个行政村拥有量，均没有达到 1 人。教育服务人才拥有量最高，人口千人拥有量为 4.4 人，劳动力千人拥有量为 6.7 人，每个行政村拥有量为 10.8 人（见表 1）。这也基本印证了我国长久以来的农村政策取向和乡村人才演变。

表 1　乡村人才拥有量情况

单位：人

类别	总量	农业产业人才	二、三产业人才	科技方面人才	文旅规划人才	教育服务人才	医疗卫生人才	乡村治理人才
人口（千人拥有量）	8.2	1.1	0.3	0.6	0.3	4.4	0.9	0.7
劳动力（千人拥有量）	12.6	1.6	0.4	1.0	0.5	6.7	1.4	1.0
行政村（每村拥有量）	20.4	2.6	0.6	1.6	0.8	10.8	2.3	1.7

（三）乡村振兴人才需求情况

随着乡村振兴战略的逐步推进，人才振兴成了乡村振兴的关键内容。乡村振兴需要各类人才的参与和支持，而人才振兴也需要乡村振兴的平台和机会。当前，乡村最缺乏的还是农业产业人才，特别是水稻、茶叶、油茶、蔬菜等方面产业人才，占比排第一位，为 31.1%。第二是农业农村科技方面人才，主要是指种植、养殖、农副产品加工、智慧农业等方面技术人才，占比 29.5%。第三紧缺的就是农村电商、工匠、营销等方面的乡村二、三产业人才，占比为 16.4%。第四就是能带领村民致富的乡村治理人才，占比为 14.8%。第五才是除教育卫生领域以外的乡村公共服务人才，主要紧缺的是乡村旅游、乡村规划、文化传承等方面人才，占比为 8.2%（见图 3）。随着农业农村现代化的逐步推进，农业劳动生产率不断提高，农村社会开放度日益提速，乡村场域出现了大量剩余劳动力外移与各类乡村振兴人才短缺的结构性矛盾，这在很大程度上加剧了乡村人才紧缺。

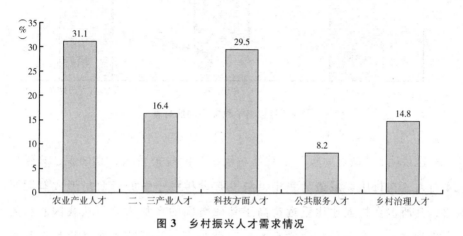

图 3　乡村振兴人才需求情况

二　农村乡村教育卫生人才情况

（一）乡村教育人才情况

1. 村级小学教育人才情况

随着我国城镇化建设的快速发展和农村人口的大规模迁移，农村初中学生向城市集中、小学生向集镇集中，农村村级小学正面临严峻的生存压力。尽管当前乡村学校依旧还是村庄场域里乡贤才俊最为集中的事业平台，但乡村教育人才队伍自身也在逐年萎缩。抽样调查数据显示，近几年，"撤点并校"还在持续发生，绝大多数是因为生源不足或者是和村外的学校合并，当前小学教育退出各行政村的现象较为普遍，占比已达到 2/3。当然，现有小学规模较大，每所村级小学平均拥有教职工 22.8 位，其中有 19 位专任教师，大专以上学历教师有 12.4 位（见图 4）。

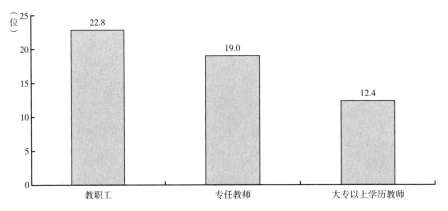

图4　村级小学教师平均拥有量

　　这说明，"撤点并校"后现有村级小学的规模较大，高知识、高学历乡村人才在村庄场域最为集中，与没有设村级小学的行政村形成鲜明对比，其所占乡村人才比重远远高于其他类别的乡村人才。从我国农村发展进程来看，这也是在"撤乡并村"背景下，为适应农村教育均衡配置改革的需要，农村小学实施"撤点并校"措施，更有利于优化乡村教育资源。

　　2.农村学前教育人才情况

　　近年来，随着"三农"问题备受关注和农村各项基础建设的大力投入，农村学前教育事业发展迅速，在社会主义市场经济发展的大潮推动下，人众办园积极性高涨。抽样调查数据显示，截至2023年，农村学前教育普及率达43.3%，其中2024年仅有一所村幼儿园因生源不足而停办。在各个行政村创办的幼儿园里，平均每所幼儿园拥有教职员工8.1位，其中专任教师占60.8%，保育员占35.1%，其他人员占4.1%（见图5）。另外，在专任教师队伍中，拥有大专以上学历的仅占40.2%。

　　由此可以看出，在乡村师资队伍建设方面，农村学前教育与小学教育存在明显差距，农村学前教育建设还处在创办探索阶段，不仅办园规模小，而且师资配备缺乏、能力参差不齐，专业化、规范化水平较低，监管也难到位，这制约着农村幼儿园的保教质量。

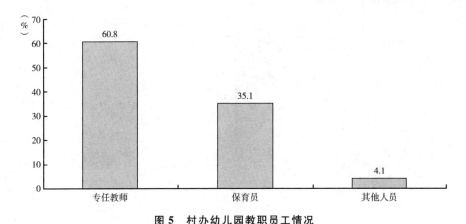

图 5　村办幼儿园教职员工情况

（二）农村乡村医疗人才情况

1. 农村乡村医疗人才配置情况

乡村卫生室在我国医疗卫生网络中具有独一无二的特殊地位，承担着满足农村居民基本医疗需求的重任。改革开放之初，随着农村卫生室所依托的集体经济衰落，村卫生室曾纷纷关门歇业。近年来，随着农村社会经济的迅速发展，广大村民对卫生医疗的呼声日益高涨，国家也给予了高度关注，在市场经济的推动下，多种形式的新型乡村医疗卫生室运行模式正在探索发展。抽样调查显示，农村医疗卫生室普及率达 93.3%，包括 6.7% 的行政村就是乡镇卫生院所在地，其他仅有 6.7% 的行政村没有设置医疗卫生室（见图 6）。在村卫生室医疗人员配置方面，绝大多数卫生室是一人一室或二人一室，三人一室的也占相当部分。其中，一人一室的占 40.7%，二人一室的占 44.5%，三人一室的也占了 14.8%（见图 7）。

2. 农村乡村卫生室第一负责人情况

乡村卫生室居于执行国家公共卫生政策要求和提供基础医疗服务以谋生存发展的特殊交会点，这对乡村卫生室负责人提出了较高的要求。国家推行的基药制度、新农合和农村公共卫生服务的改革，给乡村卫生室负责人提供了前所未有的发展机遇，同时乡村卫生室又面临一系列新情况、新挑战。抽

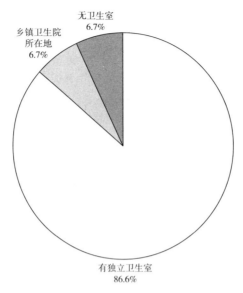

图 6　农村医疗卫生普及情况

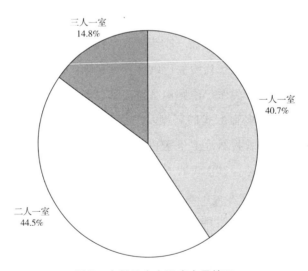

图 7　乡村卫生室医疗人员情况

样调查显示，当前乡村卫生室配置的第一负责人均达到国家卫生健康委员会颁发的《村卫生室服务能力标准（2022版）》素质要求，100%具备执业（助理）医师资格。从学历层次来看，乡村卫生室配置的第一负责人以大专

及以下为主,占比高达 92.9%,大学本科和硕士研究生学历的,均占到
3.6%,这说明乡村卫生室的发展未来可期。从年龄结构来看,乡村卫生室
第一负责人的平均年龄为 48.5 岁,其中 46~60 岁年龄段的最高,占
64.3%;45 岁及以下年龄段的占 28.6%;61 岁及以上的最少,占 7.1%。从
所属户籍来看,以本地区人员为主,具体所属户籍是本村的最高,占
60.7%;其次是本乡镇的,占 25.0%,再次是本县的,占 7.1%;也有本市
以外的,占比为 3.6%(见表2)。

表 2 乡村卫生室第一负责人个人特征

类别	具体情况			
具备执业(助理)医师资格	是		否	
	100%		0	
学历	大专以下	大专	本科	硕士
	42.9%	50.0%	3.6%	3.6%
年龄结构	45 岁及以下	46~60 岁	61 岁及以上	平均年龄
	28.6%	64.3%	7.1%	48.5 岁
所属户籍	本村	本乡镇	本县	本市以外
	60.7%	25.0%	7.1%	3.6%

三 农村乡村治理人才情况

(一)村党组织书记基本情况

1. 村党组织书记个人特征

当前,全省农村基层党组织书记队伍 60 岁以上超老龄化的现象基本消失,
青壮年、中年担当村党组织书记的趋势非常明显。抽样调查数据显示,全省农
村基层党组织书记的平均年龄为 50.6 岁,最大的为 60 岁,最小的为 32 岁。其
中,46~60 岁的党组织书记占比最高,为 80%;31~45 年的占 20%,30 岁及以
下青年优秀人才担当乡村发展领路人的现象目前尚未出现(见图8)。

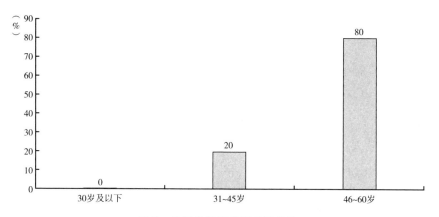

图8 乡村党组织书记年龄结构

　　在性别方面，全省农村基层党组织书记依然以男性为主，女性党组织书记也占有一定的比例。从抽样数据的平均层面来看，男性乡村党组织书记的比重为83.3%，女性为16.7%（见图9）。

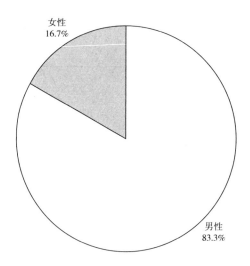

图9 乡村党组织书记性别结构

　　从学历来看，农村基层党组织书记的文化水平也在提高，以拥有大专学历为主，本科学历也占到一定的比例。抽样调查数据显示，乡村党组织书记学历所占比重从高到低依次是大专、高中（包括中专）、本科、初中。其中，大专学历占一半；高中（包括中专）学历的占到三成多，为33.3%；本科学历占到10%，而初中学历的占比最低，仅为6.7%（见图10）。

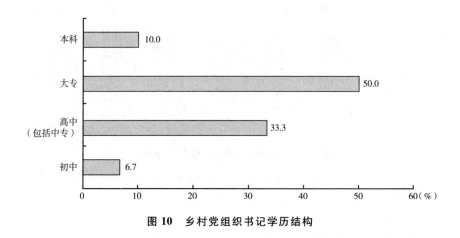

图10　乡村党组织书记学历结构

2.乡村党组织书记身份特征

乡村党组织书记任职前的身份复杂多样。近2/3的村党组织书记在任职之前，都有在村"两委"担任干部锻炼的经历，其他身份还包括个体工商户、外出务工人员、退伍军人、企业主、生产经营大户等，甚至还有医生、辅警等，通过以往的丰富经历，开阔了视野、丰富了阅历、增长了才干、积累了资源，同时还拥有较好的家庭经济基础，在乡村熟人场域里威信较高，成为村党组织书记的重要人选。

抽样调查数据显示，乡村党组织书记中有过生产经营大户经历的，占比为46.7%的；其次是有过个体工商户经历的，占比为16.7%；再次是退伍军人，占比为13.3%；曾经拥有外出务工经历或当过企业主的，占比一样，均为10.0%；另外还有10.0%的村党组织书记曾经从事村医、辅警等其他工作。在所有的村党组织书记中，拥有村"两委"干部工作经历的占比63.3%（见图11）。

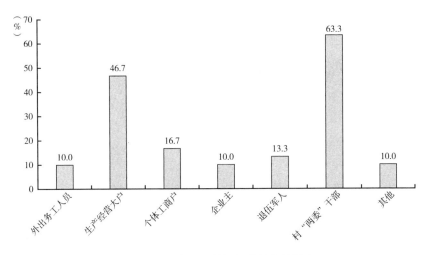

图 11　乡村党组织书记任职前身份情况

注：图中各项百分比值合计超过 100%，是因为有的村党组织书记任职之前曾经有多种经历。

3.村党组织书记任职情况

截至 2023 年，村党组织书记的平均任职年限为 8.4 年，其中最低任职年限仅为 1 年，最高任职年限高达 30 年。从任职年限的结构来看，任职年限在 5 年及以内的村党组织书记占比为 56.7%，任职在 6～10 年的为 13.3%，任职在 11～20 年的为 16.7%，而任职在 21 年及以上的占 13.3%（见图 12）。按基层党组织五年换届期限，当前超过半数的村党组织书记是首届上任，他们是从乡村场域中脱颖而出的优秀人才，刚刚走上乡村领路人这一重要岗位。由此可见，过去乡村党组织书记多届连任、年龄老化的情况有所改变，年纪更轻、学历更高、视野更广、经历更丰富的农村优秀人才更多地承担起了带领村民干事创业的重要职责。

同时，调查发现，所有的在职村党组织书记均接受过一次以上党委部门举办的集中培训。近年来，国家把加强村党组织书记队伍建设作为农村基层党组织建设的重中之重，把村党组织书记的素质提升纳入整个体制内干部培训规划，将"所有村党组织书记每年至少参加一次集中培训工作"落实到位，更筑牢了引领乡村振兴的组织堡垒。另外，农村

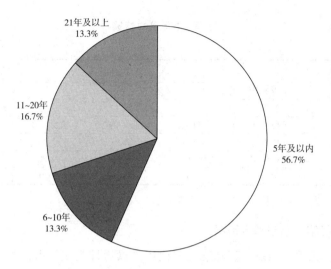

图 12　乡村党组织书记任职年限情况

"村支两委一肩挑"现象较为普遍，在职村党组织书记同时还兼任村委会主任的占比已达 93.3%，这说明农村基层坚决按照中央的文件精神、结合湖南省农村现实而进行的乡村治理探索，是乡村治理体系和治理能力现代化的创新发展。

（二）驻村第一书记基本情况

1. 选派驻村情况

近年来，湖南省对标中央文件精神，结合省情实际，合理调整选派范围，整合驻村力量，拓展帮扶内容，确保驻村第一书记和工作队选得优、下得去、融得进、干得好。抽样调查数据显示，目前有 46.7% 的重点乡村选派了驻村第一书记和工作队，派出单位以政府机关为主，占比为 64.3%，事业单位为 28.6%，国有企业为 7.1%。派出单位主要来自县级政府机关，占比为 50%，市级单位占比为 28.6%，省级以上为 14.3%，还有乡镇直接派驻的，占比为 7.1%（见表 3）。

表 3　选派驻村情况

单位：%

项目	具体情况			
派驻情况	是否派驻	无		有
	比重	53.3		46.7
派出单位	单位性质	政府机关	事业单位	国有企业	其他
	比重	64.3	28.6	7.1	0.0
	单位级别	省级以上	市级	县级	乡镇级
	比重	14.3	28.6	50.0	7.1

2.驻村第一书记基本情况

从性别来看，当前，驻村第一书记还是以男性为主，占比为85.7%，女性干部也积极参与到村庄治理中来，占比为14.3%。从年龄结构来看，驻村第一书记的平均年龄为43.2岁，正属年富力强、精力充沛、经验丰富、知识面较广、技术成熟的群体；最大的为57岁，最小的为27岁；配置较为均衡，30岁及以下的为21.4%，31~45岁的为42.9%，46~60岁的为35.7%。在学历层次方面，驻村第一书记以本科为主，占比为50%；大专及以下学历为辅，占比为42.9%，有少量研究生学历的也被选派驻村，占比为7.1%。从行政级别来看，股级干部是选派驻村的中坚力量，占比64.3%，其次是科级干部，占比28.6%，处级及以上干部带队驻村的，占比7.1%（见表4）。

表 4　驻村第一书记基本情况

单位：%

项目	具体情况		
性别	男		女
占比	85.7		14.3
年龄	30岁及以下	31~45岁	46~60岁
占比	21.4	42.9	35.7
学历	大专及以下	本科	研究生
占比	42.9	50.0	7.1
行政级别	股级	科级	处级及以上
占比	64.3	28.6	7.1

3. 派驻后续资助情况

在驻村第一书记派驻期间，85.7%的所在单位给予村里直接资助或补助经费，没有给予资金资助的仅占 14.3%。其中，资助金额较为普遍的是在 1 万~10 万元，占比 50%；11 万~20 万元的占比是 21.4%，21 万元及以上的占比为 14.2%，最高资助金额为 300 万元。同时，驻村第一书记个人争取或协调得到其他渠道资金或补助的现象较为突出，占比达 64.3%。其中自筹到 1 万~10 万元的比重为 35.7%，自筹到 11 万~50 万元和 51 万元以上的占比分别为 14.2%、14.3%（见图 13）。这说明，无论是单位资助还是个人争取，派驻后续资助为驻村第一书记落实帮扶政策和参与村庄治理提供了有力的资金保障。

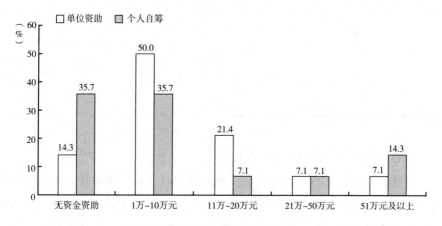

图 13 选派驻村后续资助情况

（三）选聘大学生村官基本情况

1. 大学生村官选聘情况

选聘大学生到乡村任职是培养社会主义现代化建设接班人的战略举措。湖南认真贯彻落实中央的政策要求，结合农村实际，从 21 世纪初探索"大学生村官选聘"，经过了 20 多年的经验积累和工作实践，逐渐建立了切合各地农村现实需要的选聘高校毕业生到村任职工作长效机制。当前，从全省层面来看，有 16.7% 的行政村选聘了大学生在岗任职，其中男性占 60%，女性占 40%。从选聘大学生村官的籍贯来看，以本省籍贯的大学生村官为主，占比 80%，外省籍贯的仅占 20%，特别是出自本村的大学生村官占了 40%，这是"一村一名大学生"培育工程的实施成效。在学历层次方面，大专及以下和本科学历的大学生村官的占比均为 40%，另有 20% 的研究生也积极参与了村庄治理（见表5）。

表5　大学生村官选聘情况和个人特征

单位：%

项目	具体情况		
大学生村官基本情况	无		有
	83.3		16.7
性别	男		女
	60.0		40.0
籍贯	本村	本省	外省
	40.0	40.0	20.0
学历	大专及以下	本科	研究生
	40.0	40.0	20.0

2. 选聘期间大学生村官工作情况

当前，大学生村官不像驻村第一书记那样，带着所在单位资助或其他渠道筹措的资金驻村参与治理，他们通过竞争选聘，或担任村党组织书记助理或村委会主任助理，"白手"进入村庄场域，在陌生的"熟人社会"里跟着村支"两委"参与乡村管理和建设工作，尽可能地运用自己的所学所闻和激情斗志，在"两委"班子建设、发展集体经济、村庄基础设施修建、政策解读与宣传、乡风文明建设、村民劳务培训或输出等方面，跟班磨炼，充当新鲜血液，发挥应有作用。

四　农村乡村人才培养及流动情况

（一）农村乡村大学生培养规模

"一村一名大学生计划"从试点到推广，再到通过现代远程开放教育和高考农村特招或定向招生计划方式，将高等教育延伸到农村，也切合农村发展的需要，为农家子弟开辟了一条更便捷的"跳农门"通道，效果显著，深受欢迎。抽样调查数据显示，在1977年恢复高考前，能培养出大学生的行政村寥寥无几，当时曾培养出大学生的行政村仅有10%。随着高考制度的恢复以及一些老少边穷农村地区高考招生优惠政策的实施，到2000年前后，培养出大学生的行政村占比已上升到66.7%。自2004年开始全面实施"一村一名大学生计划"之后，截至2023年，培养出大学生的行政村占比攀升至93.3%，但还有6.7%的行政村尚未培养出大学生（见图14）。

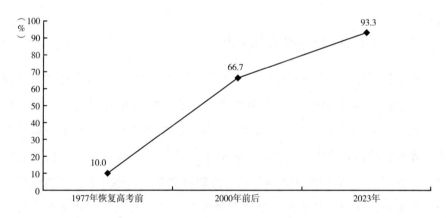

图14　不同时段培养出大学生的村庄情况

从累计培养出大学生的总量来看，新中国成立以来，截至2023年，平均每个行政村培养出的大学生达到369.5人。其中，累计培养出大学生在100名及以下的行政村占比40%；培养出101~200名的占比16.7%；培养出201~500名的占比26.7%；培养出500名以上的，占比高达16.6%（见图15）。累计培养出大学生500名以上的，全部分布在较发达的长沙市辖区下的城郊行政村，这里不仅农业产业化程度高，而且大量地承接城市发展的第二、三产业，人才需求量大，培养大学生成为大势所趋。

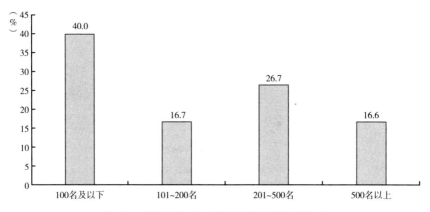

图 15　累计培养出大学生的行政村分段情况

（二）农村乡村大学生流动情况

改革开放之后，农村孩子借"参军""考学""打工"等途径跳出"农门"，成为农村场域备受人敬重和钦羡的对象，特别是通过高考走出"农门"的，美名传播十乡八寨。如今，随着乡村振兴战略的深入推进以及城市就业形势的强力挤压，农村场域逐渐出现"农门"练就成"龙门"的情况，回乡创业、"农门成才之路"在希望的田野上"蔚然兴起"。"大学生回村创新创业、成为乡村能人"已逐渐地成为乡村一道美丽的风景线，得到乡村社会的普遍认同。目前，累计回村工作或发展的大学生人数，占本村培养出大学生总量的比重为 9.7%，出现"大学生回村创新创业"现象的行政村已有 2/3，主要还是集中在相对发达地区的城郊乡村，平均每个村累计有34 名大学生曾回村工作发展，而地处边远少穷的湘西湘南湘北的乡村出现大学生回村工作发展的仅属个别现象。另外，还出现非本村大学生来村工作发展的现象，人数不小，占回村大学生总量的 36.9%（见图 16），这主要出现在就业条件和发展机会相对较优的城郊乡村。

（三）农民接受继续教育情况

随着农村经济社会的变革和发展以及全社会开放度的极大提高，农业生

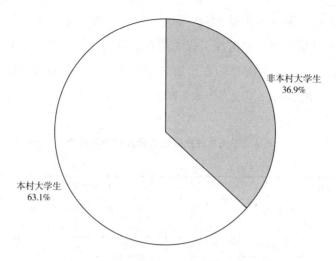

图 16　回村工作发展的大学生占比情况

产正向专业化、商品化、现代化转变，推动农民也正由低学历向高学历提升、由掌握单项技术向掌握多项技术发展，他们迫切要求学习新知识、掌握新技能，运用农业各方面的新技术和新知识来发展经济，运用乡村治理、城乡融合的治理体系和治理能力振兴乡村。针对新型农民的学历继续教育和技能培训，逐渐成为回乡农民成长成才的新途径。

在学历继续教育方面，务农的农民，一般都可以在 50 公里以内的本县域内或本市州域内重新参加中专、大专或本科以上学历教育，他们可以通过成人高考、远程教育等多种形式，获得相应的学历文凭。这种现象在一半左右的行政村出现过。在出现过"回村农民重新获得学历"的行政村中，平均每个村累计有 14.5 人重新拿到中专、大专或本科以上学历。其中，除了经济条件、产业发展较好的长沙县湘丰村累计有 150 人重新学习并获得学历外，其他各地行政村通过重新学习拿到学历的回村农民累计集中在 1~7 人。

抽样调查数据显示，在农民技能培训方面，2023 年 1 人次都没有的村占比 10%；有 1~50 人次参加的村占比最高，为 50%；有 51~100 人次参加的村占比为 16.7%；有 101 人次及以上参加的村，占比 23.3%。其中，参加技能培训人次最多的是邵阳市新宁县的石门村和丰田村，他们根据当地特色经济发展需要，先后组织过 1500 人次的种植、农产品深加工技术培训和 1000 人次的白茶、油茶种植加工技术培训。另外，从农民参加培训的满意度来看，农民表示非常满意的占比最高，为 53.3%，但还有 26.7% 的受过培训的农民明确表示"不满意"（见表 6）。

表 6　农民参加技能培训情况和参加意愿

单位：%

项目		具体情况			
培训情况	人次分段	0 人次	1~50 人次	51~100 人次	101 人次及以上
	占比	10.0	50.0	16.7	23.3
参加意愿	满意度	不满意	一般	满意	非常满意
	占比	26.7	10.0	10.0	53.3

五　小　结

本报告基于 2024 年中国乡村振兴综合调查湖南省调查的统计数据，重点分析了湖南省乡村人才队伍的规模结构和现实需求、乡村教育卫生人才配置情况、乡村治理三个主要岗位人才的构成和特征，以及乡村人才培养与流动情况等方面的内容，对湖南省乡村人才队伍建设的现实状况进行了研判，得出以下基本结论。

第一，目前，全省农村各类乡村人才规模、结构存在较大差异，现有的乡村人才总量或文化素质很难满足乡村振兴战略实施对产业人才、服务型人才的现实需要，尤其是经营管理、乡村旅游、乡村规划、文化传承、民间工匠等方面的人才需求迫在眉睫。随着农业农村现代化的逐步推进，农业劳动生产率不断提高，乡村社会开放度日益提升，乡村场域出现了大量剩余劳动力外移与各类乡村振兴人才短缺的结构性矛盾，在很大程度上加剧了乡村振兴人才紧缺状况。

第二，当前，乡村学校和卫生医疗依旧还是村庄场域里乡贤才俊最集中的平台，但是乡村教育人才受到人口外移、"撤点并校"的影响，卫生医疗人才却面临市场化加速背景和乡村振兴战略实施所带来的发展机遇和严峻挑战。在城乡教育资源配置不均衡的情况下，农村小学教育资源与学前教育资源存在明显差距，学前教育建设还处在创办探索阶段，不仅办园规模小，而且师资配备缺乏、素质参差不齐，专业化、规范化水平较低，严重制约着农村幼儿园的保教质量。

第三，加强农村乡村治理人才队伍建设，不仅是农村基层党组织建设的重中之重，更是筑牢引领乡村振兴的组织堡垒。过去乡村党组织书记连任多届、年龄老化的状况有所改观，通过实践锻炼、知识更新，年龄更小、学历更高、视野更广且拥有乡村治理经历的农村优秀人才更多地承担起带领村民干事创业的重要职责。尤其是驻村第一书记和选聘大学生村官的加入，不仅直接给乡村治理带来了新鲜血液，还给乡村发展叠加了经济资源、经营理念、知识体系、发展思路，在"两委"班子建设、发展集体经济、村庄基础设施修建、政策解读与宣传、乡风文明建设、村民劳务培训或输出等方面，发挥了更加积极的促进作用，当然，无论是选派驻村第一书记还是选聘大学生村官，一定要立足实际、有的放矢，并保持政策持续性，加大支持力度，注重"派聘"实效。

第四，乡村振兴，人才是基石。乡村发展的硬实力、软实力，归根到底要靠人才实力，尤其是"内生性"的本土人才。高考制度恢复以来，尤其是实施"一村一名大学生计划"之后，乡村"内生性"大学生培养效果显著，不仅为农村第一线培养了乡村振兴所需人才，也为农家子弟开辟了一条更便捷的"跳农门"通道。随着农业农村现代化的加速推进，加之城市就业形势的影响，乡村场域逐渐出现把"农门"练就成"龙门"的现象，回乡创业、"农门成才之路"在希望的田野上蔚然兴起。"大学生回村创新创业，成为乡村能人"已逐渐成为常态。此外，回乡农民接受继续教育状况不容乐观，针对新型职业农民的学历继续教育和技能培训，逐渐成为回乡农民成长成才的新途径。

加快农村信息化进程

赵　旭[*]

摘　要： 本报告以湖南农村信息化建设为研究对象，基于翔实的统计数据和调研资料，从信息接入条件、个人信息使用行为、在线参与行为和农村电商发展四个方面，对湖南农村信息化现状进行了系统分析。研究表明，湖南通过完善信息基础设施和推进数字乡村建设，农村互联网普及率达到历史高点，5G覆盖率超过90%，智能设备家庭拥有率接近100%，城乡数字鸿沟逐步缩小。调查显示，农户对智能设备的使用日趋频繁，微信成为信息传播的主要渠道，在线交流和参与村务治理的比例持续上升。然而，老年群体的数字技能缺乏、信息准确性识别能力不足以及电商经营中的物流成本高、管理能力不足等问题仍制约着农村信息化的全面发展。针对上述问题，提出加强农民数字技能培训、构建村务公开在线平台、优化农村物流体系和探索"互联网+农业"模式等对策建议，以期为提升农村信息化水平、促进乡村振兴提供理论支撑和实践指导。

关键词： 农村信息化　农户信息行为　村务治理　农村电商　信息技术应用

随着信息技术的发展，信息接入与使用的普及程度成为乡村振兴的关键

---

[*] 赵旭，理学硕士，湖南省社会科学院（湖南省人民政府发展研究中心）农村发展研究所（湖南省人才资源研究中心）助理研究员，研究方向为农村公共政策评估。

要素之一。农村地区的信息化不仅有助于提升农民的生活水平和文化素养，还能有效推动农村经济发展。本报告基于 2024 年中国乡村振兴综合调查湖南省调查数据，探讨农户的信息接入条件、个人信息使用行为以及在线参与情况，提出进一步提升农村地区信息技术应用效果的对策建议。

一　信息接入条件

近年来，湖南农村地区的信息接入条件显著改善，城乡间的信息互通大大强化。尤其是"十四五"以来，湖南农村地区基础设施不断完善，信息化环境持续优化，数字乡村发展取得了重要阶段性进展，农村互联网普及率不断提升，现代化信息设备逐步进入家庭，农户信息接入的条件日益优化。同时，农户的信息应用水平显著提升，这为湖南农村的信息化与数字化转型打下了良好的基础。

（一）村庄信息环境

调研数据显示，湖南农村信息接入条件逐步改善，尤其是在互联网基础设施建设方面，村级宽带覆盖率得到显著提高，截至 2024 年初，行政村光纤通达率达 100%，5G 通达率超过 90%。[①]"户户通"宽带的比例逐年提升，这为农村信息化奠定了坚实的基础。当前，不同地理区域在信息接入方面的差距正逐步缩小，尤其是在城乡之间和不同自然地理条件下的农村地区，这一趋势尤为明显。许多偏远和经济欠发达地区的网络覆盖状况有了显著改善，逐步实现了与城市地区相似的接入水平。随着光纤网络、5G 基站等网络基础设施的进一步普及，城乡居民获取数字资源的条件趋向均衡，数字鸿沟不断缩小。全省范围内均衡化的网络基础设施布局，不仅提升了各地农村居民的信息获得感和公平感，也为数字经济在农村地区的健康发展提供了可靠支撑。

---

① 谢小鹏：《潮涌 30 年：看湖南如何勇"网"直前》，《新湘评论》2024 年第 9 期。

（二）个人和家庭上网设备

为了更好地评估信息接入状况，对农户家庭的上网设备拥有量进行进一步分析。调研样本数据显示，98% 的家庭拥有上网设备，这些设备为农民获取信息、交流沟通以及进行在线交易提供了重要支撑。然而，仍有 3% 的家庭没有任何上网设备，这些家庭主要是老年人口，老年人对于智能设备的接受度普遍较低，缺乏数字技能。

智能手机是当前主要的上网设备，截至 2024 年 6 月，中国手机网民规模为 10.96 亿人，较 2023 年 12 月增长 528 万人。[①] 本次调查统计了农户家庭的 4G/5G 智能手机保有情况，结果表明：97% 的受访农户家庭至少有 1 部 4G/5G 智能手机，69% 的农户家庭至少有 3 部 4G/5G 智能手机，无 4G/5G 智能手机的受访农户仅占 3%（见图 1）。从全省层面来看，农户智能设备和智能手机基本上能够实现家庭普及，没有上网设备和智能手机的农户主要是老年人口家庭，老年群体较少接触互联网。

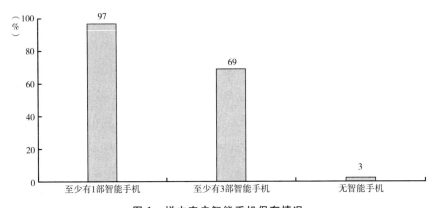

图 1　样本农户智能手机保有情况

（三）家庭信息接入质量

家庭信息接入质量直接影响农民对信息资源的利用和获取。在家庭信息

[①] 中国互联网络信息中心（CNNIC）：第 54 次《中国互联网络发展状况统计报告》，2024。

接入较好的地区，农民可以方便地获取各类生产生活信息，参与在线学习、远程医疗、社交互动等活动。在对信息基础设施环境和接入条件考察的基础上，为识别信息接入的家庭网络条件，对家庭信息接入的质量进行分析。调查结果显示，在互联网基础设施广泛覆盖的同时，农村的网络条件也大有改观，仅有少数农户家庭网络条件较差。样本数据里，认为自家网络条件非常好的村民，安乡县占比为75%，洪江市占比为48%，零陵区占比为61%，新宁县占比为64%，长沙县占比为49%；而认为自家网络条件较好的村民占比情况可参见图2。由此可见，全省范围内家庭网络条件受地域限制的影响较小。全省已经基本实现均衡，不再存在地域差异性。

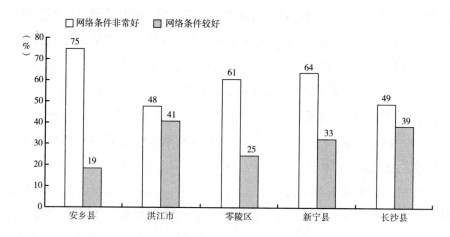

图2　样本农户网络条件满意度情况

二　个人信息使用行为

本部分旨在分析农民个体的信息使用行为。鉴于信息使用行为涉及内容广泛，将重点考察手机使用情况、信息获取情况以及信息使用效果认知，从而从农户的视角剖析信息资源下沉的方式。这一分析，希望揭示农村信息传播渠道与农户需求之间的匹配特征，并进一步洞察农村信息化发展趋势。

（一）手机使用情况

农户对于手机等上网设备的使用情况不仅能反映农民的信息素养水平，也是信息要素向农村地区渗透的重要标志。根据全省范围内受访农户的有效样本筛选结果，使用 4G/5G 智能手机的农户占比达 97%，这表明智能手机在农村地区的普及程度相当高。相反，不使用智能手机的农户群体主要集中在 50 岁以上的人，这一数据也与家庭上网设备拥有情况的分析结果相吻合。

为识别使用智能手机农户群体的基本能力，问卷中提供了使用 4G/5G 智能手机是否存在困难的题目。调查结果表明，61% 的受访农户认为使用手机上网功能不存在困难。3% 的受访农户使用手机基本上用来接打电话，不上网，这类农民群体的特点是受教育程度较低，高中以下学历占 87.34%，这反映出现代信息设备使用与文化素质密切关联。仅有 15.61% 的受访农民认为完全可以快速适应手机新软件和新功能，这部分受访农户中来自长沙县的占 34.04%，比例高于其他地区。手机使用时长是信息设备使用强度的重要体现，结合分层抽样结果，全省层面的受访农民手机每日平均使用时长为 3.21 小时。分地区来看，长沙县、洪江市、零陵区、新宁县，农民手机每日平均使用时长并无明显差异，其中新宁县农民手机每日平均使用时长最长，为 3.59 小时，其后依次是长沙县的 3.37 小时，洪江市的 3.35 小时，零陵区的 3.21 小时，安乡县农民手机每日平均使用时长最短，为 2.53 小时（见图 3）。以智能手机平均使用时长为参考，发现在全省宽带入户等网络基础条件区域差异不大的基础上，农户家庭的信息接入质量和农民设备使用强度方面差异也不大。

考虑到不同就业类型农民在手机使用方面的差异，对各类农民群体进行了分析。结果显示，越接近长株潭核心区域，兼业农民和非农就业农民的占比就越高，非农就业农民的手机每日平均使用时长最长，达到 3.94 小时；兼业农民的平均使用时长为 3.23 小时，略高于全国平均水平；而全职务农的农民手机每日平均使用时长相对最短（见图 4）。这种差异可能是由于非

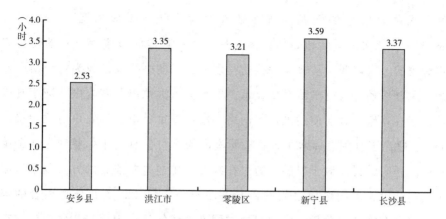

图 3　不同区域个体手机每日平均使用时长

农就业和兼业农民群体在文化素养和技能水平方面普遍较高，其社会关系相对复杂，因此在社交和业务方面的需求也更为多样，从而使他们更频繁地使用手机获取和传播信息。

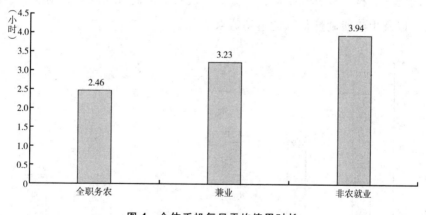

图 4　个体手机每日平均使用时长

（二）信息获取情况

关于信息获取偏好，主要从信息获取渠道和信息内容偏好两个方面进行考察。第一，从信息获取渠道的偏好来看，针对农户倾向村委会通过何种方式传递信息的问题，结果显示微信等网络手段最受欢迎，约占68.43%；其次是电话和短信；再次是广播；其他如公告等方式的使用率相对较低。这表明，从普及和接受程度来看，网络手段已成为村级信息传播的主要途径。进行区域对比显示，安乡县、洪江市、零陵区、新宁县以及长沙县等地，倾向使用微信等网络手段传播重要信息的农户占比均接近65%，略高于全国总体水平，这表明湖南的农村信息化工作整体走在全国前列。同时，村民对于村委会通过在线方式传递重要信息的方式基本形成了普遍认可，不同区域之间的差异并不显著。第二，关于信息内容的偏好，根据有效样本分析，农户对通过网络关注的信息内容较为集中。调查显示，受访农民最希望通过网络关注的内容是实时新闻，占比70.43%；其次是生活常识、村庄事务和娱乐游戏，分别占42.19%、38.90%和22.92%。此外，一部分农户还关注生产指导（18.27%）和教育医疗（26.24%）等信息（见图5）。这表明，当前农民的信息偏好主要集中在新闻资讯、村庄事务和生活常识方面，反映了他们对获取社会动态、村庄治理以及生活便利性信息的迫切需求。

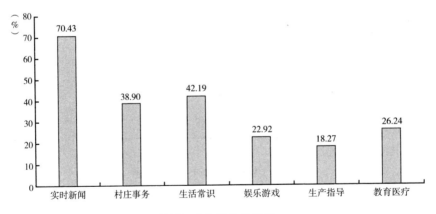

图5　农民的信息偏好

农民在信息获取上存在一定的偏好，进一步调查了通过网络获取的信息是否满足他们的日常需求。结果显示，认为信息"完全满足""基本满足"

"一般满足"的受访农户合计占比为98.03%。其中，30%的受访者表示通过网络获取的信息能够完全满足其日常需求，而仅有0.85%的受访者认为网络信息完全无法满足他们的需求（见图6）。进一步分析还发现，77.74%的受访农户认可在子女或亲友的帮助下，通过手机或网络获取信息更加方便有效。这表明，尽管网络信息基本可以满足大多数农民的日常需求，但部分农民可能由于自身条件或能力的限制，需要依赖亲友的帮助来获取有效的信息。

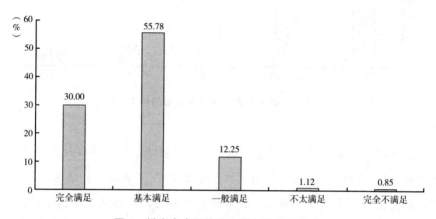

图6　样本农户网络信息获取的满足程度

在调查中，分析了农民对于所关注信息的及时获取情况。在有效样本中，61.59%的受访农户表示信息获取非常及时，只有3.8%的农户认为部分信息获取不够及时或完全无法及时获取。从区域比较来看，各地区中认为信息获取非常及时的受访比例差异不大，这表明总体上农民普遍认为他们所需的信息能够及时获取，主观上对信息获取的时效性较为认可。

（三）信息使用效果认知

从信息对农户工作和生活的影响来看，结合农户的主观感受，有38%的受访农户完全同意通过网络获取的信息对他们的工作和生活有帮助，43.42%的农户基本同意这一观点，只有2.85%的受访者认为网络信息对他们毫无帮助（见图7）。这表明，网络化手段已经基本能够满足农户在工作和生活方面的信息需求。

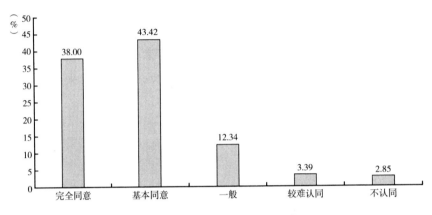

图7　样本农户网络信息获取的效果

在区域对比中，结合安乡县、洪江市、零陵区、新宁县以及长沙县的调查数据，针对网络获取的信息对工作和生活是否有帮助，各地区均有95%左右的受访农户表示完全同意、基本同意或一般。各地区之间的差异不大，这表明，从主观来看，大多数农户普遍认为通过网络获取信息对他们的工作和生活是有积极作用的。

从信息准确性的判断来看，只有17.71%的受访农户表示能够完全判断通过手机或网络获取的信息的准确性。其中，高中及以上文化程度的农户占36.74%，50岁以上老年人占43.42%。同时，20.57%的受访农户表示难以或无法判断网络信息的准确性，其中高中及以上文化程度的农户占比为12.29%，而50岁以上的老年人占比高达86.63%。这表明，网络信息的判断能力与受教育水平和年龄结构有很大关联，教育水平较低以及年长群体对网络信息的识别能力相对较弱，面临较大的信息准确性判断挑战。

手机付费行为反映了农户在特定功能上的偏好。在总体样本中，21.48%的受访农民为手机 App 服务支付过费用。调查显示，不同类型的农民群体对手机付费均有一定需求。从年龄结构来看，中青年农民和50岁以上的农民中，进行手机付费的比例均约为50%，其中50岁以上的群体占43.81%。此外，学历较低的农户也有一定的手机付费需求，例如，在进行手机付费的农户中，初中文化程度者的比例为38.62%。这些数据表明，无论是年龄还是文化程度，农户对手机应用的付费需求都具有广泛性。

三　在线参与行为

随着信息化水平的不断提升，网络已逐渐成为农户参与村级交流、获取村级信息和参与村内事务的关键工具。本报告主要从农户角度出发，分析了其所在村庄的在线交流程度、农户对村庄信息传递方式的偏好，以及他们在村内公共事务中的在线参与情况。通过这些分析，旨在了解当前村庄信息交流的网络化程度，并识别农户在信息获取和互动中的实际需求。

（一）在线参与村级交流情况

在线交流互动方面，几乎所有村庄（99.23%）已使用微信群、微信公众号等网络社交平台。95.46%的受访农户表示其所在社区已采用在线公共交流平台，其中大多数社区（93.15%）选择微信作为主要的公共交流工具，其他平台如QQ、微博、网络论坛、钉钉等的使用比例约为3.67%。然而，仍有4.21%的受访农户反映其所在社区没有任何在线公共交流平台。这表明，网络的便捷性正在取代传统的面对面交流或逐一电话通知的方式，成为提高信息传递效率、节省人力资源的重要手段。但同时，也应注意到，某些村庄仍未实现信息网络化，村务治理信息化的差距开始显现。不同地区受访农户所在社区使用网络平台进行在线交流的比例差异不大，安乡县、洪江市、零陵区、新宁县和长沙县的比例分别为86.23%、85.17%、87.42%、85.51%和89.36%（见图8），反映出全省乡村信息接入条件的逐步平衡和均等化。

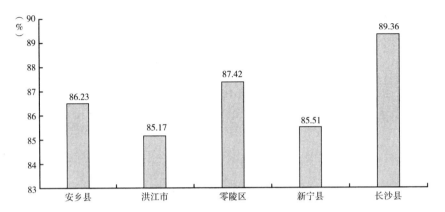

图8　样本农户所在社区在线公共交流平台的地区差别

（二）对村委会重要信息传递的方式偏好

在调查中，关于村委会重要信息传递方式的偏好，65.73%的受访者选择了微信等网络手段，23.21%的受访者倾向于电话短信，9.06%的受访者选择了广播，而公告和其他信息传递方式的选择比例较低，均不足3%（见图9）。这表明，微信等网络手段已成为农户接收村委会信息的主要渠道。然而，考虑到农村老龄化日益加剧，且许多移动互联网应用尚未进行适老化和无障碍设计，一些家庭仍然需要依赖电话短信和广播等传统方式获取信息。

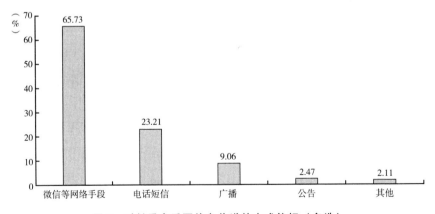

图9　对村委会重要信息传递的方式偏好（多选）

从不同地区的情况来看，受访者对微信等网络手段的偏好占比在长沙县最高；广播的选择占比则在零陵区较高；而电话短信的偏好占比在新宁县最为突出。具体到微信等网络手段的使用偏好，受访者的选择占比呈现从零陵区、洪江市、新宁县、安乡县到长沙县逐渐升高的趋势，反映出不同区域农户对信息传递方式的接受度差异。

（三）在线参与村庄公共事务

总体来看，通过微信群等线上平台参与村内重要公共事务的交流已经变得相当普遍。根据受访者参与微信群交流村内事务的情况，43.69%的受访者表示经常参与，27.51%的表示偶尔参与，而很少参与或从未参与的分别占24.31%和26.67%（见图10）。在不同受教育水平的农民中，具有高中及以上学历的农户中，74.92%的表示经常或偶尔通过微信群参与村内事务的交流，而初中及以下学历的农户中，这一比例为48.39%。这表明，文化程度较高的农户更可能通过微信群积极参与村级事务的讨论。这一现象可以从前文的分析得出结论，受教育程度较高的农户通常具备更强的智能设备使用能力，因此能够更容易地参与到在线交流中。

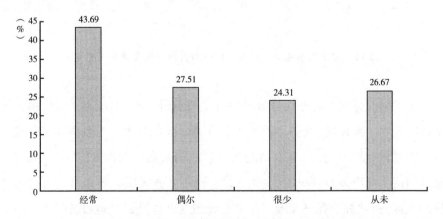

图10 样本农户通过微信群参与村内重要公共事务交流

从村庄发布党务、村务、财务等信息的渠道使用情况来看，大多数受访村庄选择通过公告栏、微信群和广播进行信息发布，分别占比94.39%、83.43%和52.15%。此外，26.94%的村庄通过电话发布事务信息，20.38%的村庄通过电子政务平台发布相关信息。通过微信公众号和短信发布信息的村庄比例分别为21.86%和15.69%，而通过其他传统方式（如开会、口头通知等）发布信息的村庄比例较低，不足5%（见图11）。这些数据表明，微信群和电子政务平台等在线信息发布渠道已得到广泛应用，但公告栏和广播等传统渠道仍在村庄信息传播中占据重要地位，显示出村庄治理现阶段仍然是多渠道结合的模式。

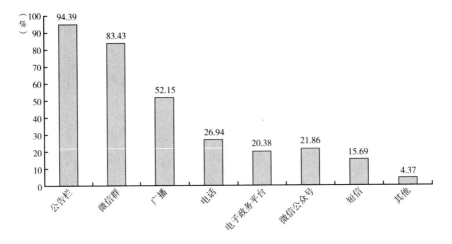

图11　村庄发布党务、村务、财务等信息的渠道情况（多选）

除了微信群和微信公众号等网络社交平台外，73.33%的受访村庄表示本村已建立"互联网+政务"服务平台。通过区域对比，安乡县和长沙县拥有"互联网+政务"服务平台的受访村庄比例最高，均为83.33%；而其他地区的该比例均为66.66%（见图12）。这一差异表明，各地区均已开始建设"互联网+政务"服务平台，但其建设程度可能受到当地财政投入、经济发展水平以及管理理念的影响。此外，80%的受访村庄表示村干部已接受信息技术培训，表明大多数村干部已参与信息技术培训。

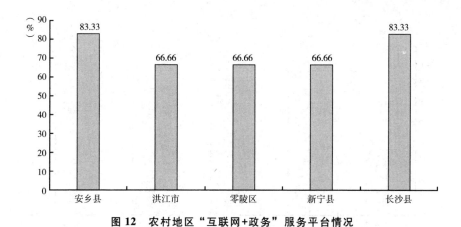

图 12　农村地区"互联网+政务"服务平台情况

四　电商经营

近年来，随着乡村信息化条件的改善和物流水平的提升，农村电商已成为农户进入市场、实现自主就业和增收的重要途径。本部分将从电商参与比例、电商渠道的销售情况以及农户在电商参与过程中遇到的经营困难等方面，分析当前农村电商的基本发展态势。

（一）电商参与情况

调查结果显示，3.42%的受访农户表示家中有产品通过网络进行交易。这表明，电商已成为农户连接市场、参与交易的重要方式。按区域划分，安乡县、洪江市、零陵区、新宁县和长沙县的受访农户参与电商交易的比例分别为1.76%、3.85%、3.59%、3.38%和4.21%（见图13）。其中，洪江市和长沙县在电商参与比例上领先，前者依托丰富的旅游资源，后者则是经济较发达、农村电商产业集聚程度较高的地区。

（二）电商渠道销售情况

在参与电商销售的农户中，从销售的产品类别来看，51.22%的受访

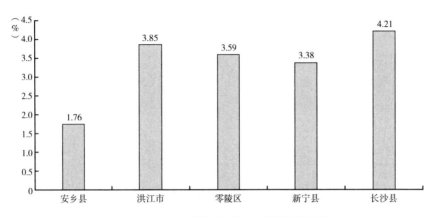

图 13　家庭有产品通过网络交易的地区差异

者销售的是农产品，12.86%的受访者销售的是初级加工品，36.97%的受访者销售的是农产品和初级加工品以外的其他商品。另外，1.81%的受访者表示，他们在销售农产品的同时，也销售其他非农产品（见图 14）。由此可见，尽管农产品仍然是农户参与电商的主要销售品类，其销售比例有所下降，初级加工品，尤其是非农产品，正逐渐成为农村电商的新兴主力品类。

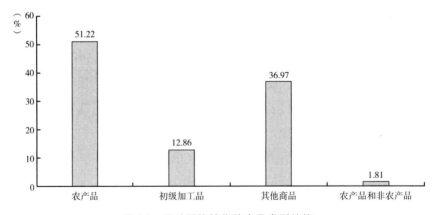

图 14　通过网络销售的产品类型结构

在调查样本中，74.62%的受访者通过平台开店进行产品销售，而 20% 的受访者则选择通过朋友圈、抖音等社交网络渠道进行销售（见图 15）。平台开店销售因较强的议价能力、较少的中间环节以及完善的服务体系，成为农户电商参与的重要途径。

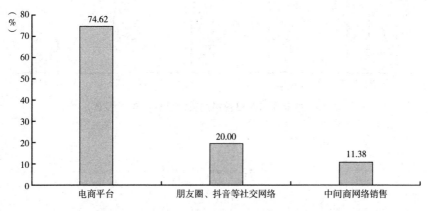

图 15　产品参与网络交易的方式/环节（多选）

关于电商参与者首次进行网络销售的时间，72.19%的受访农户是在 2018 年后首次进入电商市场。与此同时，超过 90%的受访者表示，2023 年家庭通过网络销售的总额不超过 10 万元。

（三）电商经营困难

在电商参与农户反映的主要经营困难中，运营管理、物流成本和专业技能问题位居前三，分别有 40.73%、21.84%和 16.32%的受访者提到这三方面的困难。此外，约 14.75%的受访农户表示面临资金周转方面的问题；另外，9.23%的受访者反映在场地设备方面存在困难（见图 16）。这些问题与当前农村电商面临的普遍困境相吻合，表明农户在参与电商时，由于受教育水平较低、缺乏专业培训，往往存在运营管理能力不足和专业技能匮乏等问题；同时，物流基础设施的不完善也成为其发展的外部制约因素。

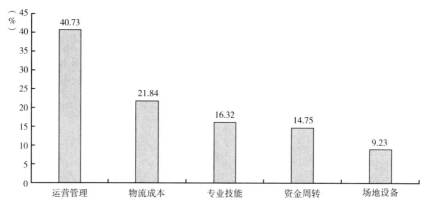

图16　电商参与户目前最主要的经营困难（多选）

五　小　结

为了更好地满足农户的信息需求，并充分发挥农村信息化在提升农民信息获取能力、提升乡村治理水平、促进农民增收等方面的积极作用，有必要明确农村信息化建设的重点内容和发展方向。基于此，本报告整合了相关分析结论，并提出了有针对性的建议。

（一）加强信息素养教育，提高农民信息使用能力

在乡镇设立信息技术培训中心，定期为村民提供免费的数字技能培训课程。通过"线上+线下"的培训模式，提高农民对智能设备的使用熟练度，帮助他们在日常生活中更好地利用信息技术。针对老年农民群体信息素养不足的问题，应通过村级培训、远程教育等形式，开展有针对性的数字技能培训。培训内容涵盖智能手机的基本操作、网络信息的获取和判断方法等，采用直观易懂的教学方式，提高老年群体对信息设备的使用能力和对信息的辨别能力。

（二）鼓励农民在线参与，加强村庄公共事务的治理

进一步推动村庄在线交流平台的建设，完善村务公开和村民讨论机制，

激励农民特别是年轻人积极参与村庄公共事务。通过线上奖励、村务积分等方式，鼓励农民在网络平台上积极发言和参与决策，以提升村庄治理的透明度和民主性。利用在线平台定期发布村庄发展计划、财政预算等信息，提升村务的透明度，让农民能够更加全面地了解村庄的发展现状和未来规划。

（三）支持农村电商发展，降低经营成本

加强对农村电商的支持，提供包括物流补贴、电商技能培训在内的多方面支持。针对物流成本高的问题，可以通过建立村级物流站点、提高物流网络覆盖率等方式，降低农户的物流负担。政府可以与物流企业合作，在农村地区设立专门的配送网点，形成完善的"最后一公里"配送体系，减少物流成本，提高物流效率。加强对农民的电商技能培训，帮助他们掌握产品推广、客户管理、数据分析等更为全面的技能。电商培训班、在线课程等方式，使农民能够更好地适应市场变化、提高在线销售的成功率。鼓励农民通过合作社、协会等形式联合起来，共同发展电商业务，形成规模效应，增强市场竞争力。

（四）发展"互联网+"农业，推动农业现代化

在农村信息化的背景下，积极探索"互联网+"农业的发展模式，通过信息化手段提高农业生产效率。利用物联网、大数据和人工智能等技术，构建现代农业管理体系，实现从生产到销售的全流程数字化。发展"互联网+"农业，不断完善农产品的质量追溯体系，提高产品的透明度和消费者的信任度，大幅提升湖南茶叶、水果等特色农产品的市场竞争优势。

参考文献

白重恩、李宏彬、吴斌珍：《医疗保险与消费：来自新型农村合作医疗的证据》，《经济研究》2012 年第 2 期。

杜鑫：《当前中国农村居民收入及收入分配状况——兼论各粮食功能区域农村居民收入水平及收入差距》，《中国农村经济》2021 年第 7 期。

黄天宇、李楠：《农户经营农场规模、租佃制度与农业生产率——基于历史视角的实证考察》，《经济评论》2021 年第 5 期。

蒋云赟、郑恺：《城乡居民医疗保险统筹、农村就医行为与消费支出》，《北京航空航天大学学报》（社会科学版）2022 年第 5 期。

李祖佩：《村级治理视域中的农民参与——兼议农村社会治理共同体的实现》，《求索》2022 年第 6 期。

刘同山、刘婕：《适度规模经营促进了农业新质生产力形成吗？——基于"生产力—生产方式—劳动生产率"框架的实证分析》，《改革》2024 年第 10 期。

刘雪姣：《从制度安排到实际运行：积分制的两难困境及其生成逻辑——基于鄂中 T 村的调研分析》，《甘肃行政学院学报》2020 年第 6 期。

刘灵芝、马小辉：《农村居民收入分配结构对总消费的影响分析》，《中国农村经济》2010 年第 11 期。

孙早、侯玉琳：《工业智能化如何重塑劳动力就业结构》，《中国工业经济》2019 年第 5 期。

王箐、赵大伟、李浩然：《共同富裕视阈下农村居民消费支出的影响因素分析》，《商业经济研究》2023 年第 15 期。

万海远、王盈斐：《我国农村居民收入分配差距新变化》，《农业经济问题》2022 年第 1 期。

危薇、杜志雄：《新时期家庭农场经营规模与土地生产率之间关系的研究》，《农村经济》2019 年第 3 期。

徐勇：《村干部的双重角色：代理人与当家人》，《二十一世纪》（香港）1997 年 8 月号。

郑志浩、高杨、霍学喜：《农户经营规模与土地生产率关系的再探究——来自第三次全国农业普查规模农户的证据》，《管理世界》2024 年第 1 期。

Amartya K. Sen, "Peasants and Dualism with or without Surplus Labor," *Journal of Political Economy*, 1966, Vol. 74, No. 5：425-450.

Christopher B. Barrett, "On Price Risk and the Inverse Farm Size-Productivity Relationship," *Journal of Development Economics*, 1996, Vol. 51, No. 2：pp. 193-215.

Changsheng Li, Liqiong Lin, and Christopher E. C. Gan, "China Credit Constraints and Rural Households' Consumption Expenditure," *Finance Research Letters*, 2016（19）：158-164.

Hong Wang, Jody L., Sindelar, and Susan H. Busch, "The Impact of Tobacco Expenditure on Household Consumption Patterns in Rural China," *Social Science & Medicine*, 2005, 62（6）：1414-1426.

Jean-Jacques Dethier, Alexandra Effenberger, "Agriculture and Development：A Brief Review of the Literature," *Economic Systems*, 2012, 36（2）：175-205.

Qi Zhang, et al., "Rural Household Income Distribution and Inequality in China：Effects of Payments for Ecosystem Services Policies and Other Factors," *Ecological Economics*, 2019（160）：114-127.

Rongyu Wang, and Rong Tan, "Patterns of Revenue Distribution In Rural Residential Land Consolidation in Contemporary China：The Perspective of Property Rights Delineation," *Land Use Policy*, 2020（97）.

后　记

　　暮色中的跃进湖泛起琥珀色波光，当光标在最后一页文档定格时，窗外正掠过今春首批北迁的豆雁。合上电脑的瞬间，那些散落在三湘大地的数据忽然鲜活起来——新宁崀山梯田里沾着晨露的 CAPI 系统，洞庭湖畔老支书布满茧纹的访谈记录本，武陵山深处飘着茶香的动态追踪图谱，此刻都在暮色中舒展成水墨般的记忆长卷。

　　这场策划于惊蛰时节的田野长征，注定是一场与时间赛跑的对话。我们曾碾过春耕的泥泞，在盛夏的暴雨中校正 GPS 定位，于秋霜浸染的晒谷场上校验问卷逻辑。当腊月的湖风裹挟着冻雨扑打跃进湖畔社科大院的玻璃幕墙时，我们正认真校对农户动态档案。那些闪烁在电子屏上的代码与图表，在某个深宵伏案的刹那，总会与晒秋的竹匾、采茶的背篓、夯土墙的裂缝产生奇妙的量子纠缠。

　　记得在常德安乡的小村落，80 岁的非遗传承人用布满青苔的石臼为我们捣制糯米糍粑。老人说："数据要像这糯米，蒸透了才有韧劲。"这话语竟暗合了我们构建四级数据库时的感悟：省级战略的宏人叙事，终究要经得起灶台上沸腾的烟火气检验。当专题报告如拼图般归位时，乡村振兴的图景便在这些具象的碰撞中渐次清晰——古樟树下的智慧农业基站，等等，都构成了解码"三高四新"美好蓝图的基因片段。

　　特别要致敬那些在星空下与我们围坐长谈的老农。他们用沾着泥土的方言，教会我们如何将"结构性矛盾"翻译成稻田里的轮作休耕，把"动态化追踪"具象为候鸟般迁徙的打工农夫轨迹。当某位村小教师把学生画的"未来乡村"夹进问卷时，那些稚嫩的蜡笔画突然刺破了学术的茧房——乡村振兴的终极密码，或许就藏在这些尚未被格式化的想象里。

此刻，罗阳山上的香樟正在抖落陈年的旧叶，而嫩绿的新芽已在山墙的椽头预习年轮。这部用脚步丈量出来的报告，或许会从数据云端降落在政策实践的土壤里。我们深知，这些在样本网格中精密追踪的穗浪，终将在千差万别的土壤中生长出指纹般不可复制的皱褶；那些凝结着智慧的耕作纲要，也必须学会倾听每一条田埂诉说不同的农时与墒情。但正如湘江永远朝着洞庭湖奔涌，这场始于 2024 年的田野观察，始于在键盘上反复揉捏的若干"三农"问题——直到每个选项都能听懂湖南方言的尾音。当我们的雨靴踩过田埂的褶皱，平板电脑的银光照亮堂屋神龛下的农具时，红壤与数据终于在田字格本子上达成和谐。而深夜屏幕前的字斟句酌，不过是把老支书的烟灰缸、留守儿童的铅笔屑和稻穗扬花的弧度，一同织进中国乡村的经纬线。

后记搁笔时，恰是立春前夜。裴公亭的飞檐还在吞吐黎明的雾瘴，金井镇的樱枝已悄然鼓起青芽。江风掠过水纹浮标的天线，将此刻的字节与来日的花期，一同编入潇湘大地永不封冻的时令。当春风再次唤醒沉睡的测产样方时，或许会有新的故事在数据库里抽芽。毕竟，乡村振兴从来不是实验室里的标准答案，而是永远鲜活的进行时态——如同湘江上悬浮的那枚毫不起眼的生态浮标，它吞吐着二十四道河湾的潮汐数据，将越冬候鸟的迁徙弧度与水稻分蘖节律编译成生态语法，与橘子洲头的焰火在夜空中共振出同一曲《山乡巨变》的变奏。

最后要道一声感谢。《湘村调查（2025）》受湖南省社会科学院（湖南省人民政府发展研究中心）重大调查项目资助，并与中国社会科学院农村发展研究所中国乡村振兴综合调查（英文简称 CRRS）团队合作完成。调研获得了湖南省农业农村厅、永州市零陵区农业农村局、邵阳市新宁县农业农村局、怀化市洪江市农业农村局、常德市安乡县农业农村局、长沙市长沙县乡村振兴局，以及调研镇村的大力支持与配合，在此一并感谢，跨越近3000 公里，只为与您相遇，共赴一段青春的印记。

感谢湖南省社会科学院（湖南省人民政府发展研究中心）科研部对湘村调查项目的支持；感谢湖南省农业农村厅等相关单位的协调配合，感谢被调查县（市、区）党委、政府以及农业农村主管部门的积极配合。感谢社会科学文献出版社编辑老师的辛苦付出。感谢中国社会科学院大学、中国人民大学、中国农业科学院、中南大学、吉林大学、湖南师范大学、湖南农业大学、中南林业科技大学、湖南人文科技学院等高校的师生参与。

　　《湘村调查（2025）》付梓，既是中国社会科学院农村发展研究所调动学界科研力量的创新，也是湖南省社会科学院（湖南省人民政府发展研究中心）开放办院的主动融合之举，更是调查地区相关单位的协调配合以及兄弟院校、科研院所大力支持的结果，期待第二期追踪回访调查时再相会。

编　者

乙巳年孟春于跃进湖畔

图书在版编目（CIP）数据

湘村调查. 2025 / 邝奕轩等著. --北京：社会科
学文献出版社，2025.6. -- ISBN 978-7-5228-5093-1

Ⅰ. F327.64

中国国家版本馆 CIP 数据核字第 20252SR961 号

湘村调查（2025）

著　　者／邝奕轩　周　静　等

出 版 人／冀祥德
责任编辑／宋　静
责任印制／岳　阳

出　　版／社会科学文献出版社·皮书分社（010）59367127
　　　　　地址：北京市北三环中路甲 29 号院华龙大厦　邮编：100029
　　　　　网址：www.ssap.com.cn
发　　行／社会科学文献出版社（010）59367028
印　　装／三河市尚艺印装有限公司

规　　格／开　本：787mm×1092mm　1/16
　　　　　印　张：19.75　字　数：295 千字
版　　次／2025 年 6 月第 1 版　2025 年 6 月第 1 次印刷
书　　号／ISBN 978-7-5228-5093-1
定　　价／128.00 元

读者服务电话：4008918866